분쟁의 역사를 넘어선 평화로의 희망

아프가니스탄
왜?

분쟁의 역사를 넘어선 평화로의 희망

아프가니스탄
왜?

권희석 지음

청아출판사

추천사

아프가니스탄의 어제와 오늘을
이해하는 한 권의 책

아프가니스탄은 20세기 인류가 경험한 가장 혹독한 분쟁과 시련을 겪은 땅이다. 중앙아시아를 거쳐 인도양에 진출하려는 구소련의 전략적 야욕에 맞서 이를 막으려는 미국이 개입하면서 10년 전쟁(1979~1989)을 치른 곳이다. 이 전쟁에서 미국과 함께 소련에 맞서 싸웠던 알카에다의 지하디스트들이 탈레반의 비호를 받으며 2001년 9·11 테러를 일으키자 이번에는 오히려 미국의 공격을 받고 있다. 이해관계에 따라 이합집산을 거듭하는 냉혹한 국제질서, 소위 그레이트 게임의 희생양이 되면서 그들에게 죽음과 고통은 평범한 일상이 되었다.

이슬람이라는 종교적 공통분모를 기반으로 부족 중심의 느슨한 협력 체제를 유지하던 아프가니스탄 전통사회는 갈기갈기 찢어졌고, 이제는 화합할 수 없는 적대 세력이 되어 서로에게 총부리를 겨누고 있다. 공동체 구성원 한 명이 부당하게 죽임당하면 몇 세대가 가더라도 반드시 복수를 해야 하는 파슈툰왈리(파슈툰족의 도덕적 계율)의 복수 전통이 아직도 강하게 작동되는 사회에서 수십만 명의 가족과 동료를 잃은 자들의 저항은 부족 간 내전으로 악화되었고, 앞이 보이지 않는 아프가니스탄 분쟁의 핵심 이슈가 되었다. 아프가니스탄이 '슬픈 나라'로 불리는 이유다.

그런데 실크로드 문명 교류에서 보면 아프가니스탄은 인류 역사와 문명의 숨겨진 진주다. 고대부터 동서는 물론, 남북 간 실크로드 교통로의 전략적 접점에서 인류사에 이름을 떨쳤던 많은 문명들이 아프가니스탄을 중심으로 화려한 종교와 문명의 꽃을 피웠다. 알렉산드로스가 서양의 문화를 날라 주었고, 인도 불교는 이곳에서 간다라 미술로 피어나 실크로드를 따라 중국과 한반도에 찬연한 불교문화를 전해 주었다. 바미얀 석불이 대표적이다.

18세기에 두각을 드러낸 두라니 제국은 한때 이란의 사파비 왕조와 인도 무굴 제국을 위협할 정도로 강성했다. 19세기부터는 남하 정책을 펴는 러시아와 인도를 거점으로 중앙아시아와 러시아를 위협하는 영국의 완충지대에서 치열한 강대국들의 각축장이 되었다. 이것이 아프가니스탄 분쟁과 비극의 서막이었다.

30여 년째 전쟁이 진행 중인 아프가니스탄 비극의 현장에 우리 군대가 파병되었다. 의료와 공병 중심의 동의부대와 다산부대에 이어, 2010년 7월에는 지방재건팀(PRT) 오쉬노 부대를 파견하여 4년간 대민 민사작전을 성공적으로 수행하면서 병원, 직업훈련원, 교육, 농업 등 분야에서 주민들의 절절한 생존에 큰 힘을 보태 주었다. 이 치열한 현장에 한 외교관이 있었다. 초대 PRT 대표로 재건사업을 진두지휘했던 저자 권희석 외교부 국장이었다.

북한 및 이란 핵 문제를 포함해 국제 분쟁 전반에 대한 폭넓은 경험과 저술을 통해 그는 끊임없이 공부하고 연구하는 보기 드문 외교관이다. 바쁜 공직

생활 중에도 책을 손에서 놓지 않고 꼼꼼히 기록하고 예리한 통찰력으로 사태의 핵심을 분석하고 정리해 주었다. 그러기에 생생하고 살아 있는 《아프가니스탄, 왜?》라는 책이 우리 앞에 모습을 드러낼 수 있었다.

단순히 아프가니스탄 소개에 그칠 것이라는 막연한 생각은 책을 펼치면서 놀라움으로 바뀌었다. 그 복잡한 아프가니스탄 역사를 일목요연하게 정리해 주었을 뿐만 아니라 내전의 핵심 3대 종족인 파슈툰, 타직, 하자라족들에 대한 갈등과 역사와 배경을 이해할 수 있게 해 주었다. 아프가니스탄 전쟁의 발단이 된 탈레반과 알카에다의 조직을 해부하고, 이웃 파키스탄과의 특수 관계까지 분석하여 일반 독자들이 이 두 저항 조직의 실체를 잘 알 수 있게 배려해 주었다. 외교관으로서 분석한 미국의 대아프간 정책의 공과는 우리 외교에도 좋은 시사점을 주는 내용들이다.

무엇보다 이 책의 최고 강점은 아프가니스탄 재건부대의 활동에 관한 생생한 현장보고서라는 것이다. 담담한 필치와 주민들과의 관계, 수차례 외부 공격을 받으며 현장에서 겪었던 충돌과 위기 상황, 주민들의 삶과 의식 소개에 이르기까지, 우리가 흔히 강조하는 인류학의 민족지 기술 같은 성격의 글이다. 이 기록은 다른 분쟁 지역이나 평화 유지 활동에 참가하는 모든 사람들이 귀감으로 삼아야 할 소중한 전형이다.

해박한 지식 못지않게 필자의 글솜씨도 돋보인다. 혼돈과 전쟁으로 점철된 아프가니스탄의 숨은 얼굴을 보여 주려는 듯, 필자는 영국 작가 제임스 힐턴의 《잃어버린 지평선》에서 19세기 말 중국 티베트 산중에 불시착한 서양인들이 설산 중 무병장수의 유토피아로 그렸던 샹그릴라를 아프가니스탄과 연결하는 신선한 상상력을 선보인다.

독자들은 이 책을 통해 오랜 전쟁과 부족 간 갈등이라는 참혹한 현상 뒤에 모습을 감추고 있는, 찬란한 역사와 문화가 흐르는 실크로드의 고대 국가 아프가니스탄의 진정한 모습을 찾게 되기를 바란다. 그것만이 함께 사는 지혜를 복원하여 분쟁에서 평화로 가는 약속의 길이기 때문이다. 이 책이 그 시작이 되기를 고대한다.

한양대학교 문화인류학과 교수

이희수

아프간 분쟁의 역사

아프간은 왜 오랜 세월 참혹한 분쟁을 겪고 있으며 분쟁 상태에서 헤어나지 못하고 있는가? 아프간 분쟁은 왜 일어났으며, 언제나 끝을 맺을 것인가?

국제뉴스를 늘 접하지 않는 사람에게도 아프간 분쟁은 장구한 세월에 걸쳐 쉼 없이 지속되고 있는 것처럼 느껴진다. 실제로 현재 진행 중인 열전은 30여 년 전에 시작되었고, 한 세대를 넘어서까지 끊임없이 계속되고 있다.

1979년 크리스마스, 소련군이 아프간의 공산혁명을 지원하고자 침공을 개시함으로써 현재의 비극이 시작되었다. 강산이 변한다는 10년간 소련 점령군과 무자헤딘 사이에 벌어진 무장 충돌은 수많은 인명의 손실과 국력의 파탄을 초래한 끝에 1989년 소련군의 퇴각으로 종막을 고했다. 소련이 물러나자, 배후에서 무자헤딘에게 무기와 자금을 대던 미국도 아프간에서 완전히 손을 뗐다.

그러나 소련이 심어 놓은 나지불라 정권은 쉽사리 망하지 않고 소련의 무기 지원을 받아 무자헤딘과 3년간이나 대리전을 치렀다. 결국 나지불라 정권은 무자헤딘의 손에 무너졌으나, 수도 카불을 중심으로 국가권력을 선점하려는 무자헤딘 정파 간 내전으로 비화되었다.

이러한 혼란이 계속되기를 다시 10년, 바야흐로 아프간 남부에서 급성장한 탈레반 세력이 여타 정파들을 제압하고 마지막 남은 북부동맹 세력을 거의 분쇄하려던 찰나에, 탈레반의 비호 아래 있던 오사마 빈 라덴이 알카에다 테러 조직을 가동하여 2001년 9월 11일 뉴욕과 워싱턴에 항공기 테러를 자행했다. 분노한 미국은 그해 10월 탈레반의 주요 거점을 공습했고, 탈레반에 저항하던 북부동맹은 미군과 연대하여 카불을 탈환하고 탈레반과 알카에다 세력을 전국에서 축출했다.

미군과 다국적군이 아프간 동부와 남부, 동쪽의 파키스탄 국경 너머 산악에서 출몰하는 탈레반과 알카에다 세력에 맞서 싸운 지도 17여 년, 이제 아프간 전쟁은 베트남 전쟁보다 더 오래 지속되면서 미군이 참여한 전쟁 중 가장 긴 전쟁이 되고 말았다.

이처럼 아프간에서 논스톱으로 분쟁이 계속되면서 아프간은 저주받은 땅으로 변했고 국민들은 헐벗고 버림받은 채 극도의 빈곤과 사회적 문제에 신음하고 있다.

지난 30여 년의 범주를 넘어 아프간의 오랜 역사를 되돌아보면 아프간인의 삶은 무수한 전쟁과 혼란으로 점철되어 있었다. 우리나라보다도 외세의 침략을 더 많이 받아 어쩌면 평화가 예외이고 전쟁이 일상인 것처럼 보이기도 한다. 이런 나라에 과연 지금과 같은 전쟁이 멈추고 진정한 평화가 도래할 수 있을까?

이 책은 왜 아프간이 이처럼 장구한 세월 동안 전쟁에 휘말려 있으며, 아프간의 분열과 아픔을 치유하는 데 우리는 무엇을 할 수 있을지, 그 물음에 답하려는 시도로 쓰였다.

∽ 목차 ∽

제1장 아프가니스탄, 지리와 민족과 역사

제2장 탈레반과 알카에다

제3장 아프가니스탄 정치, 군사 동향

제4장 재건과 희망

▲ 살랑 터널 인근 겨울 풍경. 겨울철에 아프간 북부 지방으로 가려면 파르완주 살랑 터널을 통과해야 한다.

▼ 아프가니스탄을 가로지르는 힌두쿠시 산맥 북동 사면에 자리 잡은 파키스탄 훈자 지방

▲ 바미얀 석불. 위는 소불(小佛)이 있던 자리이고, 아래 사진은 절벽 왼쪽 가장자리에 대불(大佛)이 있던
큰 홈이 보인다. 2001년 탈레반이 이슬람 교리에 위배되는 우상이라 하여 폭파했다.

▲ 카불시 외곽 전경

▼ 바그람 기지 인근 시장

▲ 파르완주 마을 아이들

▲ 특수장갑차 MRAP을 배경으로 서 있는 미군 병사. 선글라스를 쓴 사람은 아프간 통역이며, 쑥색 제복을 입은
사람이 아프간 경찰이다.

▲ 차리카 시내에 있는 파르완 주지사 청사. 살랑기 주지사와의 면담이 진행되는 동안 한국군과 미군이 경계를 서고 있다.

▼ 바그람 기지 내 코리언 컴파운드 2층 옥상에서 내려다본 공터. 이른 아침 환자들이 한국 병원에 들어오기 위해 1차 몸수색을 받고 있다.

▲ 바그람 기지 내 코리언 컴파운드 입구에 서면 정면에 한국 병원 건물이 보인다. 오른쪽 갈색 건물이 한국 직업훈련원이다.

▼ 한국 병원에 모인 환자들에게 진료 요령을 안내하는 아프간 의사. 왼쪽은 백병원에서 파견 나온 박석산 한국 병원 원장. 그리고 설명을 듣고 있는 아프간 여성들. 보수적인 아프간에서는 얼굴까지 모두 가리는 부르카를 일상적으로 착용한다.

▲ 파르완주 어느 마을을 방문했을 때 주민들로부터 푸짐한 점심을 대접받았다.

프롤로그

> 5월 셋째 주에 들어서자 바스쿨의 사태는 훨씬 험악해졌으며, 협정에 의해서 공군 비행기가 백인 주민들을 철수시키기 위해 페샤와르로부터 도착했다. 백인 주민들은 약 80명으로, 대부분 군용 수송기로 산을 넘어 피난했다.
>
> _ 제임스 힐턴,《잃어버린 지평선》1장 중에서*

영국 작가 제임스 힐턴의《잃어버린 지평선》은 19세기 말 중국 티베트 산중에 불시착한 서양인들이 상춘의 기후와 풍요로운 삶, 무병장수의 선경인 샹그릴라를 설산 가운데서 발견하는 내용이다. 당시 두 차례의 세계대전으로 멍든 인류의 가슴속에 평화에 대한 갈망을 지피고, 이상향에 대한 동경과 모험심을 자극하면서 세계적으로 커다란 반향을 불러일으켰다. 이 소설은 당시 영국 식민지였던 아프가니스탄 내에서 반란이 일어나 수도 카불에 체류하던 서양인들이 비행기로 막바지 탈출을 시도하던 데서 시작된다.

이처럼 예로부터 아프간이라는 이름에는 분란과 혼돈의 이미지가 자리잡고 있으며, 아프간인은 외세에 끊임없이 항거하고 반란과 폭동을 일으키던 다스리기 힘든 민족의 대표적 사례로 인식되어 왔다. 동서고금을 막론하고 어떤 민족이든 외세의 지배를 받게 되면 항거하기 마련이나, 아프간인은 기질적으로 반항심이 강하고 훨씬 격렬하고 용맹하게 싸워 세계사에 저항심이 남다른 민족으로 잘 알려져 있다.

아프간이 전쟁에 자주 휘말린 이유는 먼저 지리적 여건을 들 수 있겠다. 아프간 양편에는 강대국 이란과 인도가 위치해 이들이 팽창할 때는 반드시 아프간을 거쳐야 했고, 북쪽으로 연결된 중앙아시아 초지를 통해서는 유목 제국들이 수시로 남하했다. 아프간은 이처럼 삼면에서 끊임없이 유린당했다.

한편 장엄한 힌두쿠시 산맥이 연출하는 아프간의 험준한 지형과 지세는 아프간 내 분쟁을 장기전으로 지연시키는 효과가 있었다. 전사들은 방어자가 예측하기 어려운 시점에 가장 유리한 지점에서 공격해 피해를 입히고는 이내 산중으로 도주하는 게릴라 전술을 구사했다. 장기간 인명 피해가 누적되고 힘이 소진된 외적은 결국 철수했다.

아프간 민족의 강인한 상무정신 또한 특별하다. 아프간 땅은 험준한 산악이거나 불모의 사막과 같은 거칠고 메마른 광야다. 주민의 성향도 이러한 자연환경의 영향을 받아 거칠고 독립심이 매우 강하다. 역사상 수십 년, 수백 년간이나 외세의 통치를 받은 사례가 여러 대륙에 많다. 하지만 아프간인의 끈질긴 저항으로 외세가 아프간을 장기간 지배한 적이 없으며, 짧은 점령 기간도 정복이 아닌 상시적인 전쟁 상태였다. 아프간인 대부분이 싸우는 걸 마다하지 않고 용감한 것은 아무래도 민족적 특징에 속하는 요소라고 볼 수 있을 것 같다.

---

* 작가는 바스쿨이 인도에 소재한 것으로 지나가듯 언급했지만, 다른 대목에서는 아프가니스탄임을 시사하고 있다. 영국 영사가 상주하면서 산을 넘어 페샤와르로 향발하는 곳은 아프가니스탄 수도 카불 외에는 달리 상정할 수 없다. 외침을 많이 받았던 아프간은 예로부터 반란과 음모의 온상으로 종종 인식되곤 했다.

아프간인의 일상을 지배하는 이슬람에 대한 굳건한 신앙심이야말로 그들의 저항정신을 뒷받침하고 투쟁 의지를 단련시키는 작용을 한다. 아프간은 개인적 정체성보다는 대가족이나 공동체의 이해가 앞서는 전통사회이며, 일상생활에 있어 이슬람 신앙의 장악력이 매우 강하여 인근 이슬람 국가들보다 종교적 열의가 더욱 높은 편이다. 신의 가호에 모든 것을 내맡기고 시간에 관계없이 이길 때까지 싸운다는 느긋한 아프간인에 비해, 점령자의 시계는 늘 촉박할 수밖에 없으니 전략적으로 불리한 위치에 있었던 것이다.

아프가니스탄의 정식 국명은 Islamic Republic of Afghanistan이며, 국교는 이슬람, 면적은 644,000㎢로 한반도의 3배, 한국의 6배에 달한다. 총 인구는 약 3,300만으로, 수도 카불Kabul의 인구는 370만으로 집계된다. 16세 이상의 문자 해독률이 25%에 불과하다. 주 산업은 건설, 이동통신, 대리석, 보석 및 카펫 수출 등이다.

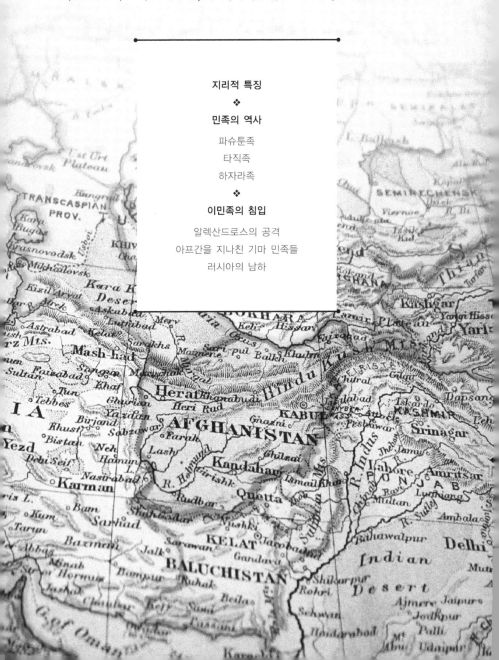

제1장

아프가니스탄, 지리와 민족과 역사

지리적 특징

❖

민족의 역사

파슈툰족

타직족

하자라족

이민족의 침입

알렉산드로스의 공격

아프간을 지나친 기마 민족들

러시아의 남하

지리적 특징

고대부터 문명의 중심지였던 중국과 인도는 히말라야 산맥에 가로막혀 직접 소통하지 못하고, 멀리 중앙아시아와 아프가니스탄을 돌아서 내왕해야 했고, 일부는 해상으로 동남아를 거쳐 갔다. 중국과 인도의 상인, 종교인, 사절단들은 중동과 서양으로 가고자 중앙아시아 실크로드 외에도 아프간을 지나는 루트를 많이 찾았다. 영국 역사가 아놀드 토인비도 고대에 가장 통행이 많은 지역으로 시리아 알레포와 아프간 바그람을 꼽았다. 아프간은 한반도처럼 처음부터 여러 문명의 교차로이자, 정복자의 침략 루트가 되는 숙명을 타고 났던 것이다.

한편 중앙아시아에는 아리아족이나 튀르크족에 속하는 기마 민족들이 연속으로 등장하면서 수시로 중국과 인도, 페르시아의 정착 문명권을 약탈했는데, 이들이 인도나 페르시아를 침략할 때도 아프간을 통과해야 했다. 아프간 좌우의 페르시아와 인도가 강성해지면 제국의 기치를 내걸고 아프간부터 먼저 쳐들어왔으며, 이 땅을 통과해야만 다른 국가를 공격할 수 있었다. 역사에서 대표적인 침략 사례로는 북쪽에서는 백훈족, 칭기즈 칸의 몽골 제국, 러시아, 소련, 서쪽에서는 페르시아 제국, 알렉산드로스 대왕, 아랍인, 동쪽에서는 인도의 마우리아, 굽타, 무굴 제국, 대영제국의 침략 등이 있었다.

가끔은 아프간 내부에서도 강력한 국가가 등장하여 주변 문명들을 위협하고 영토를 확장하기도 했다. 중세의 가즈니 왕조와 고르 왕조, 근세의 두라니 제국이 이에 해당한다. 강력한 중국에 맞서 고구려의 광개토대왕이 북방으로 영토를 넓혔던 사례를 연상시킨다.

1500년대 해상 교통로가 개척된 이후로 서양인과 동양인이 중앙아시아의 험하고 먼 길을 잘 택하지 않게 되자 아프간의 문명 교차로 역할은 한동안 줄어들기도 했다. 그러나 19세기에 이르러 인도에 웅거한 대영제국과 북방 러시아 제국 간에 중앙아시아 영유를 둘러싼 그레이트 게임The Great Game의 일부가 되었고, 20세기에도 여전히 세계 제국들의 전장이 되었다. 21세기에 들어선 오늘에는 세계 유일 초강국 미국과 다국적군이 방대한 군사력과 자금을 투입하여 아프간의 테러 척결 및 자유와 민주주의를 위해 싸우고 있다. 아프간은 결국 영원한 전장이라는 타고난 역사적 운명을 떨쳐버릴 수 없는 모양이다.

국토를 가로지르는 험준한 산맥

우리나라의 6배나 되는 면적을 가진 아프간은 대체로 3개 지역으로 구분된다. 먼저 힌두쿠시산맥이 국토 중심부를 가로지르고, 해발 1,797m에 위치한 카불을 비롯하여 인근 파르완주나 바미얀주는 산맥 속의 평탄한 고지대에 자리 잡고 있다. 힌두쿠시산맥 북편의 아프간 북부 지방은 평탄한 저지대로 중앙아시아의 초지에 바로 연결되며, 고래로 북방 기마민족의 침공로이자 중국에서 시작된 실크로드의 지선(支線)이 지나는 교역로였다. 산맥 남쪽의 남부 지방은 젖줄인 헬만드강 유역을 제외하고는 칸다하르와 같은 도시를 벗어나면 고원 사막 지대의 척박한 땅이다.

힌두쿠시를 사이에 두고 북부에는 우즈벡족과 타직족이, 중앙 산간에는 하자라족이, 남부의 넓은 광야에는 파슈툰족이 거주하고 있다. 파슈툰족은 아프간의 동부와 서부에도 집단 분포한다. 수도 카불은 유일하게 여러 민족들을 융합하는 용광로이다.

험준한 산맥들은 국가 간 자연적 경계를 이루는 것이 상례인데, 아프간에서는 국토의 한가운데를 차지하면서 국가 통합을 가로막는 거대한 장애물이 되었으니 아이러니가 아닐 수 없다. 겨울철이면 높은 산에 쌓이는 눈으로 힌두쿠시의 북쪽과 남쪽은 최소 몇 달씩 접촉이 완전히 단절된다. 1960년 소련의 도움으로 중부 파르완주의 살랑 터널이 뚫려 동절기에도 남북 왕래가 제한적으로나마 가능하게 되었다.

신비로운 영산, 힌두쿠시

힌두쿠시Hindu Kush산맥의 어원에는 여러 가지 설이 존재한다. 일설에는 힌두쿠시산맥을 통과하던 인도 사람, 즉 힌두인이 험한 산길에서 고난을 겪다 죽어 그러한 이름이 붙었다고 한다. 즉 힌두는 인도인을 뜻하며, 쿠시는 현지 다리어로 살해자란 의미로, 동사 쿠시탄(kushtan, 죽이다)에서 파생되었다. 따라서 힌두쿠시는 '인도인 살해자'란 뜻이다. 그러나 아프간 역사에서 인도인들이 힌두쿠시 산중을 넘다가 대거 사망하거나 아프간인과 전쟁 중 대참사를 당한 두드러진 사례가 없어 이 설명은 구체적 증거에 의해 뒷받침되지 못한다.*

아프간 역사책에는 수천 년 전 팔레비어를 사용하던 원주민 아리아인이 이 산맥을 '아이시크나 포야이 라이스나aishkna poyaii raisna'라고 불렀다고 한다. '독수리가 나는 선보다 더 높다'라는 뜻이다. 또한 '높이 나는 독수리'란 뜻으로 '아바르 신abar sin'이라고도 했다.

기원전 4세기, 알렉산드로스 군대가 와서 아바르 신을 그리스어로 '안디 카스andi kas'라고 번역했는데, 이것이 세월이 흐르면서 '힌디카스'로, 나아가 '힌두쿠시'로 전와되었다고 한다. 그리스인은 이 산맥이 여전히 그리스에서 그리 멀지 않은 캅카스산맥의 연장이며, 그리스 신화에 나오는 대로 캅카스산맥이 끝나는 곳에서 세상도 끝난다고 믿었다. 그리하여 아프간을 그리스어로 '아코 카조스Ako kazos, end of the world'라고 불렀다.

힌두쿠시산맥은 타지키스탄 동부의 파미르고원에서 시작하여 아프간을 남서로 비스듬하게 가로지르며 국토의 태반을 차지한다. 아프간 내에서 산맥의 길이는 1,500km, 남북 길이는 평균 240km, 평균 고도는 4,500m나 된다.

얼핏 하나로 보이는 힌두쿠시는 여러 개의 산지로 구분된다. 산맥 일부는 파키스탄 국경 안쪽에 있으며, 힌두 라지(Hindu Raj, 인도인의 왕)라고 부른다. 아프간 중앙부에서는 코이 바바(Koh-e-Baba, 큰 산)란 이름을 얻었고, 서부 헤라트 인근 산맥 종단부는 사페드산(Safed Mountain, 白山)이라고 한다. 힌두쿠시산맥의 최고봉은 아프간이 아니라 파키스탄 국경 안에 있는 티리치 미르(Tirich Mir, 7,708m)다. 바로 인근에 있는 힌두쿠시의 제

2봉 노샤크(Noshaq, 7,492m)는 마침 아프간 국경 안에 있어 아프간에서 가장 높은 산이다. 부니 좀Buni Zom을 포함한 힌두쿠시의 고봉들이 이 일대에 몰려 있다.

아프간의 거점 도시들은 모두 힌두쿠시산맥 발치에 산재되어 있다. 북쪽 발치에는 마자리 샤리프, 서쪽은 헤라트, 남쪽은 칸다하르, 동쪽은 잘랄라바드가 자리 잡아 각 지역의 구심점 역할을 한다. 특히 수도 카불은 사방에 가까이 위치한 주요 도시 바그람, 바미얀, 가즈니, 잘랄라바드를 연결해 주고, 멀리로는 마자리 샤리프, 헤라트, 칸다하르 등 거점 도시들과 거대 환상도로를 형성하는 중요 고리가 된다. 그래서 아프간 전체를 장악하려면 먼저 수도이자 교통 요충인 카불을 차지해야 한다. 카불은 바다에서 멀리 떨어진 내륙이라 습기가 없는데다 힌두쿠시 산중의 해발 1,800m 고지에 자리 잡아, 여름의 따가운 햇살이 그리 힘들지만은 않다.

세계의 지붕, 파미르고원

힌두쿠시가 흘러내리는 원천인 파미르고원Pamir plateau은 면적만 6만km²에 달하며, 아프간에 이웃한 타지키스탄 국토(14만 3천km²) 거의 절반을 차지하는 광대한 땅이다. 광활한 정상 부위가 평탄하여 고원이란 이름이 붙었지만, 고도는 5천~7천m에 달해 세계 어느 산악보다 높은 고지다. 마르코 폴로는 낙타를 타고 이곳을 주파하는 12일 동안 새 한 마리, 풀 한 포기 보지 못했고, 워낙 고지라 산소 부족으로 모닥불도 잘 붙지 않았다고

---

* 페르시아 어로는 힌두쿠시산맥을 파라파미수스(Parapamisus), 이곳 산중 주민들을 파라파미시대(Parapamisidae)라고 불렀다.

《동방견문록》에 적었다. 그는 이곳을 '세계의 지붕'이라고 했다. 현지에서는 다리어로 '밤이두냐bam-i-dunya'라고 부르는데, 밤은 '지붕', 두냐는 '세계'를 뜻한다. 파미르 역시 다리어로, 목초지, 특히 고지대의 목초지라는 의미이다. 7,495m의 최고봉도 코이사마니Koh-i-Samani라고 현지어로 부른다. 중국인은 멀리서 보면 양파처럼 생겼다 하여 파미르를 총링산(Congling Shan, 양파산)이라고 부른다.

파미르고원은 여전히 메마른 식생과 삭막한 환경 그대로다. 험준한 지형 때문에 긴 세월 인간의 손이 닿지 않고 있다. 주민들이 간혹 설인 예티yeti를 보았다고도 하는 곳이다.

이런 고지에서 인간 생활은 파미르라는 이름 그대로 목축에 의존한다. 고도 3천~4,500m인 곳에서는 5월부터 풀이 자라 양, 염소, 야크를 방목하기에 적합하다. 하지만 10월이 되면 춥고 풀도 말라 버려 따뜻한 아래쪽으로 내려왔다가, 다시 봄이 되어 풀이 자라면 올라간다. 계절에 따라 이동하는 이러한 목축방식을 이목(移牧)이라고 한다. 이런 지형은 알프스 산지에서도 흔히 볼 수 있으니, 알프스도 파미르다.

파미르고원 남서단에 위치한 타지키스탄의 국경도시 호로크Khorog에서 고원을 관통하는 유명한 '파미르 하이웨이'가 시작된다. 1930년대 초 소련군이 군사적 목적으로 험준한 산악을 뚫고 만든 도로로, 타지키스탄 무르가브Murgab를 지나 키르기스스탄 국경을 통과한 후 키르기스스탄 중부 오쉬Osh까지 총 길이 740km에 달한다.

파미르고원의 남쪽 끝자락을 동서로 흐르는 피얀지Pyanj강이 아프간의 국경선이며, 강 바로 남쪽이 바다흐샨주(州)다. 기원전 6세기 페르시아 제국의 최동단 영토였던 바다흐샨은 19세기 들어서야 아프간 영토로 편입되었다. 동쪽 끝은 가는 손가락 모양으로 중국 국경까지 좁고 길게 뻗어 있는데, 그 생김새 때문에 이른바 '와칸Wakhan 회랑'이라고 한다. 와칸 회랑은 지형상 파미르고원과 일체이나 정치적 이유로 분리되어 아프간 영토로 편입되었다. 1896년 중앙아시아까지 밀고 내려온 러시아와 인도에 웅거하며 러시아의 남하를 저지하던 영국이 직접 충돌을 방지하고자 협상을 통해 일종의 완충 지대로 만든 것이다.

파미르고원은 아프간, 타지키스탄, 중국, 파키스탄 4개국이 맞닿는 곳에서 남서쪽으로 힌두쿠시산맥, 남동쪽으로 카라코람산맥으로 갈라진다.

강과 지하 터널

아프간은 지형적으로 북쪽에서 중앙아시아에 바로 연결된다. 북쪽 국경선을 이루는 아무다리야Amu Darya강은 파미르고원에서 발원하여 카자흐스탄 서부의 아랄 해 인근까지 장장 2,400*km*를 달려 중앙아시아에서 가장 긴 강으로 꼽힌다. 다리어 아무는 '많은', 다리야는 '강'이란 뜻인데, 수량(水量)이 풍부한 강이라는 의미다. 알렉산드로스 대왕 일행이 이 강을 보고 옥수스Oxus라 이름 짓고, 강의 북쪽을 '옥수스 너머 땅'이라는 의미로 트란스옥시아나Transoxiana라고 불렀다. 더 북쪽에 있는 시르다리야Syr Darya강은 그리스인들이 자카르테스Jaxartes라고 불렀고, 여기서부터 북쪽은 문명 세계의 밖에 해당하는 야만의 땅으로 간주되었다. 다리어로 시르는 '비밀스러운'이란 형용사다. 옛 사람들도 이 강이 아득한 옛날부터 흐르고 있어 많은 신비와 비밀을 안고 있다고 여겨 붙인 이름이다.

아프간 내에서 가장 긴 강을 꼽자면, 힌두쿠시산맥 중부에서 발원하여 남서 방향으로 이란 국경 근처까지 1,300*km*를 흐르는 헬만드Helmand

강이다. 그 수원지 인근 우나이 고개의 동쪽에서 카불강이 시작되어 동쪽으로 카불을 지나 파키스탄 내 인더스강에 유입되기까지 $460km$를 흘러간다. 아프간 전 인구의 80%가 이러한 강수를 이용한 농업에 생계를 의존한다.*

아프간 남부와 동부에는 2천 년 전부터 이용한 지하 관개수로 터널이 있어 1980년대 소련에 맞선 무자헤딘 전사들이 이곳을 은신처이자 침투로로 삼아 암약했다.** 물이 부족한 곳이라 높은 곳에 있는 주 수원(水原)에서 아래쪽으로 지하수를 내려보내 저장해 두려고 지하 수로를 파고, '카레즈(karez, 우물)'라고 불렀다. 이곳은 지표면이 침적토이거나 진흙, 모래여서 수직으로 구멍을 파기가 수월하며, 구멍 밑바닥은 지하수가 흐르는 단단한 기초 암반까지 내려가는데 깊이가 30m나 되는 곳도 있다. 지하 밑바닥에 도달하면 거기서 수평으로 직선 터널을 파서 필요한 장소로 지하수를 흐르게 했다. 카레즈는 기후 조건이나 토양이 비슷한 인근 이란과 중국 신장 지방에서도 흔히 볼 수 있다.

* 주로 양, 소, 염소를 기르고, 밀, 쌀, 옥수수를 재배하며, 과일, 채소, 견과와 같은 상업 작물도 생산한다.
** 오늘날에는 오래된 지하 수로 중 다수가 메말라 버려 전사들이 이동하기에 더 용이하다. 지하 수로의 높이는 통상 1m 정도이나, 일부 지역에는 무자헤딘이 트럭과 탱크가 다닐 수 있을 정도로 확장한 터널이 있고, 길이가 50km에 이르는 터널도 있다. 특히 유명한 대형 지하 터널로는 아프간 동부 자와르에 소재한 것을 들 수 있는데, 이는 오사마 빈 라덴이 1980년대 옛 지하 수로를 보수한 것이다.

민족의 역사

●

파슈툰족

아프간에는 크게 보면 두 개의 종족, 자세히 보면 네 개의 종족이 공존한다. 이중 3개 종족은 국경을 넘어 인근 국가에도 분포해 있으며, 동족 간에 필요할 경우 서로 지원을 제공한다.

오랜 난리 통에 아무도 정확한 숫자를 모르지만 아프간 인구 중 약 42%를 차지하는 종족이 파슈툰족Pashtun이다. 아프간에서 그리 멀지 않은 네팔의 구르카 부족이 영국 식민시대에 영국군의 용병으로 여러 전장에서 큰 무용을 떨친 것으로 유명하지만, 실제로는 이 구르카보다 더 용맹하고 사나우며 죽음도 두려워하지 않는 집단이 파슈툰족이다.

이들은 일반적인 용모부터 큰 체구에 험상궂은 모습을 하고 더부룩한 수염이 반쯤 얼굴을 덮어 보기만 해도 공포감을 주는 경우가 많다. 아닌 게 아니라 이들은 우리 역사책에도 나오는 고대 북방의 전쟁과 약탈을 일삼던 호전적인 기마민족인 스키타이의 후손이라고 한다.

고대 아프간의 원주민은 인도와 마찬가지로 드라비다족이었고, 기원전 3천 년경부터 북쪽에서 남하한 아리아인이 퍼져 있었다. 기원전 1세기에 북방 스키타이인이 대거 남하하여 힌두쿠시 남쪽에 널리 퍼져 정착했다. 오늘날 파슈툰족이 거주하는 지역과 대체로 일치한다. 즉 파슈툰 특유의 전사 기질은 스키타이인의 기질을 그대로 물려받았다고 할 수 있다. 스키타이인 이후에도 잇달아 남하한 여러 기마 민족들과 혼혈이 이루어져 사나움과 용맹성을 더했다. 이러한 이유로 파슈툰족은 전통적으로 상무정신이 강하고 전쟁을 마다하지 않는다. 파슈툰족은 중세에 수니 이슬람을 수용하면서 자신들의 뿌리를 종교에서 찾으려고 했다.*

파슈툰족은 캅카스 인종에 속하며, 오늘날에도 광활하게 퍼져 있는 인도-유럽어계 말을 사용한다. 이들은 파슈툰이라는 명칭 외에 지방에 따라 팍투아Paktua, 팍투에스Paktues라고도 불리며, 이웃 파키스탄에서는 팍툰Pakhtun, 인도에서는 파탄Pathan이라고 한다. 3세기경 페르시아인은 파슈툰족을 거칠고 무질서하다는 뜻으로 아프간afghan이라고 불렀는데, 이것이 오늘날 국명으로 고착되었다. 지금도 여타 종족은 파슈툰족을 아프간이라고 부른다.

파슈툰족은 아프간의 동부와 남부, 동쪽 국경 너머의 파키스탄 북서변경주와 발루치스탄 주에 주로 거주하는데, 이 일대를 통틀어 비공식적으로 '파슈툰족의 땅', 곧 파슈투니스탄Pashtunistan이라고 부른다. 아프간 내에서 최대 종족인 파슈툰족 숫자보다 파키스탄 내 파슈툰족 숫자가 훨씬 많아, 서로 친족적 유대감에서 결속한 파슈툰족 전체를 제압하기란 여간 어렵지 않다. 비교하자면 이라크 북부와 터키 동남부, 시리아 북동부, 이란 북서부에 퍼져 있는 쿠르드족의 거주 지역을 통틀어 쿠르디스탄Kurdistan이라고 부르는 것과 마찬가지다.

종족 전통

파슈툰족은 독실한 무슬림이지만 이슬람과 함께 그전부터 내려오는 종족 전통도 매우 중시한다. 7세기 이슬람이 유입되기 이전부터 지켜 온 도덕적 계율인 파슈툰왈리Pashtunwali를 사회생활의 규범으로 준수하며, 성원으로서 평등siali, 명예nang, 친절melmastia, 보복badal을 주요 덕목으로 받들었다. 또한 여성이 가족의 대외적 명예를 상징한다고 보아 행동을 엄격히 통제하고 바깥출입을 가급적 제한했다.

각박한 자연환경과 계속되는 외침 속에서 생존을 확보하려다 보니 어려울 때 서로 돕는 친족 관계가 매우 중시되었고, 전체 종족보다는 가까운 친족 집단을 우위에 두는 경향이 있다. 가족이나 친족원이 외부인에게 살해당하면, 시칠리아 사람들처럼 몇 대를 이어서라도 가해자나 가해자가 속한 친족의 다른 구성원에게 반드시 복수해야 했다. 이 때문에 늘 분쟁이 그치지 않아 파슈툰족이 거주하는 마을은 방어를 위해 담장을 높이 쌓고 여러 가구들이 밀집해 살아 군사 요새처럼 보인다. 전쟁이 오래 계속되면서 종족 내 권력이 전통적인 원로회에서 무장 청년집단으로 이동하고 있고, 이들의 성향이 급진화되고 이슬람 근본주의가 세력을 확장하자 전통적인 덕목은 상대적으로 퇴락하고 있다.

* 예언자 무함마드의 동료인 까이스(Qais)가 자신들의 원조상이라고 하나, 까이스가 속한 아랍 족과는 인종이나 언어가 다르다.

씨족

파슈툰족을 구성하는 두 개의 씨족인 길자이족Ghilzai과 두라니족Durrani이 서로 다투면서 아프간 국가권력을 주도해 나갔다. 양 씨족 아래로 각각 수백 개의 작은 씨족들이 존재하는데, 헬khel 또는 헤일kheil이라고 부른다. 아프간에서 흔한 성姓인 아프리디Afridi, 신와리Shinwari, 포폴자이Popolzai는 소씨족의 명칭을 그대로 딴 것이다. 한 예로 카르자이karzai 전 대통령은 두라니족의 포폴자이 소씨족에 속한다. 여기서 '-zai'는 소씨족 또는 대가족 단위를 지칭하는 접미어다.

두라니족은 주로 아프간 남부에 퍼져 있다. 1747년 아흐마드 샤 두라니가 남부 중심 도시 칸다하르를 수도로 하는 근대 아프간 왕국을 건립한 이래 국가 지도자를 지속적으로 배출해 왔다. 이에 반해 아프간 동부에 주로 거주하는 길자이족은 근세 이래 줄곧 두라니족에 눌려 지낸 데 불만을 갖고 있다. 길자이족 거주지는 파키스탄과 접경하며, 파키스탄은 1980년대 아프간 내에서 자국의 이해를 확장하는 데 길자이 전사들을 이용했다.

일정한 주거 없이 초지를 찾아 방랑하는 유목민 쿠치족Kuchi도 300만이나 되는데, 파슈토어를 사용하므로 파슈툰족의 일파로 분류된다. 다리어로 유목이나 이목을 쿠치kuch라고 하는데, 여기서 부족 이름이 파생된 것 같다. 마찬가지로 유목 생활을 하는 아이마크족Aimaq은 튀르크계 또는 몽골계로서, 다리어를 사용한다는 점에서 쿠치족과 구별된다.

파슈툰족은 역사적으로 자신들이 아프간의 주인이라고 자부하며, 최대 종족으로서 아프간의 권력과 행정을 주도해야 한다고 주장한다. 아프간이 근대 국가로 발돋움한 지난 300년간은 아프간 역사에서 자부심을 가질 만한 시기였으며, 이 근대사의 원동력은 파슈툰족이었음에 분명하다.

근대 국가, 두라니 제국

1700년대 초, 길자이족은 카불에서 가즈니를 거쳐 남부 칸다하르를 잇는 도로 주변에 거주하면서 동쪽 인도의 무굴 제국과 마주보고 있었다. 당시 길자이 씨족의 일파인 로디Lodhi가 델리를 점령하여 한동안 지배자로 군림했다. 한편 압달리 씨족은 칸다하르에서 시작하여 서부 헤라트 일대에 거주하며 서쪽 페르시아의 사파비 제국과 교류하고 있었다. 그런데 시아파인 사파비 술탄 후세인이 그루지야인을 칸다하르의 주지사로 임명하고 시아파 세력을 확대하려 했다. 칸다하르의 길자이족은 저항했지만, 지도자 미르 와이스 호탁Mir Wais Hotak이 체포되어 이스파한으로 끌려갔다. 그는 수완이 능란하여 오히려 술탄과 가까워졌고, 이를 이용해 아프간 내에서 사파비 제국에 대항한 반란을 꾸몄다.

1709년, 운 좋게 귀향한 미르 와이스가 길자이족을 선동해 칸다하르의 그루지야 주둔군을 몰아냈다. 술탄 후세인은 이를 진압하려고 군대를 보냈는데, 이중에는 아프간 서부에 거주하는 압달리족도 일부 포함되어 있었다. 미르 와이스는 길자이족과 발루치족 연합군을 이끌고 싸워 승리했다.

1715년, 미르 와이스가 사망한 뒤 지도자가 된 그의 동생이 페르시아 쪽으로 접근하려 하자 미르 와이스의 아들 미르 마흐무드 호탁이 그를 몰아내고 지도자가 되었다. 마흐무드는 내친 김에 페르시아를 정복하려고 군대를 동원했고, 페르시아로 향하는 도중에 압달리족과 맞닥뜨려 격퇴했다. 이어 굴른바드 전투에서 마흐무드는 2만 명의 군대로 4만 2천 명의 사파비 군대를 꺾었다.

1722년 마흐무드는 이스파한을 반 년간 포위했는데, 이때 성 주민 10만 명이 기아로 사망했다고 한다. 마흐무드는 이스파한을 함락시킨 뒤 주변을 의심하는 정도가 심해져 사파비 귀족들을 대거 몰살하고 술탄 후세인의 자녀들을 남김없이 죽였다. 1725년에 심신 수련 차 40일간 동굴 생활을 하고 나서는 더욱 광기를 발하여 자신의 살을 베기도 하고 스스로 매질을 하는 등 미친 증세를 보이자 측근들이 그를 살해했다.

그의 뒤를 이어 사촌 아쉬라프Ashraf가 지도자가 되어 마흐무드의 측근들을 모두 제거하고 술탄 후세인까지 살해했다. 그러자 페르시아 전역에서 반란이 일어났다. 이중 나디르 칸Nadir Khan이 헤라트 인근에서 압달리족을 격파하고 이스파한을 공격했다. 아쉬라프는 1730년 이스파한 주민 3천 명을 반역자로 몰아 살해한 후 도주했으나 도중에 사로잡혀 처형되었다. 이러한 지배 과정에서 아프간 종족의 사나움은 페르시아인의 가슴 깊이 공포심을 각인시켰다.

한편 나디르 칸은 이스파한을 탈환하고 나디르 샤로 즉위한 뒤 수도를 북동부 마슈하드Mashhad로 옮겼다. 이때 그는 압달리족 수천 명을 왕실 근위병으로 채용했다. 그는 1739년 카이버 고개를 넘어 인도로 들어가 델리를 점령하고, 무굴 황제 궁전에서 제국의 전설적인 공작보좌 Takht-e-Tavus*와 라호르에 있던 거대한 다이아몬드 코히누르(Koh-e-Nur, 빛의 산)**를 약탈했다. 이후 나디르 샤는 측근들이 반란을 일으키지 않을까 의심하기 시작하여 이유 없이 측근들을 살해하다가 결국 경호 책임자였던 아흐마드 칸Ahmad Khan에게 암살당했다.

이후 아흐마드 칸은 압달리족 왕실 근위병 4천 명을 인솔하여 고향 칸다하르로 도주했으며, 1747년 칸다하르 인근에서 개최된 종족 원로회의에서는 25세의 아흐마드 칸을 아프간의 지도자로 선출하고, 왕이라는 뜻에서 아흐마드 샤Ahmad Shah라고 불렀다. 오늘날 탈레반의 본거지인 칸다하르는 이렇게 근대 아프간 국가의 수도가 되었다.

아흐마드 칸은 압달리족에 속한 사도자이Sadozai 소씨족 출신이었다. 어떤 성자가 그의 인물됨을 평가하여 '진주 중의 진주Durr-i-Durrani'로 부르자, 압달리족은 씨족명을 두라니로 바꾸었다. 그리고 아흐마드 샤의 군대에 길자이족이 합세하면서 아프간 역사상 최대 판도를 이룩한 두라니 제국이 탄생했다. 당시 아프간인에 의해 남아시아 정복이 가능했던 것은 주변 강국인 페르시아의 사파비 제국, 인도의 무굴 제국, 중앙아시아가 모두 쇠퇴하여 삼면으로 모두 팽창할 기회가 생겼기 때문이다.

아흐마드 샤는 칸다하르에서 출발하여 가즈니와 카불을 점령한 뒤, 동쪽 인도의 펀자브 지방으로 진군했다. 인더스 강 동쪽 마누푸르에서는 무갈 군대에 패해 물러났으나, 1748년 다시 펀자브로 나아가 라호르를 점령하는 성공을 거두었다. 일단 칸다하르로 귀환한 아흐마드 샤는 서쪽으로 나아가 9개월간의 포위 끝에 헤라트를 점령하고, 서쪽으로 나아가 페르시아 수도 마슈하드를 함락시켰다. 이후에는 아프간 북부 지방을 평정하고 아무다리야강을 중앙아시아와의 국경으로 정했다.

---

* 두 마리의 공작이 감싸고 있는 침대 모양의 옥좌. 다이아몬드, 에메랄드, 루비, 사파이어, 진주 등 다양한 보석으로 장식되어 있다.

** 나디르 샤를 암살한 압달리족 근위대장 아흐마드 샤가 아프간으로 가져간 이후, 시크 제국 황제를 거쳐 영국 빅토리아 여왕 손에 들어갔다. 1306년 힌두 문헌에 의하면 코히누르를 갖는 자는 세계를 지배하지만 모든 불행을 당할 것이라는 전설이 있다. 현재 엘리자베스 2세의 왕관을 장식하고 있다.

1752년에는 펀자브에서 발생한 봉기를 진압하면서 라호르, 물탄, 카슈미르를 점령했다. 1757년에는 마침내 델리까지 점령하고 무굴 황제로부터 오늘날 파키스탄 영토인 펀자브, 신드, 카슈미르에 대한 통치권을 인정받았다.

그러나 당시 인도 중남부에서 힌두 민족주의 세력인 마하라타 동맹이 등장하여 델리 입성을 노리면서 아프간 제국과 대치하게 되었다. 1761년 델리 북쪽 파니파트에서 전쟁이 벌어졌고, 아흐마드 샤는 대승을 거두었다. 아프간인은 몽골족이 그랬듯이 날씨가 너무나 무더운 인도를 장기간 통치하는 데 관심이 없었고, 델리-아그라 이남은 정복하려 들지 않았다. 따라서 필요한 전리품만 약탈한 후에는 시원한 고산지대인 아프간 고향땅으로 이내 돌아오곤 했다.

1762년 정점에 이른 두라니 제국은 오늘날 아프간, 파키스탄 전역과 이란 동부, 카슈미르 일부 지역을 장악했다. 아흐마드 샤는 1772년 피부암으로 50세의 일기로 사망했고, 칸다하르에 묻혔다. 그는 젊었을 때부터 전장을 누빈 위대한 군주였으며, 두라니족을 기반으로 제국을 건설했으나 종족이나 씨족 차원을 떠나 아프간이라는 나라에 대해 애국심을 갖고 찬송을 했다는 점에서 근대 아프간 국가를 태동시킨 원조라고 본다.

그러나 그는 중앙아시아 유목 국가들의 고질적 병폐인 후계자 양성에 실패했고, 제국을 발전시켜 나갈 정치제도를 구축하지 못했다. 그 결과 아흐마드 샤가 사망한 이후 제국은 신속하게 약화되었다. 그의 직계인 사도자이 소씨족이 1818년까지 왕위를 유지하다가, 두라니족 내 다른 소씨족인 바락자이파Barakzai가 왕위를 계승하여 1973년 공산혁명 발발 때까지 통치했다.

이처럼 18세기에 근대 국가를 탄생시킨 주역인 파슈툰족은 19세기 들어 영국과 러시아 간 중앙아시아를 둘러싼 그레이트 게임 와중에 엄청난 시련을 겪으면서도 대영제국에 맞서 아프간인의 용맹성과 저항정신을 매섭게 시현했으니, 20세기 후반에 전개될 영웅적인 대소 항전의 전주곡이라 할 수 있다.

제국 쇠퇴와 영토 축소

1772년, 근대 아프간 제국을 건설한 아흐마드 샤 두라니가 사망하면서 아프간 역사상 가장 찬란했던 한 시대가 막을 내렸다. 아흐마드 사후 아들 티무르 샤 두라니가 즉위하여 수도를 카불로 천도하고, 겨울철에는 온화한 페샤와르를 수도로 정했다. 그는 궁정 근위병으로 페르시아계 키질바시인을 데려오면서 파슈툰 내 민심과 멀어졌다. 또한 북쪽에서는 부하라 공국이, 동쪽에서는 시크 제국이 아프간 영토를 계속 잠식함으로써 그의 치세 20년 동안 제국의 영토가 축소되기 시작했다.

티무르가 사망한 뒤에는 수십 명이나 되는 왕자 간에 왕위 계승 문제가 심각했다. 자만이 신속히 카불을 차지했고, 마흐무드는 헤라트, 후마윤은 칸다하르에 세력을 구축했다. 자만은 카불에 있는 배다른 형제들을 모두 감금한 후 먼저 후마윤을 사로잡아 눈알을 뽑았다. 형제를 죽이지 않고 후환을 방지하는 아프간의 독특한 전통이다.* 자만은 이어 펀자브 지방을 공격하다 실패했는데, 헤라트에 있던 마흐무드가 1800년 카불로 쳐들어와 자만을 생포하고, 역시 눈알을 뽑았다. 페샤와르를 통치

---

* 기원전 3세기 인도 마우리아 제국의 현군 아쇼카 왕 사후 왕자 쿠날라의 왕위 계승을 막고자 계모가 쿠날라의 눈알을 뽑았다고 하니, 눈알 뽑기는 남아시아의 유구한 전통이다.

하던 자만의 친동생인 슈자가 1803년 카불을 점령하고 마흐무드를 축출했다. 이때 슈자는 마흐무드의 눈알을 뽑지 않았는데, 이것이 화근이 되어 마흐무드로 인해 권좌에서 쫓겨나게 된다.

슈자도 마찬가지로 펀자브와 신드에 대한 지배권을 회복하려 했으나, 제국 내 반란이 일어나 길자이족이 두라니족에서 이탈했고, 펀자브에서는 마침 란지트 싱이 1799년 건설한 시크 제국이 세력을 떨치기 시작했다. 1809년 헤라트의 마흐무드가 카불을 공격해 님라 전투에서 슈자를 물리치고 마침내 왕위를 쟁취했다. 그 뒤 슈자는 라호르의 란지트 싱에게로 망명했는데, 이때 과거 무굴 제국에서 약탈했던 코히누르 다이아몬드를 바쳤다. 현군이 아니었던 마흐무드는 악정을 일삼던 중 헤라트에서부터 자신을 섬겨 온 재상 파테 칸을 살해했다. 이에 1818년 파테 칸이 소속된 두라니족 바락자이 소씨족이 반란을 일으키자 마흐무드는 헤라트로 도주했고, 바락자이 소씨족 내 무함마드자이Muhammadzai 가문이 왕통을 이어받았다.

1826년, 파테 칸의 동생인 도스트 모하메드Dost Mohammed가 즉위했을 때는 아프간 제국은 가즈니-카불-코히스탄(파르완주) 일대로 영향력이 제한되어 있었다. 그의 아들 악바르 칸Akbar Khan이 펀자브로 진격해 페샤와르 인근 잠루드에서 시크군을 물리치고 장군 하리 싱을 살해했다. 그러나 시크군의 반격을 견디지 못해 결국 퇴각했고, 이후 아프간은 펀자브, 신드, 카슈미르를 두 번 다시 되찾지 못했다.

란지트 싱과 시크 제국

1834년, 슈자를 도와 아프간으로 진격하던 란지트 싱Ranjit Singh
이 페샤와르를 점령했는데, 이로써 아프간은 페샤와르까지 영원
히 상실했다. 시크교는 18세기 펀자브 지방에서 발생했으며, 대체로 이슬람교와
힌두교를 합친 것이다. 서쪽의 무슬림과 동쪽의 힌두교도 사이에 있다 보니 양쪽
에서 교리를 취해 절충했다.

1799년, 란지트 싱은 펀자브의 시크교도들을 모아 라호르를 수도로 하여 시크 국
가를 세웠다. 그의 이름에서 싱은 힌두어로 '사자'라는 뜻이며, 그는 '라호르의 사
자'라고 불렸다.

시크 제국은 동쪽의 영국과 한동안 대등하게 맞섰으나 1839년 란지트 싱이 죽자
혼란이 계속되면서 힘이 약해졌다. 그리하여 그해 영국이 아프간을 점령하자 다
음 목표는 자신들이라고 의심했다. 그러던 중 1845년 델리를 공격하려다가 영국
과 제1차 시크 전쟁이 벌어져 크게 패했다. 1848년 영국 통치하에 있던 펀자브
도시 물탄에서 시크인이 반란을 일으키자 다시 영국과 제2차 시크 전쟁이 벌어졌
으며, 이듬해 시크인이 패함으로써 펀자브 지방은 영령 인도에 병합되고 시크 왕
국은 사라졌다.

영국과의 공방

1830년대에 들어서자 아프간은 다시 강성한 주변 세력에게 포위된
완충 지대가 되었다. 특히 중앙아시아로 세력을 확장하던 제정 러시아
와 인도에 웅거하던 영국 간에 세력 다툼이 극심해졌다. 유럽에서 세력
균형자로서 러시아의 팽창을 견제하던 영국은 남아시아에서도 이러한

역할을 수행했다. 러시아는 겨울에도 얼지 않는 항구를 확보하고자 남하 정책을 줄곧 추진했는데, 영국은 당시 러시아가 중앙아시아를 점령한 뒤 페르시아와 아프간을 노리고, 종국에는 인도를 차지하려 할 것으로 보았다.

1813년, 러시아가 페르시아와 우호조약을 체결하자 영국은 러시아의 남진을 막으려고 본격적으로 중앙아시아 일대에서 3천여km에 걸쳐 러시아와 대치하면서 치열한 국지전과 첩보전을 벌였다.*

1830년대에 도스트 모하메드는 영국의 동맹 제의를 수용할 의사가 있었다. 먼저 영국이 시크인을 설득하여 페샤와르를 되찾아 주기를 바랐으나 영국이 시크인과도 동맹을 맺은 상태임을 알게 됐고, 도스트는 러시아로 눈을 돌렸다. 그러자 영국은 무력으로 도스트를 몰아내고 자신들이 보호하고 있던 슈자를 아프간 왕으로 앉히기로 결정했다. 영국은 킨John Keane 장군을 총사령관으로 하여 벵갈군 1만 명과 봄베이군 5천 명, 슈자의 아프간 군대 6천 명을 더해 원정군Grand Army of the Indus을 구성했다. 시크인은 원정군에 불참했을 뿐만 아니라 자신들의 영토인 펀자브를 지나지 못하게 해 아래쪽 신드로 우회해야 했다.

1839년 초, 원정군이 신드에서 아프간 남부로 들어가는 볼란Bolan 고개와 호작Khojak 고개를 차례로 통과하여 4월에 칸다하르에 쉽게 입성했다. 노트William Nott 장군 지휘 아래 칸다하르에 일부 주둔군을 남긴 원정군은 6월 가즈니로 북상해 한바탕 치열한 전투를 벌인 뒤 가즈니를 점령하고 8월에는 카불에 이르렀다. 도스트는 이미 카불에서 도주한 상태였으므로 별다른 저항 없이 슈자가 왕위에 올라 카불 동남쪽 발라 히사르Bala Hissar 요새 왕궁**에 정착했다. 그해 말 임무를 완수한 킨 장군 일행이 인도로 귀환하고, 지휘권은 코튼Willoughby Cotton 장군에게 이양됐다. 영국군과 함께 맥나튼William Macnaghton이 아프간 정치 문제를 관장하는 정부의 특사로 활약했고, 번즈Alexander Burnes를 문정관으로 대동했다.

이때 영국에서는 아프간 점령이 조용히 진행되자 원정군에게 주둔 비용을 줄일 것을 요구했고, 궁극적으로는 철군을 검토하고 있었다. 이에 따라 맥나튼은 길자이족 원로들을 초치하여 그간 지급해 온 연례 보조금을 절반으로 줄이겠다고 통보했다. 이에 카불의 아프간 부족 원로들은 비밀회의를 열고 영국군을 축출하기로 결정했다.

며칠 후 인도에서 오는 수송대가 길자이족에게 약탈을 당했으며, 잘랄라바드로 가던 영국군과 인도인 병사들이 길자이족의 공격을 받았다. 11월 초에는 아프간인 시위대가 영국 관사로 몰려왔고, 번즈는 대항하던 중 살해당했다. 숙영지는 완전히 포위당했고, 원정군은 수적으로 열세였으며, 식량도 부족했다. 맥나튼은 이 과정에서 원군을 수차례 요청했으나 이루어지지 않았다. 결국 12월에 맥나튼은 아프간 측과 협상을 시작했고, 양측 간에 수정안이 오가던 중, 한 아프간 지도자의 요청으로 그를 만나러 나갔다가 피살됐다. 아프간인은 그의 머리와 사지를 잘라 카불 시내를 돌아다녔고, 몸통은 카불 시장 입구에 내걸었다. 이후 원정군이 잘랄라바드로 퇴각하는 협상이 타결되었다. 아프간 측은 영국군의 안전한 퇴각을 보장하는 대신, 대포 대부분과 돈 전부를 내놓고 칸다하

---

* 영국 첩보원 아서 코널리가 이를 '그레이트 게임'이라고 처음 불렀는데, 이는 영국 작가 러디어드 키플링이 1901년 《Kim》이라는 책에서 당시 상황을 그레이트 게임이라고 묘사한 데서 연유한다. 이 지역 전문가인 영국의 피터 홉커크는 1990년 출간한 《The Great Game》에서 19세기 초부터 러시아가 공산혁명으로 몰락한 1917년까지 양국 간에 중앙아시아를 사이에 두고 상호 팽창을 저지하기 위한 100년간에 걸친 전략적 대결을 가리킨다고 했다. 이 대결은 종종 아프간, 페르시아, 카라코람, 신장, 티베트로 불똥이 튀기도 했다.
** 칼라 이 장이(Qala-i-Jangi, 전쟁 성)라고도 불리는 역대 아프간 왕들이 거주한 궁성을 겸한 요새.

르, 가즈니, 잘랄라바드에 주둔한 영국군의 철수를 요구했다.

1842년 1월 6일, 원정군이 숙영지를 떠나자마자 아프간인은 숙영지를 약탈하고 총을 쏘아 댔다. 엄동설한에 민간인까지 포함된 영국군은 철수가 매우 더딜 수밖에 없으며, 이동하는 내내 아프간 전사들의 공격을 받아야 했다. 결국 1월 13일 의사 윌리엄 브라이튼이 잘랄라바드 영국 요새에 도착했을 때에는 영국군 대부분이 전사하거나 포로로 잡혔으며, 민간인 수천 명이 죽임당한 상태였다. 영국으로서는 치욕스런 참패였고 어떻게든 설욕을 해야 했다. 1842년 2월, 영국의 신임 인도 총독 엘렌버러Lord Ellenborough가 캘커타에 도착했으며, 3월 말에는 잉글랜드England 장군이 이끄는 봄베이군이 칸다하르의 영국 주둔군에 가세했다.

페샤와르에서 보복전을 준비하던 영국 폴록Pollock 장군은 4월 카이버 고개로 진군하여 아프리디족을 물리치고 쉽게 고개를 빠져나왔다. 약이 바짝 오른 영국군이 매섭게 몰아치자 부족원들의 기세가 눌린 탓이었다. 또한 이때쯤 악바르 칸이 지휘하는 아프간 전사들이 잘랄라바드 영국 요새를 포위했으나, 폴록 장군이 도착하기 전에 잘랄라바드 요새의 영국군이 공격에 나서 악바르 칸을 물리쳤다.

한동안 소강상태가 지속된 후 7월 들어 엘렌버러 총독이 칸다하르 주둔군과 잘랄라바드 주둔군이 모두 카불로 진군하여 함께 카불을 점령할 것을 지시했다. 그다음 카이버 고개를 넘어 인도로 귀환한다는 계획이었다.

8월 20일, 잘랄라바드에서 출발한 폴록 장군은 악바르 칸의 군대 1만 6천 명을 순식간에 물리치고 9월15일 카불에 입성했다. 아무도 영국군에게 저항하지 않았고, 다음 날에는 바미얀에 잡혀 있던 영국인 인질들까지 구출했다. 칸다하르의 노트 장군 역시 6천 명을 이끌고 카불로 진격하던 중 길자이족과 마주쳐 승리를 거두었다. 영국군의 보복을 두려워하여 아프간인이 야밤에 모두 도주해 버린 가즈니에서 영국군은 가즈니 제국의 마흐무드 대왕 무덤에 있던 솜나트 문짝Somnath Gates을 훔친 뒤 행군을 계속했다. 9월 17일 카불에 도착했을 때는 폴록 장군의 군대가 이미 도착해 카불을 점령한 상태였다. 노트 장군과 폴록 장군이 거느린 영국군 1만 4천 명은 카불과 인근 지역 주민들에게 보복했고, 24시간 동안 약탈과 강간, 살인이 허용되었다. 1842년은 이처럼 영국군과 아프간인에게 잔인한 해가 되었다.

엘렌버러 총독은 도스트 모하메드를 새 아프간 왕으로 삼아 카불로 돌려보냈다. 10월, 영국군이 카불에서 철수해 잘랄라바드를 거쳐 인도로 귀환했다. 도스트는 혼란 상태에 놓여 있던 아프간 영토를 차례로 점령하기 시작했다. 아프간 북부와 바미얀, 칸다하르를 점령했고, 1863년 죽기 직전 마지막으로 헤라트까지 점령했다.

1863년에 도스트 사후 아들 셰르 알리Sher Ali가 왕으로 지명되자 도스트의 두 형 아잠 칸Azam Khan과 압잘 칸Afzal Khan이 반발했다. 1866년 압잘 칸이 왕위에 올랐다가 이내 사망하자 그 아들 압둘 라흐만Abdur Rahman이 도주했다. 1869년에 셰르 알리가 마침내 카불의 왕좌를 되찾았다.

1878년 여름, 러시아인이 카불에 들어오자, 인도에 있는 영국 총독이 카불에 영국 대표부를 수용할 것을 강력히 요청했다. 셰르 알리가 주저하자 영국군이 11월 카불로 진군하여 제2차 영국-아프간 전쟁이 시작되었다. 셰르 알리는 북부 마자리 샤리프로 가서 러시아의 도움을 청했으나 거절당한 후 1879년 2월 인근 발흐에서 죽었다.

영국군은 세 갈래로 나뉘어 신속히 카불로 진군했다. 브라운Sam

Browne 장군이 지휘하는 1만 5천 명이 페샤와르에서 출발하여 카이버 고개로 들어서 아프리디족을 누르고 잘랄라바드에 도착했다. 남쪽에서는 스튜어트Donald Stewart 장군이 1만 2천 명을 이끌고 칸다하르에 수월하게 들어갔다. 페샤와르와 칸다하르 중간쯤의 산악지대 쿠람을 통과한 로버츠Frederick Roberts 장군은 6,500명을 인솔하고 있었다.

카불에서는 셰르 알리의 아들 야쿱 칸Yaqub Khan이 즉위하여 영국과 화해를 시도했다. 1879년 5월, 야쿱 칸은 영국 문정관 카바냐리Louis Cavagnari의 요청에 따라 간다막에서 조약에 서명했다. 아프간 땅인 퀘타, 쿠람, 카이버 고개를 영국에게 양도하고, 아프간의 외교정책을 영국이 수행하며, 카불에 영국 대표부를 설치한다는 내용이었다. 대신 영국이 외적으로부터 아프간을 보호하고, 아프간 측에 매년 일정액을 지원한다는 조건이었다.

7월, 카바냐리가 대표부 설치를 위해 카불에 도착했다. 9월 들어 헤라트에서 몇 달째 봉급을 받지 못한 아프간 군인들이 카불로 몰려왔다가 일부가 영국 대표부로 갔다. 이내 총격전이 벌어져 카바냐리가 피살되고 대표부가 불에 탔다. 쿠람에 있던 로버츠 장군이 이 소식을 듣자 신속하게 진군하여 10월 카불에 당도했다. 시위 가담자와 카바냐리의 목을 길거리에 전시했던 자들을 색출했고 수십 명이 처형당했다.

그러자 이번에는 가즈니의 물라가 영국군에 대해 성전을 선포하고 수천 명의 아프간인이 몰려들었다. 이때 길자이족에 속한 와르닥 소씨족의 모하메드 잔Mohammed Jan이 전장에서 명성을 떨쳤다. 12월, 영국군과 수많은 아프간인이 카불 일대에서 전투를 벌였고, 여기서는 영국군이 고전했다. 모하메드 잔은 영국군에 대한 포위를 계속하다가 12월 총공세를 개시했는데, 이를 사전에 인지하고 대비한 영국군이 승리했고, 로버츠 장군이 카불을 다시 점령했다.

1880년 2월, 압둘 라흐만이 10년간 러시아에서의 생활을 정리하고 아프간 북부로 들어와 주민들을 동원하기 시작했다. 4월 스튜어트 장군이 칸다하르에서 카불로 진격하던 중 가즈니에서 7천 명의 아프간군과 마주쳐 곤경에 처했다. 그리고 5월에 카불에 도착하자 영국 내각이 바뀌면서 곧 전원 철수가 임박하게 되었다. 영국은 압둘 라흐만과 접촉했고, 7월 압둘 라흐만은 영국의 지지를 받아 왕위에 올랐다.

한편 이때 헤라트의 지배자 아읍 칸이 이끄는 군대가 페르시아인의 지원 아래 칸다하르로 진군했다. 영국군과 마이완드에서 격돌하여 전투가 시작되었는데, 영국군 2,500명 중 절반 이상이 전사했다. 이 소식을 들은 카불의 로버츠 장군이 1만 명을 모아 칸다하르로 행군해 전투가 벌어졌고, 이번에는 아프간인 1천 명이 죽었다. 이후 로버츠 장군은 인도로 철수했고 카불 주둔군도 떠났다.

국경선 확정

1885년 러시아군이 헤라트 일대로 진격하면서 영국군과 충돌했는데 이때 헤라트 서쪽으로 아프간의 서쪽 국경선이 정해졌다. 영국은 파슈툰족의 세력을 약화시키려고 1893년 파슈툰족 거주지 한가운데로 선을 그어(Durand Line, 듀랜드 선) 인도와 아프간 사이의 국경선으로 정했다. 아프간 측은 오늘날까지 이 선을 인정하지 않는다. 압둘 라흐만은 1895년 영국과 러시아 간 직접 충돌 방지를 위해 완충 지대 설정 필요성에 따라 와칸 지역을 공짜로 얻었다.

압둘 라흐만은 '강철 왕Iron Emir'이라는 별명처럼 강력한 정복 사업을 수행했다. 19세기 말까지 아프간 동부의 산악에서 이슬람을 수용하지 않고 이교도로 남아 있던 주민들을 정복해 강제로 이슬람으로 개종시켰다. 이곳 지명도 카피리스탄(Kafiristan, 이교도의 땅)에서 누리스탄(Nuristan, 빛의 땅)으로 변경했다.

파키스탄 북서 변경주 북쪽 아프간 국경과 아주 가까운 곳에 치트랄 시가 있다. 이곳의 남서쪽 계곡 지대에 칼라사Kalasha라는 소수 부족이 살고 있는데, 이들은 무슬림은 아니며 고대의 다신교를 숭배한다. 이들은 스스로를 알렉산드로스 군대의 후손이라고 주장하며, 아프간 국경 너머의 누리스탄주 산중에도 칼라샤족이 다수 거주한다. 바로 1893년 압둘 라흐만에 의해 정복돼 무슬림으로 개종된 이들이다.

압둘 라흐만은 1만 명의 길자이족을 힌두쿠시 북쪽 지방에 강제로 이주시켰다. 두라니족과 경쟁 상대인 길자이족의 힘을 약화시키고, 북부 지방에 있던 타직족과 우즈벡족에 대항하도록 한 것이었다.

1901년, 압둘 라흐만이 사망하고 아들 하비불라가 즉위했을 당시에는 영국의 주지사 정도 대접을 받고 있었다. 아프간인의 마음에 영국에 대한 적개심이 남아 있어서 아들 아마눌라 때에는 국경 일대를 공격하기도 했다.

1919년 5월, 아마눌라는 영국에 대해 성전을 선포했으니, 이것이 바로 제3차 영국-아프간 전쟁이었다. 아프간 군대가 국경을 넘어 영국군을 공격하여 상당한 전과를 올렸으나, 이내 영국의 반격을 받았고 영국 전투기가 잘랄라바드와 카불을 폭격했다. 개전 한 달 만에 양측은 실속 없는 전쟁임을 깨닫고, 라왈핀디에서 아마눌라와 쳄스포드Chemlsford 영국 총독이 만나 협상했다. 영국은 아프간에 대한 보조금 지원을 폐지하고 듀랜드 선을 국경선으로 수용할 것을 강요했다. 대신 아프간은 대내외 문제에 있어 자유 독립국임을 확인받았다. 마침내 영국이 아프간 내정과 외교에 대한 통제를 포기한 것이었다.*

●

타직족

　　　　　　타직족은 아프간 인구의 27% 정도를 차지한다. 타지키스탄과 마주한 북부 지방을 중심으로 퍼져 있으며, 아프간 동부, 중부, 서부에서 파슈툰족 거주지와 접해 있다. 타직족도 파슈툰족과 마찬가지로 캅카스 인종이며, 파슈토어와 함께 인도-유럽어계에 속하는 동이란어를 사용한다.**

　아프간 내 상황을 살펴보면, 소수인 타직족이 우리 지방재건팀이 활동한 파르완주에서는 70%로 다수를 차지하며, 파슈툰족은 20%에 불과하다.*** 파르완에서는 주지사를 비롯한 주요 국장직을 대개 타직족이

---

* 당초 영국은 러시아의 팽창을 우려해 아프간에 대한 통제를 바란 것이다. 그러나 1917년 러시아에 공산주의 혁명이 일어나 소련이 중앙아시아를 포기함으로써 영국이 승리했고, 제1차 세계대전으로 국력이 소진되어 아프간에 더 이상 개입할 여유가 없었다.

** 아프간 내 파슈툰족, 타직족, 하자라족은 모두 인도-유럽계 언어를 사용하는 유사 인종이며, 이들의 언어는 같은 인도-유럽어인 이란어, 파키스탄어, 인도어와 매우 유사하여 상대방 언어를 배우는 것이 그리 어렵지 않다. 이 점에서 타직족과 페르시아인, 타지키스탄인은 같은 직계 조상을 가진 친족 관계에 있다고 할 수 있다. 반면 아프간 북쪽 중앙아시아는 튀르크족이 다수이며, 이들이 사용하는 튀르크어는 인도-유럽어와 완전히 다르다.

*** 아프간 인구는 지난 30년간 체계적인 인구조사가 이루어지지 않아 정확한 숫자를 알기 어렵다. 2011년 6월 세계은행과 아프간 경제부 공동으로 발간한 《Afghanistan Provincial Briefs》 통계 책자에 의하면, 아프간 중앙통계국의 2010~2011년 자료를 기초로 총 인구는 2,450만, 파르완 60만, 판지시르 10만, 바미안 40만으로 집계한다.

담당하고 있다. 또한 파르완주 동쪽에 연이은 판지시르주로 가면 인구 15만 명 중 98%가 타직족이며, 대부분 토박이들이다. 이 때문에 탈레반 요원이나 외지인이 계곡 내에 들어오면 바로 포착되어 테러 행위를 자행하는 것이 사실상 불가능하여 아프간에서 가장 치안이 양호한 곳 중 하나다.

다리어를 사용하는 타직족은 오랫동안 다리어가 아프간 관청의 공용어여서 행정가를 배출하는 데 유리했으나, 다수파인 파슈툰족이 이들의 요직 접근을 꾸준히 봉쇄해 왔다. 파슈툰족은 1747~1973년까지 200여 년간 아프간의 최고 권력을 손에서 놓은 적이 없고, 수적으로 다수이며, 탈레반도 파슈툰으로 구성된 종족 성격을 띠고 있다. 따라서 타직족은 항상 파슈툰에 대한 피해의식을 안고 있다.

타직족의 역사

타직인의 조상은 기원전 6세기 페르시아 제국에 병합된 고대 소그디아나인과 박트리아인이다. 기원전 4세기에 알렉산드로스 대왕에게 정복되었고, 7세기에는 튀르크, 8세기에는 아랍의 지배를 받았다. 9세기 후반에는 부하라를 수도로 하는 사만 왕조에 지배를 받다가 10세기 다시 셀주크 튀르크에 병합되었다. 13세기에는 여타 중앙아시아 국가들과 함께 칭기즈 칸에 점령되었고, 15세기부터 부하라 칸국에 귀속되었다. 그러다가 18세기 중엽에 파슈툰족이 힌두쿠시 북쪽의 현 아프간 지방을 점령하자 이때부터 이곳에 거주하던 타직족도 아프간에 속하게 되었고, 바다흐샨의 일부도 점령했다.

타직족이 하나의 독립된 종족 정체성을 갖게 된 것은 소련의 공작으로 불과 100년이 안 되며, 페르시아계지만 같은 지역에서 수세기에 걸쳐 섞여 살아 주위의 튀르크계 종족과 차이가 거의 없다.

타지키스탄의 탄생

부하라 칸국이 19세기 제정 러시아의 중앙아시아 진출 정책으로 멸망하자 그곳의 타직족은 격렬히 저항하다가 1895년 러시아의 식민 지배를 받게 되었다. 1918년부터는 바스마치 운동으로 투르키스탄 공화국의 일부가 되었다가 잠시 우즈베키스탄 공화국을 거쳐 1924년 스탈린이 독립 공화국으로 승격시켰다. 그러나 70만 타직족이 거주하던 사마르칸트와 부하라를 뺏기고 우즈벡족이 다수인 북부 호잔드 일대를 얻게 되었다. 이는 현재까지 우즈베키스탄과 타지키스탄 내 종족 분규가 지속되는 원인이다. 1970년대 중반부터 아프간 내 이슬람주의 세력이 성장하면서 타지키스탄에도 영향을 미쳤으며, 1976년에는 지하 이슬람 부흥당(Islamic Renaissance Party, IRP)이 조직되어 타직 민족주의를 집결하게 되었다.

1991년 9월 소련이 붕괴되자 타지키스탄은 독립을 선언하고, 라흐몬 나비예프 Rakhmon Nabiev가 대통령으로 선출되었다.

판지시르의 사자, 마수드 장군

아프간 남동부에 위치한 판지시르Panjshir, Panjsher주는 파르완주, 카불주와 경계를 이루고 있는 곳이다. 판지시르라는 명칭은 다리어로 판지는 '다섯', 셰르는 '사자', 즉 '다섯 마리의 사자'라는 뜻이다. 옛적 향토를 지키기 위해 용감하게 싸운 다섯 명의 청년들이 죽은 후 이들을 판지시르라고 불렀으며, 이 때문에 판지시르주에는 사자라는 이름이 붙은 지명과 사자 그림이 많다. 주의 입구 관문도 사자문Lion's Gate, 미국 지방재건팀 사무소도 라이언 기지이다.

거친 산으로 둘러싸인 판지시르주는 경작 가능한 토지가 제한되어 있고, 인구도 적으며, 교통상의 가치도 적어 파르완주에 비해 경제적 중요성이 현저히 낮다. 그러나 군사 전략 면에서는 최고의 요충지다.

타직족의 영원한 우상 마수드 장군은 1953년 첩첩산중인 판지시르주 장갈락 마을에서 태어나 '판지시르의 사자Lion of Panjshir'라는 별명을 얻었다. 그는 평생을 전장에서 보내면서 지위를 이용해 부정이나 축재를 하지 않았고, 독실한 신앙심을 바탕으로 경건하고 검소한 일생을 살았던 인물이다.

카불 국제공항을 출입하는 사람은 여러 장소에 걸려 있는 대형 인물 사진 두 개를 볼 수 있는데, 바로 대통령과 마수드 장군의 사진이다. 카불 시내에서는 오히려 마수드 장군의 단독 사진이 더 자주 눈에 띄는데, 이를 통해 마수드 장군이 현직 대통령에 버금가는 권위를 가진 인물이라는 것을 실감하게 된다. 타직계 인사들은 자신의 위신을 높이려고 과거 마수드 장군의 휘하로 같이 싸웠다거나, 마수드 장군의 먼 일가라는 등 마수드 장군과의 개인적 인연을 내세운다.

마수드 장군은 1980년대 소련군의 여덟 차례에 걸친 판지시르 공격을 막아냄으로써 대소 항전에서 혁혁한 전과를 올렸다. 그는 계곡 깊숙이 웅거하며 카불에서 올라오는 소련군과, 나중에는 탈레반과 일진일퇴를 거듭하며 격전을 치렀다. 또한 소련군이 철수한 뒤에는 무자헤딘 내전과 연이은 탈레반과의 싸움으로 일생을 모두 전장에서 보냈다.

탈레반이 1994년 남부에서 무장 세력으로 등장한 후 전국을 차례로 석권해 나가다가 2001년 9·11 사태로 권좌에서 쫓겨나기 직전 유일하게 점령하지 못한 곳이 판지시르주였다. 바로 마수드 장군이 지키고 있었기 때문이다. 미국이 2001년 10월 7일 아프간 전쟁에 개입하자 탈레반은 미군의 막강한 화력 앞에 순식간에 괴멸되었다. 그리고 마수드 장군이 이끄는 북부동맹은 신속하게 카불을 점령했다.

마수드 장군이 이끄는 북부동맹의 핵심은 판지시르 출신 타직족이며, 이들이 이후 지금까지 중앙 정부의 요직을 독점하면서 '판지시르 마피아Panjshiri Mafia'라는 속어가 생겨났다.

●

하자라족

하자라족은 아프간 인구의 9%를 차지하며, 카불이나 마자리 샤리프와 같은 큰 도시를 제외하면 아프간 중부 산악지대인 바미얀주와 구르주에 밀집해 있다.

하자라족의 기원은 13세기 아프간을 침공한 칭기즈 칸의 몽골군으로 거슬러 올라간다. 칭기즈 칸이 떠나면서 1천 명의 주둔군을 바미얀 일대에 남겨두었는데, 이들이 현지 주민들과 결합하여 낳은 자손들이 하자라족이라고 한다. 당시 몽골군의 편제는 만 명으로 구성된 투멘tumen이 가장 큰 단위이고, 투멘은 다시 천 명으로 구성된 밍간mingghan, 밍간은

100명의 자군jaghun, 자군은 10명의 암반amban으로 세분되었다. 몽골어 밍간은 다리어로 1천을 의미하는 하자르hazar에 해당하므로, 이후 몽골 군 천 명의 후예들을 하자라라고 불렸다. 하자라족이 현재 사용하는 다리어 방언인 하자라어에 몽골어의 잔재가 남아 있다.

몽골인의 용모를 닮은 이들은 얼핏 보면 한국인과도 흡사해 보인다. 그러나 본바탕이 캅카스 인종이라 가까이서 보면 눈매가 매우 진하다. 이들은 파슈툰족이나 타직족과 생김새가 다른 점 외에도, 이란에서 유 입된 시아 이슬람을 신봉하여 수니파인 파슈툰족 및 타직족과 거리가 있으며, 이란과 긴밀한 관계를 맺고 있다.

지형상 외부와 철저히 고립된 하자라족은 오랜 세월 카불 중앙정부 의 통제에서 벗어나 있다가 1890년대 압둘 라흐만 국왕이 보낸 파슈툰 군대에게 점령당한 이후 카불의 지배를 받게 되었는데, 이때 많은 하자 라가 이란과 파키스탄으로 떠났다. 파슈툰족은 소수인 하자라족을 하층 계급으로 취급해 왔다.

바미얀의 고립된 지형상 전략적 가치가 낮아 1980년대 소련의 아프 간 점령 기간 중 별다른 전투는 없었다.

소련군 철수 후에는 8개로 나뉘어져 있던 하자라 정파들이 이란의 권 고로 마자리Abdul Ali Mazari의 지도하에 와하다트Hezb-e-Wahadat Islami, Party of Islamic Unity 당으로 통합되었다.

1995년 마자리가 탈레반에 의해 피살된 후 하자라와 파슈툰은 사이가 더욱 벌어졌고, 와하다트 당은 분리되어 악바리Mohammed Akbari가 이끄는 소수파와 할릴리Karim Khalili가 지도하는 다수파로 분리되었다. 1997년 내 전 중 마자리 샤리프에서 하자라족과 우즈벡족이 탈레반 2천 명을 살해하자 이듬해 마자리 샤리프를 점령한 탈레반이 하자라족 2천 명을 보복 살해했다. 1998년 9월에는 하자라 지방 대부분이 탈레반의 수중에 떨어졌다. 하자라의 공세에 밀려 한동안 후퇴했던 탈레반은 2001년 초 다시 돌아와 주민 천여 명을 학살했다.

하자라족은 마수드 장군이 지도하는 북부동맹의 일원으로 활약했으며, 그해 11월 북부동맹이 카불에 입성한 후 할릴리가 제2 부통령이 되었다.

바미얀

바미얀은 하자라족이 집단 거주하는 하자라 지방의 중심지다. 2,500m 고지에 위치한 이곳은 11월이면 이미 초겨울 날씨를 보이는 한랭한 고지이다. 주민 거의 100%가 하자라족으로, 용모가 다른 탈레반이 잠입하기 어려워 치안 사정이 양호한 곳이기도 하다. 뉴질랜드가 2003년 이곳에 지방재건팀을 설치해 활동했으며, 재건 요원들은 파르완주와 달리 일반 차량으로 자유롭게 다닐 수 있다.

이곳은 과거 동서로 달리는 실크로드 지선의 주요 기착지이자, 순례자들이 중앙아시아에서 발흐를 거쳐 인도로 가는 경유지여서 많은 방문객들로 번창했다. 3~4세기 쿠샨 왕조 때 만들어진 석굴 불상들은 불교 문화의 절정기를 대표하는 걸작이었고, 7세기에 중국 현장법사는 바미얀을 방문하고 10개의 수도원과 1천 명의 수도승, 300m나 되는 와불을 보았다고 기행문에 기록했다.*

---

* 아프간에는 바미얀 외에도 하다, 수르크 코탈, 타파 칼란에 불교 유지가 존재한다. 수르크 코탈에서는 2세기에 만들어진 석판이 발견되었는데, 박트리아어와 그리스어가 새겨져 있어 한때 그리스의 지배를 받았음을 알 수 있다.

그러나 이슬람이 도래한 후 불교 유적은 이교의 상징으로 많은 수난을 당한다. 아프간 전역에 있던 불교 수도원과 사찰, 조각품, 경전들이 장기간에 걸쳐 조직적으로 파괴되었는데, 이때 바미얀의 두 불상도 먼저 얼굴이 뭉개졌다. 18세기에 페르시아의 나디르 샤가 아프간을 침공했을 때는 대불의 양다리를 찍어 냈다. 그리고 2003년, 탈레반은 상처투성이였던 불상들을 다이너마이트로 폭파해 버렸다.

바미얀 석굴에는 최근까지 인근 지역에서 온 피난민들이 기거하고 있었는데, 오래된 사람은 20년 이상 살아왔으며 이곳에서 태어난 아이들도 많다.

간다라 미술

바미얀 석불은 알렉산드로스 대왕이 가져온 그리스 문화가 인도 문화와 융합되어 탄생한 간다라 미술의 산물이다. 간다라라는 명칭은 불교만큼이나 오래되었다.

기원전 550년, 페르시아 제국 키루스 대왕이 아프간과 트란스옥시아나 땅을 정복한 후, 3대 다리우스 1세가 이란 남서부 베히스툰의 암벽에 선대로부터 물려받은 영토의 이름들을 크게 새겨 두었는데, 19세기 영국의 롤린슨이 이를 발견해 해독했다. 여기에는 페르시아 제국이 영토를 42개 주로 나누어 통치했으며, 아프간 일대에 4개 주를 두었다고 되어 있다. 북부는 박트리아(Bactria, 발흐), 서부는 아레이아(Areia, 헤라트), 남부는 아라초시아(Arachosia, 칸다하르), 동부는 간다라Gandhara라고 불렀다. 다리우스 1세는 간다라 아래쪽에 면한 파키스탄 남부의 신드 지방을 정복해 힌두쉬Hindush주라고 불렀다. 간다라는 지리적으로 서펀자브 지방의 페샤와르와 탁실라를 중심으로 하고, 페샤와르 평원 북쪽의 스와트평원과 그 서쪽의 바주르 부족지구와 아프간 동부의 일부 지역을 포함했다.

인도 북동부에서 시작된 불교는 동서남북으로 퍼져 나갔고, 부처의 제자들이 간다라에 불교를 전파하자 이내 간다라는 불교문화의 중심지가 되었다. 불교는 여기서 카라코람산맥을 넘어 신장으로, 나아가 극동으로 확산되었다.

아프간에도 대승불교가 널리 퍼져 서기 1세기 간다라 지방에 불교가 전파된 이래 5세기 북방 백훈족에 의해 파괴될 때까지 대승불교가 크게 융성하였다. 이로써 그리스와 인도 예술의 영향을 받은 정교한 불상과 조각품들이 대량 생산되어 간다라 미술의 꽃을 활짝 피웠고, 2~3세기 쿠산 왕조 때 전성기를 맞이했다.

간다라 지방과 미술은 아프간 남부 칸다하르와는 지리적, 문화적으로 무관하다. 간다라 미술의 대표적인 중심지는 탁실라, 페샤와르평원의 탁티바히, 사리 발롤, 차르사다 지역, 아프간 동부 하다 등지다. 이곳에서 출토된 간다라 미술품들은 파키스탄 라호르, 페샤와르, 탁실라에 소재한 박물관과 멀리 파리의 귀메 박물관에 소장되어 있다.

칭기즈 칸의 후예

바미얀은 예술성 높은 웅장한 석불의 소재지요, 고대 불교의 번영된 중심지 중 하나였지만, 오늘날 이곳에 거주하는 하자라족은 불교와 무관하다. 이들은 이슬람교의 도래로 불교가 쇠락한 뒤 오랜 세월이 지나 13세기가 되어서야 모습을 드러냈다. 하자라족은 칭기즈 칸이 데려온 몽골군의 후예인 것이다.

석불에서 멀지 않은 바미얀평원 한가운데에 작은 언덕이 하나 있으니, 이런 곳에는 당연히 성채를 짓게 마련이다. 이 일대를 통치하던 중세 아프간 고르 제국 황제의 동생 잘랄웃딘 왕이 이 성채에서 바미얀 일대를 지배하던 때인 1221년 칭기즈 칸이 침입해 왔다. 몽골군은 장기간 성을 공격했으나 쉽게 함락되지 않았다. 마침 잘랄웃딘이 적대국 가즈니 왕조의 공주를 부인으로 맞아들인 데 화가 나 있던 그의 딸이 칭기즈 칸 진영으로 서신을 매단 화살을 쏘아 보냈다. 서신에는 지하수의 위치를 알리면서 이곳을 차단하면 성이 함락될 것이라고 쓰여 있었다. 칭기즈 칸은 성채를 공략한 후 아버지와 동포를 배반한 공주를 돌로 쳐서 죽였다.

이 성채에서 동쪽으로 20*km* 떨어진 파르완주와의 경계에 작은 강이 하나 흐르고, 강변 언덕 위에는 바미얀으로 진입하는 입구를 지키는 '샤흐리 조학(Shahr-e-Zohak, 잔인한 자의 도시)' 성이 솟아 있다. 12~13세기 고르 제국의 산사바니 왕조 때 세워진 것이다. 1221년, 칭기즈 칸이 공성 중 그의 손자 무투겐이 성 주위를 정찰하다가 적이 쏜 화살에 맞아 죽었다. 이에 격노한 칭기즈 칸은 성을 점령한 후 인근의 움직이는 생명체를 하나도 남김없이 죽여 버렸다. 이후 이 성은 '비명의 도시'라는 뜻으로 '샤흐리 골골라Shahr-e-Gholghola'라 불렸다.

이 일화를 보면 바미얀은 칭기즈 칸의 행적이 깊이 각인된 곳이다. 실제로는 바미얀 북쪽의 발흐와 동쪽의 파르완주를 포함하여 아프간 전역이 한동안 몽골군에게 유린당했고, 3세기에 걸쳐 몽골의 지배에 놓였다.

이민족의 침입

알렉산드로스 시대 이래 중앙아시아에서 잇달아 흥기한 유목민들이 정착 문명에 대해 군사적 우위를 누렸고, 중국, 유럽, 남아시아를 천 년 이상 유린했다. 남쪽으로 내려온 수많은 기마 민족들이 가장 먼저 지나치는 통로에 아프간이 있었다.

●

알렉산드로스의 공격

기원전 4세기, 알렉산드로스 대왕이 다리우스 왕의 암살자인 박트리아 주지사 베수스Bessus를 추적하여 아프간 지역으로 진입했다. 그는 아무다리야강을 건너 소그디아나로 진격해 페르시아 제국의 창시자 키루스 대제가 죽음을 맞았던 도시 키로폴리스(Cyropolis, 오늘날 이스트라브샨)와 마라칸다(Marakanda, 오늘날 사마르칸트)를 정복한 후, 북쪽 시르다리야강을 건너 사카인의 땅을 공격하기도 했다.

알렉산드로스는 시르다리야 강변에 자신의 이름을 따서 알렉산드리아 에스카트Alexandria Eskhate를 건설했는데, 이곳이 바로 오늘날 타지키스탄의 후잔트Khujand이다. 이 도시는 이름처럼 대왕이 정복한 영토의 최동단에 설치된 것이다.

기원전 328년에는 소그디아나 장군 스피타메네스를 제거한 후, 귀족 옥시아르테스가 지키는 난공불락 요새 일명 '소그디아나 바위Rock of Sogdiana'를 간신히 점령할 수 있었다. 이곳은 현재 타지키스탄의 수도 두샨베 북서편의 히사르Hissar산맥 속에 위치한 것으로 추정되나 정확한 위치는 알지 못한다. 이듬해 알렉산드로스는 옥시아르테스의 딸 록사나와 발흐에서 결혼식을 올렸다.

그의 치세와 후계 제국 시기를 통해 수세기에 걸쳐 동서양의 문물 교류가 활발하게 이루어졌다. 당시 아무다리야 강변의 대표적인 그리스 도시 알렉산드리아 옥시아나Alexandria Oxiana는 오늘날 아이 하눔Ai-Khanoum 유지로 밝혀졌다.

●

아프간을 지나친 기마 민족들

기원전 2세기, 미트라다테스 2세의 지휘 아래 파르티아인이 유프라테스강 서쪽의 로마인을 물리치고 아프간으로 쳐들어왔다. 스키타이인은 친족이었던 파르티아인의 우위를 인정했고, 파르티아는 스키타이인의 아프간 지배를 유지하게 했다. 페르시아 제국

이래 문명 세계에 최대 위협이었던 스키타이인은 기원전 2세기경 중앙 아시아에서 소멸하고 정주민 문화에 동화되었다. 동쪽의 스키타이인은 힌두쿠시 남쪽과 파키스탄에서는 오랜 세월 잔존해 현지인들과 동화되었다. 이들이 호전적인 파슈툰족의 조상으로 추정된다.

쿠샨인은 기원전 30년경 옥수스강을 건넜고 서기 60년경에는 카불강 유역을 점령했다. 쿠샨인은 스키타이-파르티아 연합군을 물리치고 서기 75년 탁실라를 평정했다. 이로써 아프간과 파키스탄의 스키타이인은 쿠샨인과 융합되었다. 스키타이인이나 쿠샨인은 이란계 언어를 사용하고 용모와 문화가 비슷했으므로, 쿠샨인은 대체로 스키타이인으로 간주되었을 것으로 보인다. 쿠샨인은 문자가 없었으며 토착 문화와 종교에 관대했다. 이란 고원의 파르티아 제국은 로마와 동방의 접촉과 교역을 방해한 장애물이었지만, 쿠샨인은 로마와 그럭저럭 교역을 행했다. 125년에 즉위한 카니시카 왕은 페샤와르를 제국의 수도로 삼고, 여름 수도를 카피시 카니시(오늘날 바그람)에, 겨울 수도를 북인도 마두라에 세웠다. 그는 제국의 중심인 간다라 지방에서부터 동방에 불교를 전파했다. 이전에 부처는 철학적 개념이나 상징으로 표시되었으나 이때부터 인도, 그리스, 로마 양식이 혼합되어 부처가 인간 형상을 띠게 되었다. 불교에서뿐만 아니라 문화 전체에 간다라 예술이 꽃피었다. 150년경 카니시카 왕이 죽자 후손들이 힌두 브라만교 쪽으로 기울어 불교가 약화되었다. 225년에 쿠샨 왕국은 소멸되고 쿠샨인은 주민에 동화되었다.

한편 당시 페르시아에서는 225년 아르다시르라는 사산Sassan의 손자가 봉기를 일으켜 마지막 파르티아 왕을 폐위시키고 사산 왕조를 열었으며, 자신은 고대 아케메네스 제국의 직계라고 주장했다. 사산 군대는 동방으로 정복에 나서 아프간을 거쳐 옛 페르시아 제국의 동쪽 경계인 인더스 강까지 영토를 차지했다. 스키타이인, 쿠샨인, 파르티아인은 모두 동일한 이란계 말과 문화를 공유한 민족들이다. 260년, 사산군은 샤푸르 왕자의 지휘로 로마 황제 발레리아누스의 군대를 에데사에서 물리치고 황제를 생포해 처형했다.

4세기 중엽에는 북쪽에서 백훈족이 내려왔다. 서양에서는 중국식 음을 따서 엡탈Ephthalite 또는 헵탈Hephthalite, 페르시아어로는 아이탈Aytal 또는 하이탈Haytal이라고 불렀다. 이들은 아바르족의 종속 부족인 몽골족이라고 간주된다. 이와 달리 아틸라가 이끈 훈족이나 아바르족은 모두 튀르크계에 속한다. 로마의 역사가 프로코피우스는 6세기 중반에 이들이 훈족에 속하지만 얼굴과 피부가 희고 생김새가 추하지 않다고 묘사하여 백훈이라고 불리게 되었다. 당시 북방 유목민들은 튀르크계든 몽골계든 적에게 공포심을 유발하기 위해 기괴한 모습으로 꾸며 추하고 땅딸막한 것으로 묘사된다.

박트리아 지방에 진입한 백훈족은 페르시아로 진출하다가 427년 사산 왕 바룸 굴에게 전멸당했다. 그러나 455년, 백훈족은 카불 강 유역과 간다라를 점령한 후 484년 페르시아로 들어가 페로즈 왕을 죽이고 헤라트를 차지했으며 사산 제국의 영토를 계속 잠식해 들어갔다. 이때 인도에서 굽타 제국이 일어나 인도와 백훈족 간 싸움이 시작되었다. 백훈족은 인도의 갠지스 강을 따라 파괴를 일삼았고, 주술적인 중앙아시아 유목민들이 그러하듯이 불교나 다른 종교에 관용적이었다. 불교도들은 3세기 아프간 바미얀에 석불 하나를 만들었고, 5세기에는 두 번째 석불을 조각하여 최고 8천 명의 수도승들이 기거하게 했다. 6세기 중엽 사산 제국이 세력을 회복했을 때 호스로khusraw 왕이 옥수스강 북쪽에 새로 남하한 튀르크계 유목 부족과 연합해 남북으로 아프간의 백훈족을 협공하여 붕괴시켰다. 7세기 사산 제국의 세력이 강성해져 아프간에 대한 지배를 다시 확보하고 인더스강을 사이에 두고 굽타 왕국과 대치했다.

이때 중동에서 이슬람이 태동해 아랍의 팽창이 시작되었다. 아랍군은 페르시아, 아프간, 파키스탄 일대를 차례로 점령했다. 아랍군은 637년 카디시야 전투에서 사산 군대를 쳐부순 뒤 642년 다시 니하완드 전투에서 야즈다기르드 3세가 지휘하는 사산 본대를 물리쳤고, 7세기 말에는 아프간 전역을 차지했다.

9세기 중엽에는 이슬람 아바스 왕조의 아프간 지배가 약화되면서 중앙아시아에서 새로운 튀르크계 유목민이 남하했다. 튀르크계 사만 왕조가 트란스옥시아나에서 부하라를 수도로 한 왕국을 건설하고, 서서히 남하를 시작해 카불강 유역까지 진출했다. 977년 알프티긴이라는 튀르크계 노예가 니샤푸르에서 사만 왕에 대해 반란을 일으켰으나 실패하고, 힌두쿠시 남쪽의 가즈니로 도주해 왕국을 세우고 정복과 포교를 시작했다. 마침내 가즈니 왕국은 옥수스강까지 지배를 확대했고, 페르시아 호라산을 거쳐 카스피해까지 영토를 확대했다. 998년 즉위한 마흐무드는 가즈니 왕국에서 가장 위대한 군주로, 17번이나 인도 원정을 감행하여 매번 방대한 전리품을 가즈니로 실어 왔다. 가즈니 왕국은 이슬람을 통해 아프간 지역을 통합하는 데 기여했고, 펀자브 일대에서 힌두교가 퇴각하고 이슬람이 확산되었다.

이후 힌두쿠시 산중 외딴 평원에서 태동한 고르 왕국이 헤라트에 수도를 정하고 정복에 나섰다. 1140년 알라웃딘이 가즈니를 정복한 후 방화하여 '세계의 방화자'라는 악명을 얻었고, 1186년 라호르를 공격해 가즈니 왕국 최후의 왕을 제거했다. 고르 왕국의 자취는 아프간 중부 고르주의 외딴 산중에 서 있는 승리의 탑으로 남아 있는데, 이는 가즈니에 있는 것을 모방한 것이다.

중앙아시아에서 새로운 튀르크계 오우즈Oghuz 부족이 남하했는데, 이들은 크게 셀주크족과 투르크멘족으로 나뉘었다. 셀주크족은 메소포타미아와 시리아를 점령한 후 성지를 탈환하러 온 십자군과 싸웠고, 나중에 오스만 제국으로 발전했다. 투르크멘족은 흐와레즘 왕국으로 진화해 1205년 고르 왕국을 붕괴시키고 1215년 모하메드 2세 통치 시 아프간을 점령해 잘랄알딘 왕자를 주지사로 삼았다. 수도 사마르칸트를 중심으로 중국, 인도, 페르시아 간 중계무역을 통해 번성했다.

아시아 동쪽에서는 몽골-중국 국경지대에 자리 잡은 호전적인 흉노족 연맹이 팽창하면서 중국 서부의 신장과 감숙성 일대에 거주하던 인도-유럽계 대월지大月氏를 기원전 176~160년 사이에 서쪽으로 몰아냈다. 대월지는 인도-유럽계 종족 중에서 최동단에 위치한 종족이었다. 당시 북방의 사카족이 파르티아인과 박트리아의 그리스인을 축출하고 그 영토를 차지하고 있었는데, 이동해 간 월지족이 사카족을 괴멸시켰다.

●

러시아의 남하

러시아의 세력 확대

16세기, 시르다리야 북쪽의 카작족은 카자흐스탄을 대주즈(남부), 중주즈(중부, 북부, 동부), 소주즈(서부)로 삼분하여 각각 왕khan이 통치하면서 연합체인 카작 한국khanate을 건설했다. 각 주즈는 다시 여러 개의 부족으로 구성되었다.

1690~1720년에 걸쳐 몽골계 중가르족(Zhungars, 오이라트)이 카자흐스탄 동부를 차지했다. 티베트 불교를 신봉한 중가르족은 몽골 서부에 웅거하면서 1635~1758년에 카자흐스탄 동부, 톈산 일대, 신장 등을 지배한 제국을 건설했다. 그러자 1731~1742년에 재위한 카자흐스탄의 세 왕은 모두 중가르 국의 침입에 대항하여 러시아 황제에게 충성을 서약했다. 카작족은 중가리아 분지에서 유목하면서 중가르족으로부터 많은 고초를 겪었다. 1771년에는 중가르족에 대한 저항을 주도한 중주즈의 왕 아빌라이 칸Abylay Khan이 카작 전체의 왕으로 추대되었다.

러시아는 카작족이 중가르족과 싸우는 틈을 타서 이 지역에 서서히 세력을 확대했다. 카작족이 저항하자 3개 왕국들을 차례로 복속시켰으며, 1848년에는 칭기즈 칸의 직계 후손인 킵차크 칸국의 지배자를 폐위시켰다.

1861년 러시아와 우크라이나 일대 농노를 해방시킨 결과, 이들이 대거 카자흐스탄으로 이주했다. 1870년까지 400만 카작족 중 100만 명이 전쟁과 기근으로 사망했다고 한다.

러시아는 당시 카자흐스탄과의 국경 일대에 다수의 변경 요새를 구축했는데, 제국의 국경을 어디까지로 정할 것인지 분명한 정부의 방침이 없는 상태였다.

그레이트 게임

러시아는 19세기 초 중앙아시아 일대에 안정된 국경선을 확보하고 영국의 중앙아시아 팽창에 대항하고자 100년간에 걸친 중앙아시아 정복의 시대로 본격 돌입했다. 19세기 중반부터 중앙아시아 주요 도시와 왕국들이 차례로 러시아의 수중에 들어갔다.* 그러나 투르크메니스탄의 투르크멘 부족 중 다수파인 테키족Tekke이 러시아에 치열하게 저항했다. 러시아는 1879년 테키-투르크멘Teke-Turkmen 전투에서 패하자, 1881년 스코벨레프Skobelev 장군이 대군을 이끌고 와서 테키족의 마지막 요새인 곡-테페Geok-Tepe를 함락시키고 1만 5천 명을 살육했다. 러시아는 1884년 메르브, 이듬해 판제 오아시스를 점령했는데, 이것이 결국 제국의 최남단 국경이 되었다.

당시 인도를 통치하던 영국은 러시아의 의도를 의심했고, 양국은 서로 동태를 감시하고자 스파이와 군인, 외교관을 상대 진영에 파견했다. 그리고 아프간을 완충 지대로 쟁취하기 위해 외교 및 군사 작전을 펼쳤다. 이를 19세기 100년간에 걸친 그레이트 게임The Great Game이라고 부른다.

1849년, 영국이 펀자브의 시크 제국을 무너뜨리고 파키스탄 일대를 차지하자 파미르고원과 힌두쿠시산맥을 무대로 러시아와 치열한 정보전을 벌였다. 러시아는 1882년 카슈가르에 영사관을 개설했고, 1884년 메르브를 차지했다. 그러자 영국은 아프간 서부 헤라트로 진공로가 열렸다고 우려했고, 아프간 전체가 위험에 처했다고 느꼈다. 러시아가 아프간을 차지하면 영국령 인도는 쉽게 공격당할 수 있었다.

1890년, 러시아 군대가 파미르 일대에 진출하자 이듬해 영국이 먼저 훈자를 공격했고, 러시아는 아프간 동북부로 진격했다. 이에 군사적 대결을 우려한 양측이 협상을 벌인 끝에 1895년과 1907년 국경협정을 체결하고 와칸 회랑이라는 양 제국 간 완충 지대를 창설했다. 아프간 영토에서 동북방으로 길게 손가락처럼 뻗어 나온 이 산악 지대는 양 제국의 국경이 직접 접하지 않도록 인위적으로 설정된 것으로, 아프간 국경이 중국에까지 맞닿아 있다. 이후 양국 간에 특별한 무력 분쟁은 발생하지 않았고, 이 협정으로 그레이트 게임이 종료되었다고 본다.

중앙아시아 봉기

1861년 미국에서 남북전쟁이 발발하여 러시아의 미국산 면화 수입이 불가능해졌다. 그러자 러시아는 자국 내 면직물 산업을 살리려고 중앙아시아에 면화 재배를 장려했다. 동시에 값싼 원료와 노동력을 공급받고, 러시아 상품을 판매하는 시장으로 인식하기 시작했다.

19세기 말 러시아와 우크라이나의 해방된 농노 100만 명가량이 농지를 찾아 카자흐스탄으로 유입되었고, 근대화가 진행되었다. 이로써 무슬림 중앙아시아인 사이에 기독교 러시아인에 대한 반감이 확산되었다. 1897~1898년에 안디존에서 러시아인을 대상으로 봉기가 발생했다. 러

---

* 키르기스스탄 수도 비슈케크(1862), 우즈베키스탄 타슈켄트(1865), 사마르칸트(1868), 부하라(1868), 히바(1873), 코칸트(1877)

시아는 이 사건 후 도시 무슬림들을 대상으로 러시아식으로 동화시키는 작업을 벌였다.

1914년 제1차 세계대전이 발발하자 러시아는 대량의 가축, 면화, 식량 등을 징발했고, 1916년부터는 청년들을 강제노역에 동원했다. 이에 대항해 중앙아시아 전역에서 봉기가 일어났고, 러시아의 보복과 주민들의 저항이 반복되었다. 당시 20만 명의 카작족과 키르기스족이 중국으로 피신했다.

인위적인 중앙아시아 국가 창설

1917년, 러시아에서 볼셰비키 혁명이 일어나 제정이 붕괴하고 공산 정권이 들어섰다. 이 틈을 타 코칸트인들이 독립 국가를 건설하고 근대화 개혁에 착수했다. 그러나 이듬해 소련군이 쳐들어와 5천여 명을 학살하고 '투르키스탄 소비에트 사회주의 자치공화국'을 설치했다.

부하라의 알림 칸Alim Khan은 소련의 항복 요구를 거부하고, 벨라루스, 영국과 연대하여 성전을 선포했다. 소련 프룬제Mikhail Frunze 장군이 1920년 부하라와 히바를 공략하여 인민공화국을 선포했고, 알림 칸은 아프간으로 도주했다. 1918년 나자로프Nazaroff라는 벨라루스 스파이에 의해 타슈켄트 감옥에서 반공산혁명이 일어났다. 이후 반혁명파는 중앙아시아 여러 도시를 장악했으나, 소련군의 공격으로 다시 모든 것을 상실했고, 나자로프는 텐산 산맥을 넘어 신장으로 도주했다.

스탈린은 중앙아시아 내 민족주의 운동이 발생할 가능성을 차단하고자 이전까지 튀르크인 또는 페르시아인으로 분류될 뿐 민족이나 국경 개념이 없었던 중앙아시아에 새로운 민족 개념과 국경선을 만들어 냈다.

1924년 우즈벡 소비에트 사회주의 공화국과 투르크멘 공화국, 1929년 타직 공화국, 1936년 카작 공화국과 키르기스 공화국을 창설했다. 스탈린은 각 공화국에 영토, 역사, 민족적 특징, 언어를 부여하여 민족 간 분열을 조장했다. 인위적인 국경선으로 인해 각국은 영토 안에 여타 민족의 거주지들을 갖게 되었다.

소련 통치기는 제정 시절보다 수탈이 더 심했다. 1928~1932년, 유목 생활을 하던 중앙아시아 주민들을 강제로 집단농장에 정착시키려는 계획이 진행되었다. 그러자 주민들은 몰수될 가축을 미리 도살해 버렸다. 익숙지 못한 농사에 생산성이 저조하자 기근이 발생하여 수백만 명이 사망했다. 이에 무슬림 게릴라인 바스마치(Basmachi, 강도)가 소련군에 맞서 싸웠다. 1920년대 말부터 중앙아시아 지식인과 관료들이 소련의 정책에 회의를 나타내기 시작하자, 스탈린은 1930년대 들어 피의 숙청을 단행했다.

1939년에 제2차 세계대전이 일어나면서 소련의 수탈은 극에 달했다. 독일군에 유린되기 쉬운 소련 서부의 산업 시설이 중앙아시아로 이전되어 산업 생산이 시작되었고, 스탈린은 적군과 내통할 것으로 의심한 조선인, 독일인, 체첸인 등 여러 민족들을 강제로 중앙아시아로 이주시켰다. 전쟁에 강제로 동원된 150만의 중앙아시아인 가운데 절반이 이탈했고, 독일군 편에 서서 소련군에 대항해 싸웠다.

소련은 공산주의 생산 방식에 따라 각 공화국의 농업과 산업을 특화시켜 상호 의존성을 높였고, 특히 소련에 대한 경제적 의존은 절대적이었다. 우즈벡 공화국은 곧 소련에 64%의 면화를 공급하기 시작했고, 소련은 미국 다음으로 세계 2위의 면화 생산국이 되었다.

1979년, 소련의 아프간 침공에 참여한 소련군 5만 명 중 2만 명이 우즈벡인과 타직인이었다. 1980년대에는 이슬람 전사들이 3만 명이 가담했다. 소련의 침공이 끝난 후 집계된 사망자는 소련군 1만 5천 명, 아프간인 150만에 이른다.

제2장

탈레반과 알카에다

20세기 아프간의 역사

탈레반은 1989년 소련군 철수 후 무자헤딘 정파 간 내전이 발발하고, 경제적 피폐와 사회적 혼란이 계속되던 시대 상황에서 남부 칸다하르 일대를 중심으로 역사의 전면에 등장했다. 즉 이들의 이념적, 조직적 뿌리는 1980년대 대소 항전기에 있다. 따라서 탈레반을 제대로 알려면 1980년대 대소 항전 과정에 대한 이해가 먼저 있어야 한다. 아울러 소련의 아프간 침공 배경에 대해서도 이해가 필요하다. 이를 위해서는 그 배경이 된 아프간의 20세기 역사 전개 과정을 알아야 한다.

●

아프간 지도자들의 비극적 종말

20세기의 수많은 아프간 최고 지도자 가운데 정상적으로 권력을 이양한 사람은 한 사람도 없었다. 전원이 피살, 망명 또는 강제 퇴위와 같은 비극적 종말을 맞았다. 아프간 현대사는 그만큼 혼란으로 점철된 불안한 시기였다. 20세기의 첫 장을 연 것은 20년간 집권한 철권 통치자 압둘 라흐만의 뒤를 이은 아들 하비불라(Habibullah, 재위 1901~1919)였다.

하비불라의 통치 말기인 1917년, 러시아에서 공산혁명이 일어나 세계 최초의 사회주의 국가가 탄생했다. 내란과 외침으로 혼란이 계속되다가 1922년 정식으로 소비에트 연방이 발족했다. 소련은 건국 직후부터 아프간과 긴밀한 관계를 구축하려 했으며, 1919년 아프간이 영국으로부터 완전히 독립하자 제일 먼저 이를 승인하고 경제적, 군사적 원조를 제공했다. 아프간도 이에 대응해 누구보다 먼저 소련을 승인했다. 소련은 내전 중 도움을 얻으려고 중앙아시아 무슬림 국가들에게 자치를 약속했다. 그러나 전쟁에서 승리하자 약속을 어기고 탄압했다. 이에 많은 무슬림이 소련에 대한 저항운동에 가담했고, 소련은 이들을 바스마치(폭도)라고 불렀다. 1920~1930년대에는 많은 우즈벡족, 투르크멘족, 타직족이 아무다리야강을 건너 아프간 북부로 이주해 왔다. 소련은 아프간 내 무슬림 저항 세력을 제압하고 인도에 위치한 영국을 견제하고자 아프간과의 관계를 더욱 공고히 해 나갔다.

그 사이에 하비불라 국왕이 1919년 동부의 잘랄라바드를 순시하던 중 피살되고, 아들 아마눌라(Amanullah, 재위 1919~1929)가 즉위했다. 그는 영국으로부터 독립한 직후 과거 아프간 제국의 영광을 재현하려고 영토 확장을 꾀했다. 그러나 북쪽에서는 소련이 혼란을 극복하고 중앙아시아에 대한 통제를 확립했으며, 동쪽에는 여전히 대영제국이 도사리고 있어 뾰족한 방법이 없었다. 그는 아프간 근대화에도 관심이 많아 교육과

법률에서 서구식 제도를 도입했고, 여권 신장을 위해 노력했다. 그러나 당시 사회 분위기상 수용하기 어려운 급진적인 개혁 조치로 인식되어 보수파와 이슬람 성직자들의 원성을 샀다.

아마눌라는 신념을 굽히지 않고 근대화를 직접 배우기 위해 왕비 소로야Soroya와 함께 1927년 유럽 순방을 떠났다가, 1년 후 테헤란에서 롤스로이스를 타고 카불로 귀국했다. 그리고 일부일처제와 여성 교육 강화, 조세제도 개혁 등을 포함한 보다 급진적인 근대화를 추진했으며, 이에 저항하는 인사들을 투옥했다. 그의 정책에 반대하는 저항운동이 시작되면서 1929년 1월 카불 북쪽에서 타직계 바차 사카오Bach-i-Saqao가 주민들을 모아 궐기하자 정부군이 삽시간에 무너졌다. 아마눌라는 롤스로이스를 타고 카불을 탈출하여 이탈리아로 망명했고, 1960년 망명지에서 사망할 때까지 영영 고국에 돌아오지 못했다.

바차 사카오가 10개월 집권하는 동안 무질서와 약탈이 계속되자 두라니족 출신 나디르 칸Nadir Khan이 바차 사카오를 몰아내고 나디르 샤(재위 1929~1933)로 왕위에 올랐다. 그러나 불과 몇 년이 지나지 않아 암살당하고, 이어서 아들 자히르 샤(Zahir Shah, 재위 1933~1973)가 집권했다. 그는 이전의 실패를 의식하여 비교적 온건한 개혁으로 일관했고, 이슬람교와 종족 정서를 자극하는 일은 피했다.

그러던 중 1947년 인도가 영국에서 독립하면서 아프간 동쪽에 파키스탄이 신생국으로 등장했다. 같은 무슬림 국가의 탄생에 큰 기대를 걸었던 아프간은 영국이 1893년 그은 듀랜드 선Durand Line이 파슈툰족을 분할하기 위한 조치였음을 지적하고 재조정을 요구했다. 그러나 영토가 잠식당할 것을 우려한 파키스탄이 이를 거부하자 양국 관계가 악화되었고, 이 틈을 타서 소련이 아프간에 영향력을 확대하기 시작했다. 1950년 대에 소련은 아프간 북부 지방에 인프라 구축사업을 벌였고, 미국이 이에 대항하여 아프간 남부 지역에 투자했다. 미국과 영국은 소련의 팽창에 대항하려고 이 지역에 1955년 동남아 조약기구SEATO, 1959년 중앙조약기구CENTO를 설치했다.* 파키스탄은 미국의 입김으로 양 기구에 모두 가입한 반면, 파키스탄을 혐오하던 아프간은 어느 쪽에도 가입하지 않았다. 자히르 샤의 사촌 겸 매형인 모하메드 다우드Mohammed Daoud 총리는 미국이 파키스탄과 이란에 무기를 제공하자 이에 대항하여 소련에 원조를 요청했고, 소련은 아프간에 대한 지원을 계속했다. 1963년 다우드의 강압적 통치에 염증을 느낀 국왕이 그를 사퇴시키고 이듬해 자유헌법을 선포했다.

한편 1965년 1월 1일, 공산당인 아프가니스탄 인민민주당People's Democratic Party of Afghanistan, PDPA이 창설되었다. 그러나 이내 '위대한 스승'이라 불리던 타라키Nur Mohammed Taraki가 주도한 급진적인 칼크(Khalq, 인민)와 카말Babrak Karmal이 이끄는 온건한 파참(Parcham, 깃발)으로 분열되었다.

1973년, 자히르 샤가 이탈리아를 여행하던 중 다우드 전 총리가 쿠데타를 일으켜 권력을 찬탈하고 아프가니스탄 민주공화국Democratic Republic of Afghanistan, DRA을 수립했다. 다우드는 아프간이 지나치게 소련에 접근했다고 우려해 정부 내 공산당원들을 숙청하고 시민 자유를 탄압하기 시작했다. 1977년 다우드는 소련 방문 중 자주노선을 선언하여 소련 지도부를 실망시켰다.

1978년 4월 아프간 공산당 간부가 피살되자 다우드가 지휘하는 비밀 경찰의 소행으로 오인되어 대규모 시위가 벌어졌고, 이를 탄압하자 더 큰 시위가 일어났다. 4월 27일 아프간군이 카불의 대통령 궁을 포위하여 다우드와 일가족을 살해했다. 당시 아프간군 장교들은 모두 소련에서 교육받았고 공산당과 깊이 연계되어 있었다. 그 결과 공산당이 권력을 장악하여 DRA를 재선포하고, 타라키가 대통령, 카말이 부총리를 맡았다. 이를 4월Saur 혁명이라고 한다.

●

소련의 공격

4월 혁명 직후, 타라키는 카말을 주체코 대사로 보내고, 정부 내 카말파의 파참 소속원들을 숙청했다. 그리고 후계자로 미국 콜롬비아 대학에서 수학한 하피줄라 아민Hafizullah Amin을 지명했다.

그해 10월에 발표된 공산 정부의 정책은 종족 간 평등, 토지 소유 제한 및 재분배, 남녀 평등과 여성 교육, 금융 개혁 등 급진적인 내용을 담았다. 급진 개혁에 반대하는 주민 반란이 전국적으로 일어났고, 군대가 정부의 지시를 따르지 않고 도주했다.

1979년으로 접어들자 상황이 더욱 악화되었다. 3월에 발생한 헤라트 봉기에서 100명의 소련 군사고문단과 가족들이 학살되었고, 정부의 강경 대응으로 시민 5천 명이 사망했다. 주민 봉기와 정부 탄압이 반복되

---

* SEATO(Southeast Asian Treaty Organization)는 미국 주도하에 동남아 3개국을 포함한 8개국으로 구성된 지역 차원의 반소 집단안전보장기구로, 베트남 패망 후인 1977년 해체되었다. CENTO(Central Treaty Organization)는 영국, 터키, 이라크, 이란, 파키스탄으로 구성된 군사, 경제 협력체로 이란 혁명 후 1979년 해체되었다. 두 기구 모두 소련의 팽창 정책을 견제하고자 설치되었다.

었고, 수천 명의 소련군이 탱크, 전투기, 헬기를 몰고 아프간에 진입했다.

9월에 타라키는 모스크바 방문에서 귀환한 직후 체포되었으며, 권력은 후계자인 아민의 손으로 넘어갔다. 이후 아프간 공산혁명이 점점 와해되어 가자 소련은 아민의 지도력을 불신하여 그를 제거하고 대신 카말로 교체하고자 했다. 소련은 그해 1월 이란 혁명 성공 후 이슬람 근본주의 열기가 중앙아시아로 확산될 가능성을 우려하던 차, 아프간 공산정권에 대한 이슬람주의자들의 봉기를 진압할 필요성을 강하게 느꼈다.

12월 12일, 브레즈네프는 아프간 내 사회주의 통치의 전열을 신속히 재정비한 후 조기 철수한다는 목표 아래 군사 개입을 최종 결정했다. 12월 24일, 소련군 1진이 아프간 침공을 개시했다. 12월 27일에는 아프간에 진주한 소련군 수가 5만 명에 달했고, 12월 31일에는 8만 명으로 늘어났다. 12월 27일, 소련군이 카불 대통령 궁을 공격하여 아민을 살해하고 카말을 권좌에 앉혔다. 중무장한 소련군은 아무런 저항 없이 아프간 내 주요 도시들을 신속하게 장악했다. 전국의 물라 수천 명이 침략자에 대해 모든 무슬림의 성전(聖戰, Jihad) 궐기를 촉구했다. 아프간 내 공산정부에 대한 지지 기반이 가뜩이나 취약한 상황에서 소련군의 침입으로 그나마 있던 기반마저 붕괴되었다. 소련군에 편입된 중앙아시아 무슬림에 대해 아프간인이 분개하고, 소련군 내에서도 이들의 충성심을 의심하는 분위기였다. 결국 소련은 1980년 3월 무슬림 병사들을 대부분 철수시켰다.

무자헤딘*은 1980년 3월 동부 쿠나르주에서 소련군과 큰 전투를 벌였고, 6월에는 곽티야주에서 소련군 1개 대대를 섬멸했다. 판지시르 계곡에 웅거한 마수드 장군이 살랑 터널을 통과하는 소련군의 보급로를 위협했다. 이에 소련군은 가을에 판지시르를 두 차례 공격하였으나 실패했다. 아프간 반군은 초기에는 종족 봉기 수준에 불과했으나 점차 매복과 기습에 능한 기동성 있는 게릴라 그룹으로 발전하였으며, 시골과 산악을 주 무대로 싸웠다. 이듬해까지 소련군은 주요 도로를 확보하고, 공항 주변에 군사 기지를 건설하는 데 주력했다. 소련군은 무자헤딘의 게릴라 공격에 대항하여 산악 지형에 유용한 전투기와 헬기에 의존했고, 특히 MI-24 하인드 건십Hind Gunship을 도입했다. 소련군은 1981년 판지시르의 마수드 진영을 2회 더 공격했으나 실패로 돌아갔고, 마수드는 계곡에 주둔한 채 주변의 살랑 터널, 차리카 시, 바그람 공군기지를 수시로 공격했다.

파키스탄은 소련의 다음 공산화 목표가 될 것을 우려하여 1982년 무자헤딘에게 정기적으로 무기 공급을 시작했다. 주로 RPG-7, AK-47, 기관총 등이 반입되었다. 파키스탄 군정보부Inter-Service Intelligence, ISI 수장인 압둘라흐만 칸Akhtar Abdul-Rahman Khan은 중국, 이집트, 사우디 등으로부터 원조를 받아 무자헤딘에게 분배했다.

소련군은 헤라트와 칸다하르에서 전투를 벌이는 한편, 판지시르 계곡에 추가로 두 차례의 공격을 감행했으나 다시 실패했다. 한 번은 1만 5천 명의 군대를 동원했으나, 마수드의 3천 병력을 제압하지 못했다. 1983년 초 양측 간 전황이 소강 국면에 접어들자, 마수드는 소련군과 1년간 정전 협정을 체결했다. 이 기간 중 정비와 재충전을 가진 마수드는 소련의 정전 연장 요청을 거부하고, 1984년 4월 1일 살랑 터널을 공격함으로써

---

* 지하드를 수행하는 사람을 아랍어로 무자히드(mujahid, 성전 전사)라고 부르며, 복수형은 무자히딘(mujahiddin, 무자헤딘)이다.

소련군과의 전투에 다시 돌입했다.

1984년, 체르넨코가 공산당 서기장이 되면서 소련군의 아프간 내 공세가 강화되었다. 1984년 4월, 마수드에 대한 제7차 공세가 시작되어 5월 한때 성공 직전에 이르렀다. 그해 초 파키스탄의 지아 울 하크Zia ul Haq 대통령이 무자헤딘 7개 정파와 연대를 구축하고자 페샤와르에서 회의를 소집했다. 이 회의를 추진하는 데 있어 아프간 비밀경찰KhAD의 수장 모하메드 나지불라의 수완이 돋보였다.

여름이 되자 파키스탄과 이란으로 피난을 간 아프간 난민 수가 350만 명에 육박했다. 소련군은 주민들을 살육하고, 시골 인프라를 파괴함으로써 무자헤딘의 지지 기반과 자원을 고갈시키려 했다.

1985년 3월, 고르바초프가 공산당 서기장이 된 후 군부에 1년간 대아프간 점령 정책에 대한 자율권을 주었다. 소련군이 아프간 내 공세를 강화하자 그해 4월 레이건 대통령이 무자헤딘을 냉전의 동맹자로 인정하고 본격적으로 아프간 지원에 나섰다. 6월 소련군이 판지시르 계곡에 대해 마지막 8번째 공격을 감행했으나 별 성과 없이 끝났다.

1986년 4월, 소련군과 정부군이 동부 자와르의 광대한 지하 터널 지역을 공격하여 무자헤딘 1천 명을 살해했다. 소련은 5월에 카말을 제거하고 나지불라에게 통치권을 넘겼다. 같은 달 유엔이 주도한 제네바 평화회의에서 소련은 4년에 걸친 점진적 철수 시한을 제시했다. 그해 9월 소련 전투 헬기 여러 대가 잘랄라바드 공항에 착륙하려다 무자헤딘이 발사한 미국제 스팅어 미사일에 격추되었다. 이 사건은 소련의 제공권을 무너뜨렸으며, 아프간 전쟁의 전환점이 되었다. 미국은 당초 스팅어 미사일이 이슬람 근본주의자나 소련의 수중에 들어갈 것을 우려하여 제공하지 않았으나, 자와르 전투를 계기로 아프간 전쟁에서 승리를 우선적으로 고려하게 되었다.

1987년 한 해 동안 스팅어 미사일의 활약으로 소련 항공기 270대가 격추되었다. 소련은 이미 1987년 1월부터 공세적인 전투를 중단했고, 그해 말 나지불라 대통령에게 소련군 철수를 정식 통보했다. 고르바초프는 1988년 4월 14일 제네바에서 철군 협정에 서명했다. 협정상 소련군은 5월 15일부터 철수를 개시하며, 철수 기간은 9개월로 정했다. 10월이 되자 11만 명이나 되던 소련군의 절반이 철수하고 없었다.

이듬해 2월 15일에는 소련군 전원이 기한 내 철수를 완료했다. 그러나 수백 명의 소련 군사고문단은 정부군을 지원하고자 잔류했다. 소련 정부는 아프간 점령 기간 중 약 1만 5천 명의 군인이 전사했다고 발표했으나 실제로는 더 많은 수가 사망한 것으로 추정된다.

●

무자헤딘과 탈레반

무자헤딘은 소련군 철수 후 7개 정파의 지도자들로 아프간 임시정부Afghan Interim Governemnt, AIG를 구성하고, 우선 잘랄라바드를 점령해 임시 수도로 삼기로 했다.

1989년 3월, 무자헤딘 전사들이 잘랄라바드로 몰려들었다. 나지불라 정부군은 무자헤딘 공격에 대비해 잘랄라바드 진지를 강화했으며, 소련군이 남긴 무기와 장비, 200여 대의 전투기와 헬기로 무장했다. 소련은 철수 후에도 상당 기간 대규모 군사 원조를 정부군에 제공했다.

무자헤딘 1만 5천 명의 공격으로 시작된 잘랄라바드 전투는 오랜 기간 포위만 계속된 채 교착에 빠졌다. 무자헤딘은 주로 소규모 게릴라전에 익숙했으므로, 이는 전에 시도해 본 적이 없는 대규모 작전이었다. 즉 무자헤딘에게는 공격을 조정할 수 있는 지휘 체계가 결여되어 있었다.

카불 정부는 육로와 공로로 잘랄라바드에 보급을 제공했고, 전투기가 종종 출격을 나가 무자헤딘을 놀라게 했다. 이윽고 무자헤딘 전사자가 3천 명에 이르자 전열이 흐트러지기 시작했다. 이 전투로 정부군의 사기가 고양된 반면, 무자헤딘 내에서 내분이 일어났다. 8월에 최대 정파인 헤즈브 이슬라미가 독자 노선을 추구해 전선을 이탈했다.

1990년 동안 무자헤딘은 게릴라 전술로 정부군이 장악한 호스트, 헤라트, 칸다하르를 공격했다. 도합 6만 명에 달하는 정부군이 대도시를 잘 방어했으나, 호스트주가 곧 무자헤딘에게 점령되었다. 1990~1991년에 국제사회의 관심은 걸프전과 소련 해체에 집중되었으며, 아프간 정부군과 무자헤딘 간 전투는 큰 주목을 받지 못한 채 답보 상태를 계속했다.

1992년 2월이 되자 북부 우즈벡계 지도자 도스툼 장군이 정부에 반기를 들고 마수드 장군과 협력해 마자리 샤리프를 점령했다. 헤라트와 칸다하르에 주둔한 정부군도 서서히 해체되기 시작했고, 무자헤딘은 카불을 사방에서 포위해 들어갔다. 4월 들어 나지불라 대통령이 실종되었고, 비밀경찰의 수장은 자살했다. 마수드와 도스툼은 북쪽에서, 굴부딘 헤크마티야르는 남쪽에서 카불로 진격했다. 무자헤딘 단체들은 이슬람 지하드 위원회Islamic Jihad Council를 결성해 권력 이양 방식과 정부 조직을 협의하려 했으나 이미 때가 늦었다. 먼저 카불에 입성하려 했던 헤크마티야르의 군대가 마수드와 도스툼에 의해 저지돼 쫓겨 갔다. 4월 28일, 이슬람 지하드 위원회가 카불에 도착해 무자데디를 대통령, 마수드를 국방장관, 가일라니를 외교장관, 사야프를 내무장관에 임명했다. 파슈툰 출신인 헤크마티야르는 총리직을 제안받았으나 거부했다. 이는 지난 300년간 파슈툰족이 카불을 지배해 왔던 역사에 비추어 수용하기 어려운 제안이었다.

여름에는 대통령이 무자데디에서 라바니로 교체되었다. 헤크마티야르가 남쪽의 차라시얍 진지에서 카불을 향해 연일 포격을 가했고, 8월 중 일련의 포격 후에 1,800명의 카불 시민이 죽었다.

1993년에 이르러 아프간 대도시들은 지역 군벌의 수중에 떨어졌다. 칸다하르는 파슈툰 군벌들에게, 헤라트는 이스마일 칸, 마자리 샤리프는 도스툼의 지배하에 들어갔다. 1980년대 동안 내분으로 지리멸렬했던 하자라 정당들이 소련 붕괴 후에는 이란의 권고로 하나의 당으로 통합되었다. 이들은 1993년 헤크마티야르와 연대해 카불을 공격하기 시작했다. 1994년 초, 도스툼이 헤크마티야르에 가담해 카불을 공격하자 마수드가 반격하여 도스툼은 북쪽으로 퇴각했다.

이러는 사이에 남부 칸다하르에서 탈레반이 등장하기 시작했다. 1992년 4월에 무자헤딘이 카불을 점령한 후부터 1996년 9월 탈레반의 카불 입성 때까지 4년 반에 걸쳐 무자헤딘 내전이 벌어졌는데, 그때 타직계 자마아트 이슬라미JI, 길자이 파슈툰계 헤즈브 이슬라미HIG, 우즈벡계 줌베시 멜리Jumbesh-e-Melli, 하자라계 헤즈브 와흐다트(Hezb-e-Wahdat, 통합당), 두라니 파슈툰계 탈레반의 5개 정파가 아프간 전장을 주름잡았다.

그러고 보면 파슈툰 왕정 체제가 다우드의 1973년 쿠데타로 공식적으로 끝났지만, 이후 차례로 집권한 다우드, 타라키, 아민, 카말, 나지불라, 물라 오마르가 모두 파슈툰임을 감안하면 파슈툰 지배 체제는 20세기 말까지도 끊이지 않고 계속되었다고 볼 수 있다. 물라 오마르가 축출된 후 들어선 카르자이 대통령과 후임인 아슈라프 가니 대통령도 파슈툰이다. 타직족이 정부 요직을 대거 차지하고 있는 상황에서 카르자이 대통령이나 가니 대통령의 집권을 파슈툰 지배 체제가 지속되고 있는 것으로 보아야 할지, 중단된 것으로 보아야 할지 불분명하다.

탈레반

●

태동과 확장

탈레반의 태동

1994년 봄, 남부 칸다하르 주 마이완드 군의 신게사르Singesar 마을에서 지역 군벌이 10대 소녀 두 명을 납치해 머리를 삭발시키고 강간을 자행한 사건이 발생했다. 주민들이 마드라사(종교학교)에서 물라로 있던 모하메드 오마르Mohammed Omar에게 도움을 청했다. 오마르는 마드라사 학생 30명을 모아 악행을 저지른 군벌을 처단하고 사체를 탱크 포신 끝에 매달아 본보기로 삼았다.

수개월 후에는 칸다하르의 군벌 두 명이 한 소년을 서로 차지하려고 다투면서 분규가 커지자 오마르와 그의 학생들이 나서서 소년을 구출했다. 이들이 곧 탈레반Taliban이라고 불리게 됐다. 다리어로 학생을 탈립Talib이라고 하며, 뒤에 '-an'을 붙이면 복수형이 된다. 따라서 탈레반 Taliban은 '학생들'이라는 뜻이다. 이런 소문을 듣고 무장 집단에 시달리던 인근 주민들이 오마르에게 도움을 요청하기 시작했고, 이에 따라 탈레반의 규모도 점점 늘어났다.

1994년 10월이 되면서 탈레반은 조직된 무장 세력으로 발전했다. 탈레반은 칸다하르에서 파키스탄 퀘타로 넘어가는 국경마을 스핀 발닥을 공격해 소총 1만 8천 정과 다량의 탄약, 대포 수십 문을 탈취했다. 당시 파키스탄 정부는 칸다하르와 헤라트를 거쳐 중앙아시아로 물류를 운송할 계획이었는데, 치안 불안이 큰 골칫거리였다. 파키스탄은 운송로인 칸다하르 일대에서 탈레반의 세력이 강력하다는 소문을 듣고 이들에게 치안 확보를 요청했다. 파키스탄에서 출발한 트럭 행렬을 칸다하르 지역의 군벌 만수르가 억류하자, 탈레반이 그를 붙잡아 처형하고 사체를 탱크 포신 끝에 걸어 전시했다. 이러한 상승세를 타고 오마르는 11월 혼란에 빠진 칸다하르를 공격해 손쉽게 점령하고, 탱크와 대포, 장갑차를 노획했다. 인근 칸다하르 공항에서는 소련군이 남기고 간 6대의 미그-21 전투기와 6대의 수송용 헬기도 확보했다.

탈레반 조직이 확대되면서 오마르와 함께 싸웠거나 전투 경험을 가진 이들이 대거 가담했다. 대다수는 소련의 아프간 점령 기간 중 파키스탄으로 피난 간 이들의 아들로 태어나 파키스탄 마드라사에서 이슬람 교육을 받고 무자혜딘에게 전투 훈련을 받았다. 그 후 아프간으로 돌아와 소련군과의 전투에 참여했다.

칸다하르 일대에는 거의 파슈툰족이 거주했고, 파키스탄으로 간 피난민들도 파슈툰족이 대다수여서, 처음부터 탈레반 구성원은 파슈툰족이었다. 법 질서 회복과 이슬람 신정 국가 건설이라는 탈레반의 정책 목표에 공감하는 타직족이 탈레반에 가담하기도 했으나 소수에 불과했다.

1980년대 대소 항전 기간, 페샤와르에 근거한 무자헤딘 단체들의 지도부는 분열하여 이기적으로 변했다. 또한 제도보다는 카리스마를 가진 지도자들이 단체를 주도했다. 그 이면에는 파키스탄의 지아 대통령이 이들이 결속하면 파키스탄에 위협이 되지 않을까 우려한 탓에 분열을 획책한 측면도 있었다. 그러나 파키스탄이 1989년 소련군 철수 후 아프간 내 권력 공백을 메울 결집된 정치 세력을 필요로 하자 페샤와르의 무자헤딘 지도자들은 대안이 되지 못했다. 1992년 나지불라 공산 정부가 최종적으로 와해되었을 때도 대안이 없기는 마찬가지였다. 아프간 전장에서는 게릴라 지휘관들이 소련군과 맞서 싸우면서 상호 결속을 다지고 페샤와르의 지도부 내 분열을 비난했다. 그러나 이들의 결속도 민족 간 갈등과 개인적 경쟁으로 진정한 협력을 가져오지 못했다. 또한 저항 세력 내에는 학자, 지식인, 기업인, 기술자들도 있었으나 페샤와르의 지도부는 이들에게 실질적인 정치적 역할을 주지 않았다. 그 결과 이들은 대부분 외국으로 떠났다.

이러한 상황이라 탈레반이 1994년 등장했을 때 파슈툰 지역에는 구심력 있는 지도자들이 전무한 상태였다. 탈레반은 파슈툰 안팎에서 아무런 도전을 받지 않고 남부 지방의 권력을 쉽게 장악할 수 있었다.

물라 오마르

파슈툰 길자이 씨족에 속하는 호탁 소씨족 출신인 물라 오마르는 1959년 칸다하르 인근 노데 마을의 가난한 농가에서 태어났다. 호탁은 1721년 칸다하르 일대의 호탁 족장인 미르 와이스 호탁이 페르시아의 이스파한을 점령하고 길자이 제국을 수립한 것으로 유명하다.

1980년대에 가족들이 이웃 우루즈간주의 타린코트 마을로 이주하자, 자신도 고향을 떠나 신게사르 마을로 가서 마드라사를 차리고 물라가 되었다. 1989~1992년간에는 카불의 나지불라 공산 정권에 대항해 나비 모하메드가 지도하던 하라카트 파벌의 게릴라 전사로 활동했다. 이때 네 차례 부상을 입었고, 한쪽 눈을 실명했다. 그는 세 명의 파슈툰족 아내와 다섯 명의 자녀를 두었다. 청년 시절에는 수줍음이 많고 언변이 부족했는데, 탈레반의 지도자가 된 후에도 은둔하며 공식 석상에서 말을 많이 하지 않았다.

1996년 카불을 점령한 후 아프간의 통치자로 군림하다가 2001년 미국의 공격을 받고 칸다하르를 거쳐 파키스탄 퀘타로 도주해 은신하다가 2013년 사망한 것으로 알려졌다.

탈레반의 확장

칸다하르를 점령한 탈레반은 이후 3개월간에 걸쳐 파죽지세로 남부의 12개 주를 유린했다. 작은 힘들이 구심점을 얻자 걷잡을 수 없는 세력이 되었다. 탈레반은 점령지에서 극히 보수적인 이슬람 원칙들을 부과해 엄격한 질서를 확립했다. 1995년 초 북쪽으로 진격한 탈레반은 중부의 바르다크주와 가즈니주를 함락시켰다. 동부 잘랄라바드에서 카불로 오는 보급선을 차단한 후, 2월 카불 남쪽 차라시얍에 웅거한 헤크마티야르의 군대를 공격해 차라시얍을 점거하고 카불을 압박했다.

카불을 점거하고 있던 마수드 장군은 3월 들어 헤크마티야르와 동조하던 서쪽의 하자라족을 공격했다. 하자라족은 탈레반에게 도움을 청했으나 오히려 지도자인 마자리Abdul Ali Mazari가 탈레반의 손에 피살돼 양측 관계가 극도로 악화되었다. 마수드는 탈레반과 싸워 수백 명을 살해하며 최초의 패배를 안겨 주었고, 탈레반은 남쪽 가즈니 일대로 퇴각했다.

한편 칸다하르에서 서쪽으로 진격한 탈레반은 2월에 이스마일 칸의 군대와 싸우면서 헤라트를 향해 전진하고 있었다. 이스마일 칸은 타직족 출신으로 소련 침공전 아프간 군대의 장교로 있었다. 1979년 3월, 헤라트 주민들이 봉기를 일으켜 수백 명의 소련 고문단과 가족들을 살해하자 소련군이 진입하여 2만 명의 주민들을 학살했다. 이스마일 칸은 시골로 도주해 이후 10년간 소련군에 맞서 게릴라 전투를 벌였고, 소련군이 철수하자 헤라트 지방의 군벌로 부상했으며, 봉건시대 지배자를 뜻하는 '에미르Emir'라는 별칭을 얻었다. 카불의 마수드 장군은 탈레반의 세력 확장을 우려해 2천 명의 병력을 헤라트 인근 신단드 공군 기지로 공수하고, 진격해 오던 탈레반 군대를 맹렬히 공습했다. 또한 시아파인 이란은 수니 근본주의를 표방하는 탈레반에 대항해 헤라트에 방대한 군사 물자를 보냈다. 그 결과 3월이 되자 탈레반은 3천 명의 사상자를 내고 퇴각했다. 승승장구하던 탈레반은 이제 카불과 헤라트 양대 전선에서 고배를 마시고 사기가 크게 저하되었다. 오마르는 파키스탄의 마드라스에 원군을 요청했고, 많은 학생들이 국경을 너머 탈레반의 대열에 합류했다.

1차 전투에서 승리한 이스마일 칸은 1995년 8월 헬만드주로 내려가 칸다하르의 탈레반을 압박했다. 탈레반이 2만 5천 명의 신병들을 동원해 이에 맞서자 이스마일 칸의 군대가 퇴각했다. 승기를 잡은 탈레반이 이를 추격해 9월 신단드를 함락시키고, 며칠 후 헤라트를 점령했다. 이스마일 칸은 이란으로 도주했고, 헤라트 일대에 탈레반의 엄격한 통제가 실시되었다. 헤라트 전투의 성공에 힘입은 탈레반은 10~11월에 걸쳐 재차 카불을 공격했으나 마수드 장군의 반격으로 오히려 수백 명이 목숨을 잃었고, 이내 긴 겨울이 찾아와서 카불 전선은 동결되었다.

장기간에 걸친 카불 포위로 사상자만 늘고 성공하지 못하자 탈레반 내 불만이 점증되었다. 물라 오마르를 위시한 탈레반 지도부는 전투를 계속할 것을 주장한 반면, 온건파들은 카불 정부와의 협상을 선호했다. 탈레반의 장래가 중대한 기로에 서자 1996년 3월 20일에 전국의 파슈툰족 물라 1,200여 명이 칸다하르로 모여들었다. 이어 탈레반의 전략과 방향에 관해 2주간에 걸친 대토론이 주야로 계속되었다. 4월 4일, 오마르는 칸다하르의 한 모스크에서 예언자 무함마드가 사용한 것으로 알려진 외투를 60년 만에 처음으로 꺼내 몸에 걸친 채로 시내 건물의 옥상 위에 나타났다. 이를 인지한 사람들이 "아미르 울 모미닌, 아미르 울 모미닌(Amir-ul-Momineen, Amir-ul-Momineen, 무슬림 성도들의 지배자)!"이라고 외치기 시작했고, 곧 환호의 물결로 번져 갔다. 오마르는 예언자의 외투를 통해 자신의 정통성을 강화했고, 아프간 무슬림뿐만 아니라 전 세계 무슬림의 지도자인양 행세했다. 이 울레마(Ulema, 이슬람 학자) 회의 직후 탈레반은 카불의 라바니 정권에 대해 지하드를 선포했다.

한편 라바니 대통령은 정세 안정을 위해 1996년 1~2월에 걸쳐 도스툼, 할릴리, 헤크마티야르 등 주요 군벌들과 대화를 개시했다. 이에 대항해 파키스탄은 2월에 이 군벌들을 이슬라마바드로 초청해서 오히려 탈레반과 연대해 카불 정권을 공격하라고 종용했다. 그러나 정작 탈레반은 이들 군벌들을 공산주의자요, 배교자로 취급해 회의에 나타나지 않았다. 3월, 라바니 대통령은 60명의 대규모 대표단을 이끌고 역내 국가 순방에 나섰다. 시아파인 이란은 역내 경쟁국인 파키스탄과 사우디에 대항하려고, 러시아와 중앙아시아 국가들은 탈레반과 같은 이슬람 근본주의의 확산을 막고자, 인도는 파키스탄에 대응하기 위해 카불의 타직 정권을 지지했다. 이슬람 원리주의가 강한 파키스탄과 사우디만이 탈레반을 옹호했다. 이러한 역내 국가 간 관계는 오늘날에도 거의 그대로 유지되고 있다.

당시 이란이 하자라족으로부터 개당 100만 달러를 주고 5개의 스팅어 미사일을 구매했다는 소문이 돌았다. 미국은 1986~1987년간 900개의 스팅어 미사일을 무자헤딘에게 건넸는데, 소련군이 철수하자 1992년부터 사용하지 않은 미사일을 비밀리에 회수해 오고 있었다. 또한 이란은 이스마일 칸이 이끄는 민병대 5천 명을 위해 이란 북동부 마샤드 인근에 5개의 훈련장을 설치했다. 파키스탄과 사우디는 탈레반을 위해 칸다하르 공항을 보수해 주고 식량, 연료, 무기, 자금을 지원했다. 1996년 3월 미 의회 대표단의 아프간 방문을 계기로 미국이 7년 만에 다시 아프간 문제에 개입하기 시작했다. 당시에는 탈레반이 이란에 반대하는 정책을 시행했기 때문에 미국의 호의를 샀다. 그러나 탈레반의 경험 부족과 행정 역량 부실, 교조적 태도 등이 약점으로 거론되었다. 미국은 파키스탄의 요청에도 아프간 내전의 어떤 일개 정파에 대한 명시적 지지를 자제했다.

1996년 5월, 헤크마티야르의 군대 1천 명이 카불에 진입해 라바니 정권과 협력을 구축했다. 헤크마티야르 자신은 총리직을 수임하고, 그의 헤즈브 이슬라미 간부들이 9개 부서 각료직을 맡았다. 라바니는 잘랄라바드의 압둘 카데르에게도 연정 참여를 제의했고, 8월에는 도스툼도 카불 정부에 협력하기 시작했다. 탈레반은 이러한 협력이 공고히 되기 전에 공격을 감행해야 했다. 칸다하르에서의 성전 선포 후 탈레반은 줄곧 카불을 포격하고 때때로 지상공격을 감행했으나, 번번히 마수드군에 의해 격퇴되었다.

새로 전략을 수립한 탈레반은 파키스탄과 사우디의 지원하에 8월 25일 먼저 잘랄라바드를 공격했다. 잘랄라바드를 장악한 하지 압둘카데르Haji Abdul Qadeer는 이미 파키스탄에 의해 매수된 상태여서 9월 10일 파키스탄으로 도주했다. 연이어 인근 주들을 장악한 탈레반은 서쪽으로 진군해 9월 24일 카불의 관문에 해당하는 사로비Sarobi를 점령했다. 탈레반은 숨 쉴 틈을 두지 않고 바로 카불로 짓쳐 갔으며, 한편으로 카불 북쪽의 바그람 공군기지에도 병력을 보냈다. 남쪽에서 올라온 탈레반도 카불을 협공했다. 마수드는 사방으로 포위될 경우 자신이 보유한 병력 2만 5천 명으로는 카불을 방어할 수 없음을 깨닫고, 9월 26일 탈레반이 입성하기 직전 북쪽의 판지시르 계곡으로 퇴각했다.

카불을 점령한 탈레반이 맨 처음 한 일은 1986부터 1992년까지 공산 정권의 대통령을 역임한 나지불라Najibullah를 유엔 사무소에서 끌어내 교수형에 처한 것이었다. 그는 1992년부터 4년째 유엔 사무소에 도피해 있었으며, 가족들은 뉴델리에 거주하고 있었다. 헤라트 주지사로 임명된 탈레반 물라 라작이 유엔 사무소에 들어가 나지불라와 그의 형제 샤푸르Shahpur Ahmadzai를 끌어내 고문하고, 나지불라만 대통령 궁으로 데려갔다. 거기서 나지불라는 성기를 거세당한 후 차량 뒤에 묶여 대통령 궁을 몇 바퀴 돌다가 총살되었다. 탈레반은 두 형제의 사체를 대통령 궁 밖의 초소에 매달았고, 손가락 사이에는 담배를, 호주머니에는 지폐 다발을 구겨 넣었다. 탈레반은 한동안 그의 장례식을 치르는 것도 거부했다. 결국 그의 사체는 고향인 팍티야주 가데즈로 보내져 동족인 아흐마드자이Ahmadzai 소씨족에 의해 매장되었다.

탈레반이 카불에 입성하자 무자헤딘의 무질서로 인한 혼란과 끝없는 포격에 넌더리가 난 시민들은 환영했다. 탈레반이 법과 질서, 안정을 가져다 줄 것으로 기대한 것이다. 그러나 탈레반은 카불 점령 후 유례를 찾기 어려운 가장 엄격한 이슬람 샤리아 법을 부과했다. 시민들의 생활 여건은 더욱 악화되었다. 탈레반은 극단적이며 과격한 종교적 행태와 혹독한 처벌 및 처형을 자행하여 빠르게 지지를 상실해 갔다. 정부 안에 '미덕 유포 및 죄악퇴치부Department for the Propagation of Virtue and Suppression of Vice'라는 부처를 만들고, 이에 배속된 종교경찰이 여성들을 학교와 관공서에서 쫓아냈다. TV, 음악, 춤, 게임, 연날리기, 축구도 모두 금지됐다. 탈레반은 부족 구조에 반대하며 전통적 부족 지도자들을 주(州) 행정의 간부직에서 축출했다. 나아가 정부 부처에서 근무하던 타직, 우즈벡, 하자라 출신 관료들을 파슈툰족으로 교체함에 따라 행정이 마비되었다. 이는 주민들로 하여금 탈레반이 외국 점령군과 다를 바 없다고 생각하게 만들었다. 새로 점령한 카불을 통치하기 위해 두라니 파슈툰족 6명으로 구성된 카불 슈라를 결성했고, 모하메드 라바니가 그 위원장이 되었다.

사상자가 속출해 병력 부족을 겪자 탈레반은 카불에서 청년들을 강제 징집했다. 파키스탄 마드라사 학생 수천 명과 파키스탄 내 난민촌의 아프간인들도 국경을 건너와 탈레반에 가담했다. 이에 힘입은 탈레반은 헤라트에서 북부 바드기스주로 진격을 개시했다. 10월 말, 이란에 망명 중이던 이스마일 칸과 2천 명의 부하들이 바드기스주로 들어왔고, 그해 12월까지 치열한 전투가 이어졌다. 이 전투로 5만 명의 난민이 헤라트로 몰려들었다.

파르완 전선

본거지인 판지시르 협곡으로 후퇴한 마수드는 협곡 입구의 양쪽 산을 폭파시켜 진입로를 봉쇄했다. 추격해 온 탈레반은 판지시르에 대한 공격을 계속했으나 진전을 보지 못했다. 탈레반은 대신 인근 국도를 따라 북진하여 살랑 터널에 도달했다. 도스툼이 보낸 우즈벡군이 터널 반대쪽 입구를 막고 서 있어 더 이상 전진할 수 없었다. 10월 8일 탈레반 물라 라바니가 도스툼을 만나 평화협상을 시도했으나, 도스툼이 북부 지방에 대한 독자적 지배권을 요구하자 결렬되었다. 탈레반을 지원하던 파키스탄은 도스툼과 별도의 협상을 벌여 도스툼-마수드 간 연대를 저지하고자 했다. 마수드 장군은 파키스탄이 탈레반을 앞세워 카불에 꼭두각시 정부를 설치해 아프간을 식민지로 만들려 한다고 생각했다. 도스툼은 탈레반이 진정한 위협임을 깨닫고 10월 10일 마수드, 할릴리와 함께 아프가니스탄 해방공동전선United Front for the Liberation of Afghanistan을 결성했으며, 이는 통상 북부동맹Northern Alliance이라고 불렸다. 이때 탈레반은 급속히 북진하느라 전열이 길게 늘어졌다. 마수드 장군이 10월 12일 이를 틈타 공격해 탈레반 수백 명을 살해하자 잔여 병력은 카불로 도주했다. 이어 마수드군은 바그람 공군기지를 점령하고 카불 공항을 포격했으며, 도스툼의 전투기들이 카불 시내 탈레반 거점을 공습했다. 난리 통에 파르완 국도 주변의 주민 수천 명이 살상되었고, 5만 명이 피난을 떠났다.

해가 바뀌어 1997년 1월 말에는 탈레반이 바그람 공군 기지를 포함해 파르완 국도 일대를 탈환했다. 마수드군은 다시 판지시르 계곡으로 후퇴했다. 중립을 선언한 투르크메니스탄을 제외한 중앙아시아 4개국, 러시아, 이란이 탈레반 측에 더 이상 북쪽으로 올라오지 말라고 경고했고, 마수드가 주도하는 반(反)탈레반 연대에 군비를 제공할 것임을 선언했다. 이에 대항해 사우디가 카불에 사절단을 보내 탈레반에 대한 지원 방안을 협의했다.

아프간 북부전선

1996~1997년 동절기 동안 북부의 중심도시 마자리 샤리프에는 언제 탈레반이 공격해 올지 모르는 상황에서 혼란과 공포가 엄습했다. 도시 외곽에 있는 19세기의 칼라 이 장이 성에 웅거한 도스툼은 반(反)탈레반 세력과 주변국들에게 최후의 희망으로 간주되었다.

1997년 5월, 도스툼은 자신의 2인자인 말릭 팔라완Malik Phalawan 장군과 암투를 벌였다. 도스툼이 1년 전 말릭의 형제인 라술 팔라완 장군을 살해했다는 소문 때문이었다. 도스툼을 두려워한 말릭은 탈레반과 공모하여 5월 19일 도스툼에 반기를 들었다. 서부의 파르야브주를 근거지로 한 말릭이 북부 주들을 하나씩 공략해 나가자 도스툼이 우즈베키스탄으로 도주했다. 말릭과 함께 2,500명의 탈레반 군대가 헤라트와 카불로부터 마자리 샤리프에 입성했다. 말릭은 파르야브 전선에서 탈레반과 싸우던 이스마일 칸을 만찬에 거짓 초청해 탈레반으로 하여금 그와 부하 700명을 체포하도록 했다. 탈레반 지휘관인 물라 라작이 말릭에게 외교 차관직을 제의했으나, 도스툼처럼 북부를 독자적으로 통치할 것을 기대했던 말릭은 매우 실망했다. 파키스탄 정부가 5월 25일 성명을 발표해 탈레반을 아프간의 합법 정부로 승인하고 사우디와 UAE를 설득해 동일한 조치를 취하도록 한 것도 말릭의 의혹을 깊게 했다.

탈레반은 마자리 샤리프에서 우즈벡과 하자라 민병대의 무장을 해제하기 시작했다. 5월 28일, 일부 하자라 민병대가 이에 저항했고, 곧 전 주민의 봉기로 이어졌다. 마자리 샤리프의 복잡한 거리와 시가전에 익숙지 않았던 탈레반은 하루 만에 600명이 사망하고, 1천 명이 생포됐다. 생포된 자 가운데는 탈레반 외교장관 물라 모하메드 가우스, 물라 라작, 중앙은행 총재인 물라 에사눌라도 포함되어 있었다. 전투가 북부 전체로 확대되면서 수천 명의 탈레반과 수백 명의 파키스탄인이 살해되었다.

그러자 이란, 러시아, 중앙아시아 국가들이 탈레반의 북부 지방 공세에 민감한 반응을 보이기 시작했다. 탈레반이 북부로 진출하면서 4년에 걸친 타지키스탄 정부와 이슬람주의 반군 간 내전이 종식되었다. 탈레반에 대항하여 말릭-마수드-할릴리 간 연대가 시도되었으나, 진정한 단합은 어려웠다. 이들은 쿤두즈에 웅거한 2,500명의 탈레반을 여전히 제압하지 못하고 있었다.

판지시르의 마수드 장군이 이 기회를 이용해 카불로 진격해 내려왔다. 그는 살랑 터널 남쪽 입구를 폭파시켜 봉쇄함으로써 북부 탈레반을 고립시킨 후 카불 주위의 영토를 장악하기 시작했다. 할릴리가 이끄는 바미안 지역의 하자라 민병대는 9개월 지속된 탈레반의 포위를 뚫고 카불 쪽으로 치고 나왔다. 1997년 5~7월에 걸친 전투는 탈레반에게 최악의 패배를 안겨 주었다. 칸다하르에 있던 물라 오마르는 파키스탄의 마드라사에 다시 도움을 청해 5천 명의 신병을 얻었고, 처음으로 카불을 직접 방문해 군사 전략을 재점검했다. 탈레반은 아프간 동부와 파키스탄 국경 지역의 길자이 파슈툰족을 점점 더 많이 활용해야 했는데, 이들은 대가로 두라니 파슈툰족이 주도하는 칸다하르 슈라에서 더 큰 발언권을 요구했다.

반소 항쟁의 영웅인 잘랄웃딘 하카니Jalaluddin Haqqani는 1995년에 탈레반에 가담한 호스트주 출신의 길자이 파슈툰으로, 카불 전선의 탈레반군 지휘를 맡고 있었다. 그러나 칸다하르에서 물라 오마르가 주도하는 폐쇄적인 의사 결정 과정에 점차 염증을 느끼고, 자신이 데려온 3천 명의 길자이 민병대도 칸다하르 출신들의 지휘를 받게 되자 이들과 함께 카불을 떠났다.

마수드 장군은 7월에 차리카와 바그람 공군기지를 탈환하고 탈레반 수백 명을 사살했다. 9월에는 카불 바로 북쪽까지 밀고 내려오는 와중, 파르완 주민 18만 명이 난리를 피해 도주했다. 한편 쿤두즈의 탈레반이 반격을 가해 9월 7일 마자리 샤리프 인근의 타시쿠르간을 점령했다. 말릭은 파르야브로 후퇴한 후 투르크메니스탄을 거쳐 이란으로 도주했다. 그러자 터키에 망명 중이던 도스툼이 급거 귀국하여 마자리 샤리프의 말릭군을 수습해 탈레반에 맞섰다. 탈레반이 쿤두즈로 퇴각하자 도스툼은 마자리 샤리프에서 옛 권력을 회복하려 했으나, 이미 마자리 샤리프는 하자라족의 영향권에 들어가 있었다. 도스툼은 셰베르간으로 퇴각했고, 우즈벡-하자라 관계가 경색되자 효율적인 반(反)탈레반 연대가 불가능했다. 셰베르간 인근에서 말릭이 학살한 2천여 명의 탈레반 사체가 발견되자 도스툼은 말릭을 비난하면서 탈레반 정부의 사체 회수를 돕는 등 탈레반에 추파를 던졌다. 아프간 내 여러 민족 간 갈등이 심화되었고, 모두가 상대방에 대해 인종 청소를 자행했다.

1997년 8월부터 탈레반은 바미얀의 30만 하자라를 고립시키기 위해 동, 서, 남 3개 루트를 모두 봉쇄하고 있었다. 1998년 1월에는 탈레반이 파르야브에서 600명의 우즈벡 주민을 학살했고, 2월에는 마자리 샤리프에서 우즈벡-하자라 간 격전이 벌어졌다.

1998년 6월, 사우디 정보부장 투르키 왕자가 칸다하르의 물라 오마르를 방문한 후 400대의 픽업트럭과 자금을 지원했다. 파키스탄 군정보부도 탈레반에 자금을 제공했으며, 파키스탄 내 마드라사와 난민촌에서 수천 명의 신병들이 건너왔다. 이에 이란, 러시아, 우즈베키스탄은 북부동맹에 대한 군사 지원을 강화했고, 이들이 보낸 무기와 장비는 타지키스탄 남부의 쿨리압Kuliab 공군 기지에서 국경을 넘어 마수드 장군에게 전달되었다.

7월, 드디어 탈레반이 헤라트에서 북진하여 파르야브 주도인 마이마나를 점령하고, 800명의 우즈벡 전사들을 생포해 살해했다. 8월 1일에는 셰베르간에 있는 도스툼의 본부를 접수하자 도스툼이 우즈베키스탄을 거쳐 다시 터키로 도주했다. 탈레반이 양 도시를 지나면서 우즈벡족과 타직족 6~8천 명을 학살한 것으로 소문이 돌았다.

8월 8일, 서쪽으로부터 마자리 샤리프로 진군한 탈레반은 하자라군

1,500명을 격퇴한 후 바로 시내로 들어가 대살육을 벌였다. 지난해의 패배에 대한 보복으로 6천 명에 이르는 하자라족을 무참하게 학살했으며, 하자라 집안까지 난입해 저지른 탈레반의 만행으로 눈뜨고 보기 어려운 참상이 벌어졌다. 탈레반은 6일간 시체 수거를 금지해 시신이 가득한 거리에 시체 썩는 냄새가 진동했다. 물라 도스트 모하메드가 이끄는 한 무리가 시내의 이란 영사관에 침입해 외교관을 여러 명 살해하자 이란과 탈레반 간 관계가 극도로 악화되었다.

9월 13일, 탈레반이 그간 포위해 왔던 바미얀주를 삼면에서 공격해 점령했고, 9월 18일에는 작은 부처상의 머리 부위를 폭파시키고 몸체를 사격 목표물로 사용했다. 같은 시아파인 하자라족의 본거지가 유린당하자 분노한 이란은 아프간 국경 일대에 20만의 군대를 집결시켰고, 탈레반은 5천 명을 보냄으로써 전운이 짙게 드리웠다. 브라히미 유엔 특사가 10월 14일 칸다하르에서 물라 오마르와 면담을 가진 결과, 탈레반이 이란 외교관 사체 반환과 이란인 트럭 운전사 석방 등의 유화적 조치를 취함으로써 긴장이 완화되었다.

한편 마수드 장군은 10~11월간 아프간 북동부에서 군사작전을 전개해 이 일대를 탈환했고, 탈레반 측 사상자가 2천 명에 이르렀다. 그는 12월 7일 반(反)탈레반 대표자 회의에서 총사령관으로 추대되었다.

1999년 초, 국제사회의 압력으로 탈레반이 북부동맹과 협상에 나섰으나 실패로 돌아갔다. 4월 21일, 하자라군이 바미얀의 탈레반을 내쫓고 근거지를 되찾았다. 10월에는 브라히미 유엔 특사가 탈레반에 대한 비난과 좌절감을 표출하며 사임했고, 그 결과 국제 사회의 탈레반에 대한 제재가 강화되었다. 겨울이 지나고 2000년 3월이 되자 탈레반은 카불 북쪽의 마수드군을 공격했으나 이내 격퇴당했다. 3월 27일 이스마일 칸이 외부의 도움을 얻어 지난 3년간 수감되어 있던 탈레반 감옥에서 탈옥해 이란으로 도주했다. 7월 1일 다시 탈레반이 카불 북쪽에서 마수드군을 공격했으나 400명의 전사자만 남기고 후퇴했다.

그러나 7월 28일, 타지키스탄에서 오는 마수드군에 대한 보급로를 차단하는 데 성공하여 9월 5일 북부동맹의 정치적 본부인 탈로칸을 함락시킬 수 있었다. 북부의 탈레반 병력 1만 5천 명 가운데 3천 명은 파키스탄인, 1천 명은 우즈벡족, 수백 명은 아랍 출신 알카에다 요원이었다. 이제 탈레반은 마수드가 웅거한 판지시르 계곡을 제외한 아프간 전역을 장악하게 되었다. 이러한 상황은 2001년 9월 9일 마수드 장군이 알카에다 요원들에게 암살될 때까지 계속되었다. 1980년대 소련군이 아프간 전역을 장악했으면서도 마수드의 판지시르 계곡만 차지하지 못한 상황과 동일했다.

압둘 라시드 도스툼

도스툼은 1955년 아프간 북서부 셰베르간 인근 가난한 우즈벡인 농가에서 태어났다. 그는 농사를 짓던 중 1978년 공산 정권 치하의 아프간 군에 입대했다. 이듬해 소련군의 침공으로 공산 정부는 소련군에 협력하게 되었고, 도스툼은 북서부 소련군 보급선을 방어하는 부대의 지휘관이 되었다. 1989년, 소련군 철수 후 주즈잔Jowzjan이라 불린 용맹한 우즈벡 민병대를 조직해 나지불라 공산정부의 지시로 아프간 전역에 공수되어 무자헤딘과 싸웠다. 1992년, 도스툼은 나지불라 정권의 붕괴가 임박해지자 정부군에서 이탈했다. 이후 그는 여러 군벌들과 차례로 연대를 맺었다가 곧 배신하기를 수없이 반복해 '배반의 명수'라는 악명을 얻었다. 수완이 좋았던 그는 상호 경쟁적인 주변국들로부터 모두 원조를 받아내기도 했다. 주정뱅이인데다 부하들을 잔혹하게 다루었으나, 그가 1992년 통치한 이래 마자리 샤리프는 아프간 여타 지역과 달리 폭격이나 전화를 한 번도 입지 않고 있었다. 또한 여성의 권리를 인정해 마자리 샤리프의 발흐 대학에는 1,800명의 여대생이 등록해 있었다.

2001년, 미국의 아프간 개입 후 신정부에서 국방차관과 육군 참모총장을 역임했다. 2008년 2월 정적을 붙잡아 고문하여 아프간 정부가 체포하려 하자 터키로 도주했다. 2009년 6월에 카르자이 대통령이 그를 다시 육군참모총장으로 복권시켰다. 2014년에는 가니 대통령이 부통령으로 영입했다.

●

탈레반의 조직 성격

　　　　　　1994년 태동 당시 탈레반은 한 개인이 주도하기보다는 초기 이슬람 사회를 모델로 하여 동급자 간 내부협의와 컨센서스 형성을 중시하는 집단지도 체제로 운영되었다. 이들의 슈라Shura 모델은 파슈툰족의 전통적인 협의회jirga처럼 다양한 성원들이 토론에 참여하여 토의 결과를 기초로 물라 오마르가 최종 결정을 내리는 방식이었다.

　그러나 1996년 카불 점령 후 탈레반의 의사결정과정이 변질돼 고도로 중앙집권화, 비밀화, 독재화되었다. 탈레반의 권력 구조는 공산주의자와 무자헤딘 조직이 가졌던 치명적인 결점들을 그대로 갖게 되었다.

최고 의사결정기구인 칸다하르 슈라Kandahar Shura는 칸다하르 출신인 물라 오마르의 친구들로 구성되었는데, 탈레반이 아프간 전역을 석권해 나감에 따라 점점 대표성을 상실하게 되었다. 탈레반은 여타 민족의 참여를 배제한 채 아프간의 유일한 통치자가 되려는 의도를 드러냈다.

산하의 카불 슈라Kabul Shura는 구성원 17명 중 비(非)파슈툰이 2명에 불과했고, 카불 슈라 의장인 물라 모하메드 라바니는 칸다하르 슈라와 협의 없이는 아무것도 결정할 수 없었다. 주지사, 시장, 경찰청장도 지역 인사가 아닌 외지인을 임명해 지역의 여망이나 정서를 반영하지 못했다. 또한 탈레반의 과도한 비밀주의는 정책이나 시정 방침을 공개적으로 밝히지 못하게 했다. 나중에는 칸다하르 슈라조차 실질 협의를 거의 갖지 못했고, 모든 권력이 물라 오마르 개인의 수중으로 집중되었다. 1998년에는 칸다하르 슈라와 카불 슈라 간 알력이 공개적으로 노정되어 카불 슈라 의장인 물라 라바니가 탈레반 내부의 공격대상이 되기도 했다.

군사 슈라Military Shura도 전략적 결정은 하지 못했다. 탈레반의 군사 조직은 두터운 베일에 싸여 있다. 탈레반 군대는 2만 5천~3만 명 정도의 징집병으로 구성되며 빈번한 동원과 해제가 반복되었다. 따라서 마수드 장군 휘하의 1만 2천~1만 5천 명의 정규 병력에 대항할 수 있는 정상적인 군대로 발전하지 못했다. 오히려 파슈툰족의 전통적인 부족 민병대인 라슈카르lashkar와 흡사했다. 이들은 신속하게 동원할 수 있었지만, 봉급을 받지 않는 자발적인 군대였고, 승리에서 얻은 전리품을 나눠 갖는 것에 만족했다.

탈레반과 느슨하게 연대해 다국적군과 맞서 싸우는 저항 세력인 하카니 조직Haqqani Network은 파키스탄 내 북서 변경주에 거주하는 파슈툰족으로 구성되며, 탈레반의 일부로 간주된다. 이 조직도 1980년대 대소 항전 동안 CIA가 만든 단체인데, 창설자인 잘랄웃딘 하카니Jalaludin Haqqani가 은퇴하자 아들인 시라주딘 하카니Sirajuddin Haqqani가 조직 운영을 인수받았다. 그는 카불에서 많은 테러를 자행했으며, 미국은 500만 달러의 현상금을 걸고 그를 테러리스트로 지정했다.

하카니 조직은 아프간 전역을 지배하거나 해외 테러 수출에 관심을 두기보다는 동부 아프간의 여러 주(州)에서 다국적군을 축출하는 것을 현실적 목표로 한다. 파키스탄 영내에서 알카에다를 비호하고 있고, 아프간 내에서 자살테러 공격을 자행한다. 이들은 파키스탄 내에서는 테러를 한 적이 없다. 파키스탄 일각에서는 하카니 그룹을 아프간 내에서 영향력을 확대하는 데 유용한 도구 중 하나로 본다는 주장도 존재한다. 혹자는 잘랄웃딘 하카니를 1980년대 CIA와 ISI가 함께 만들어 낸 괴물이라고 묘사하고, 당시 CIA에게는 아프간 전선의 가장 뛰어난 군사지휘관이었다고 한다.

미국은 하카니 조직원들의 아프간 침투에 대비해 국경 상공에 무인정찰기와 감시 카메라 풍선을 띄우고, 헬기 공격팀과 특수부대에 의한 타격 작전을 벌여 왔다.* 2010년, CIA는 파키스탄에 2009년의 두 배에 해당하는 100여 차례의 무인기 공격을 감행했으며, 특히 파키스탄 북와지리스탄의 미람 샤에 있는 만바 울롬Manba Ulom 마드라스를 공격했다. 이곳은 하카니 그룹이 전투원을 충원, 훈련, 파견하는 곳으로 추정된 장소

---

* Greg Miller, 〈U. S. struggles to root out militants in Pakistani madrassa〉, December 17, 2010, 〈Washington Post〉

이다. 그전까지는 공격을 자제해 오다가 이곳을 출입하는 의심스러운 자들을 마드라사 바깥에서 무인기로 공격한 것이다. 미국은 하카니 그룹이 ISI와 오랜 기간 친분을 다져 와 ISI의 보호를 받고 있다고 의심하고, 파키스탄 정부에 이 마드라사를 제거해 줄 것을 요청했다. 그러나 파키스탄은 이들의 불법 활동에 대한 명확한 증거를 발견하지 못했으며, 문제가 생기면 잘 대처하겠다는 반응을 보였다.

파슈툰족에 기반을 둔 탈레반은 파슈툰족이 차지했던 영토의 회복을 추구한다. 나아가 탈레반의 등장은 전통적인 부족 구조의 해체를 수반했다. 아프간과 파키스탄의 부족 사회에서는 전통적인 지도자들이 대부분 마드라사에서 공부한 젊은 청년들로 대체돼 다국적군이 부족 지역을 점거해도 도움을 받을 데가 없게 되었다. 탈레반은 다국적군이 부족 지역에서는 연대 세력을 찾기 어렵고, 카불의 중앙 정부는 취약하여 다국적군이 직접 치안을 유지하고 서비스를 제공해야 하므로 무한정 장기 주둔이 어려울 것이라 보았다. 따라서 다국적군이 지쳐서 철수하기를 기다리는 전략을 채택하고 있다. 탈레반의 규모는 2만~4만 명 정도라고 여겨진다.

탈레반의 마약 밀매

꾸란은 무슬림들이 알코올이나 마약을 생산하고 섭취하는 것을 금한다. 하지만 탈레반은 하시시 재배는 금지하고, 양귀비, 즉 아편 재배는 허용한다. 하시시는 무슬림이나 아프간인이 사용하지만, 아편은 서구 이교도들이 소비하기 때문이라는 이유이다. 이러한 기묘한 논리의 이면에는 탈레반이 양귀비 재배에서 막대한 경제적 이익을 취한다는 사실이 감춰져 있다. 또한 양귀비 재배를 금지시키면 농민들의 저항이 클 것이기 때문이다. 물라 오마르는 국제사회가 탈레반을 국가로 승인한다면 양귀비 재배를 중단시키겠다고 말한 바 있다. 탈레반은 한때 하시시의 재배와 유통을 금하겠다고 결심한 뒤 고문과 감금을 이용해 매우 효율적으로 이를 차단한 적이 있다.

아프간에서는 1992년부터 1996년까지 매년 아편 2,200~2,400톤을 생산했고, 1997년에는 2,800톤을 생산했다. 치안이 부재한 남부에서 최고 생산량을 기록했으며, 특히 헬만드주에서는 아프간 아편의 50%를 생산한다. 칸다하르주에서는 1995년 79톤에서 1996년 120톤으로 생산이 증가했다.

아편은 많은 노동력이 필요하며 수거 후에는 실험실에서 헤로인으로 전환된다. 아프간의 아편은 과거 파키스탄 내 연구소에서 헤로인으로 변환했으나, 파키스탄 내에서 진압되면서 아프간에 연구소를 설치하여 직접 변환하기 시작했다. 이때 제조에 필요한 화학물질인 아세트산 수입이 중앙아시아로부터 급증했다.

아편 생산은 1980년대에 파키스탄에서 먼저 시작되었으며, 1989년까지 전 세계 헤로인 생산의 70%에 해당하는 연간 800톤을 공급했다. 아프간에서 생산된 아편이 무자헤딘 지원 경로를 통해 거꾸로 파키스탄 내로 유입되어 카라치 항에서 서구로 운송되었다. 1989년에 소련군이 아프간에서 철수한 후 미국과 서구는 파키스탄에 마약 퇴치 압력을 가했다. 이에 공급 물량이 연간 800톤에서 1997년에는 24톤, 1999년에는 2톤으로 격감했다.

탈레반 치하에서 아프간은 전 세계 아편의 93%를 공급하며, 대부분 유럽에 판매된다. 헬만드에서 남쪽 파키스탄 항구로 밀수하거나 서쪽 이란을 통해 터키 동부로 밀수되며, 또는 헤라트를 거쳐 투르크메니스탄으로 밀수된다. 칸다하르에서 수송기로 아부다비 등지로 비밀 운반되기도 한다. 30%의 아편이 파키스탄을 통해

발칸으로, 35% 정도는 이란을 통해 발칸으로, 25%는 타지키스탄을 통해 러시아
나 유럽으로 간다. 나머지 10% 정도는 미국으로 간다. 이를 통해 탈레반은 연간
1억 5천만 달러의 수입을 얻었다. 운송은 부족 내부의 인간관계, 해외 거주 아프
간인을 이용하며, 차단되는 양은 2% 정도에 불과하다.

●

탈레반의 이념적 배경

이슬람 전통

이슬람권의 변방에 있는 중앙아시아 국가들과는 달리 아프간은 파키
스탄과 함께 이슬람을 성실히 신봉하는 사회다. 아프간 내 여러 부족들
이 항시 갈등을 겪으면서도 하나의 국가로 존속해 온 데는 이슬람이 융
합하는 역할을 했고, 국가가 위기에 처할 때마다 이슬람 지하드를 통해
아프간 민족주의를 자극했기 때문이다. 1980년대 공산 정권 때도 각료
들은 사무실에서 알라에게 기도를 올렸고, 타직족의 영웅 마수드 장군
과 심지어 탈레반 지도자인 물라 오마르도 전장에서 매일 수 시간씩 기
도하며 명상에 잠겼다고 한다.

아프간의 이슬람은 매우 관용적이며, 특히 탈레반 등장 이전에는 극
단주의가 자리 잡지 못했다. 인구의 80%가 수니파인 아프간은 수니 법
학파 중 하나피파에 속한다. 하나피파는 9세기에 발전된 4개의 이슬람
법학파* 중 가장 자유주의적인 학파로서 위계 의식이 없고 분권적이다.
이러한 하나피 전통은 아프간 통치자들이 중앙집권 체제하에 주민들을

통합하는 데 장애가 되었으나, 오랜 세월에 걸쳐 유지되어 온 아프간의 느슨한 국가연합체에는 오히려 적합했다.

그러나 이슬람은 지난 30여 년간 전쟁을 겪으면서 관용이 상실되고 분열되었고, 탈레반의 등장과 함께 극단으로 치닫게 되었다. 1979년 소련이 침공하자 물라들은 급진 무자헤딘 단체에 가담하지 않고, 전통적이며 부족에 기반한 하라카트Harakat-e-Inquilab-e-Islami나 상대적으로 온건한 유니스 할리스가 주도한 헤즈브 이슬라미Hezb-e-Islami에 가담했다. 그러나 파키스탄 군정보부가 굴부딘 헤크마티야르가 이끄는 헤즈브 이슬라미 분파와 같은 급진단체를 중점적으로 지원하자 이들 온건한 단체는 쇠퇴했다. 나아가 1990년대 내전 때는 더욱 관용을 상실해 1995년 마수드 장군의 타직족이 하자라족을 카불에서 학살하고, 1998년 탈레반이 하자라족과 우즈벡족을 마자리 샤리프에서 대량 살육했다.

오늘날에도 모스크 예배와 물라의 설교는 아프간인의 정신생활을 크게 지배하며, 마드라사가 여전히 청소년 교육에 중요한 역할을 수행한다.

한편 사회생활에 있어서는 이슬람 샤리아 법이 통용되다가 1925년 아마눌라 왕 때 최초로 서양 민법이 도입되었다. 1946년 명문 카불 대학에 샤리아 학과가 창설되었고, 여기서 전통 샤리아 법과 근대 법을 통합하려는 노력이 시도되었다.

21세기에도 아프간은 여전히 전통사회의 성격을 띠고 있다. 근대적 사법제도를 도입했지만, 카불과 같은 도시에서나 적용되고 지방에서는 여전히 비공식적인 사법제도가 널리 활용된다. 분쟁 대다수가 필요할

* 하나피(Hanafi), 말리키(Maliki), 샤피(Shafi), 한발리(Hanbali)

때 개최되는 원로회Jirga와 상설 협의체인 슈라Shura에서 샤리아 법에 의거해 해결된다. 판사들도 임용되기 전에 마드라사에서 먼저 샤리아 법으로 훈련받는 과정을 거친다. 따라서 아프간의 법치가 발전하려면 공식, 비공식 사법 체제가 조화를 이루어 함께 기능하도록 하는 것이 바람직할 것이다.

수피주의 전통

중앙아시아와 페르시아 지역에서 발생한 고행과 수도를 중시하는 이슬람 신비주의 운동 수피주의Sufism는 아프간에서도 높은 인기를 누렸다. 수피sufi란 아랍어로 양털을 의미하는데, 수도자들이 양털로 짠 외투를 걸치고 다닌 데서 유래한다. 중세에 사회 권위와 지식주의를 배격하고 고행을 몸소 실천함으로써 가난한 자와 약자의 마음을 사로잡았다. 이들은 기도, 명상, 춤, 음악을 중시했다.

소련 점령기에 주요 수피 종단은 상호 연대를 통해 반소 항전에 참여했다. 가장 강력한 수피 종단은 낙시반드Naqshbandiya로, 이를 주도한 무자데디Mujaddedi 가문은 수세기 동안 카불의 킹메이커 역할을 해 왔다. 1979년 1월 타라키의 공산정부는 무자데디 집안사람 79명을 공산당 정책에 반대한다는 이유로 살해했다. 생존자 중 한 명인 시브가툴라 무자데디Sibghatullah Mujaddedi가 페샤와르에 무자헤딘 단체 중 하나인 자바 나자트 밀리Jabha-e-Najat Milli Afghanistan를 설립했다. 온건주의자였던 그는 급진 이슬람 단체들을 비판했다. 1989년 소련군 철수 후에는 임시정부 대통령이 되었다가 1992년 무자헤딘이 나지불라 공산 정권을 완전히 몰아내고 카불에 정부를 수립하자 초대 대통령에 올랐다.

다른 중요한 수피 종단인 카데리야Qaderiya의 수장 가일라니Pir Sayed Ahmad Gailani는 페샤와르에 마하즈 밀리Mahaz-e-Milli, National Islamic Front를 설치했다.

이들 두 수피 집단은 1999년 평화와 국민통합당Peace and National Unity Party을 창설해 탈레반과 경쟁 세력 간에 중재를 시도하기도 했다.

이슬람 극단주의

이슬람주의Islamism는 19세기 말 아랍권에서 대두된 현상으로 제국주의에 대한 범이슬람 차원의 대응을 주창한 이데올로기적, 정치적 프로그램이다. 사이드 쿠틉Sayyid Qutb이 이론적 토대를 제공했으며, 1950년대 들어 온건파와 강경파로 나누어졌다. 온건파는 터키에서와 같은 세속적 형태로 발전한 반면, 강경파는 매우 편협한 군사적 극단 이슬람주의로 진화해 오사마 빈 라덴과 같은 괴물을 낳았다.

이들은 신정 정치인 하키미야Hakimiyya로 나아가야 하며, 그러지 않으면 이슬람 이전의 몽매한 상태인 자힐리야Jahiliyya로 돌아가게 된다고 경고했다. 사이드 쿠틉은 현대 세계가 자힐리야라고 한다. 이슬람과 자힐리야는 정반대의 개념으로, 믿음과 배교, 알라의 통치와 인간의 통치, 신과 사탄으로 비교할 수 있다. 진정한 무슬림의 의무는 이슬람 선교 활동을 수행하고 공격적 지하드를 통해 자힐리야 사회를 일소해 이슬람 사회를 부흥시키는 것이다. 이슬람의 궁극적 목표는 지상에서 모든 악과 고통과 탄압을 제거하고 알라의 주권이 지배하는 이슬람 통치, 즉 하키미야를 실현하는 데 있다고 한다.

아프간 사회에서 미약하게 존재했던 이슬람 극단주의는 대체로 세 가지 형태를 띠며, 지난 30여 년간 발전해 왔다.

첫째, 와하비주의Wahabbism는 사우디에서 유래한 것이다. 이는 압둘 와하브(Abdul Wahab, 1703~1792)가 18세기 사우디 베두인 사회에 퍼져 있던 수피주의를 배격하고자 창안한 것이다. 1912년 사우디는 중앙아시아에 와하비주의를 전도했는데, 이것이 아프간으로 유입되었다. 사우디의 주하이만 알 우타이비Juhayman al-Utaybi는 1979년 11월 메카의 대모스크를 점령하고 사우디 왕조의 불경함을 비난해 엄청난 사회적 반향을 일으켰다. 이에 따라 사우디 왕정은 국내 와하비파의 호의를 사고자 점점 더 와하비주의로 경도되었다.

사우디 정부는 1980년대 대소 항전 때 사우디에 체류 중인 아프간인 이슬람학자 압둘 라술 사야프Abdul Rasul Sayyaf를 페샤와르에 보내 이테하드 이슬라미Ittehad-e-islami, Islamic Unity라는 단체를 창설했는데, 일명 와하비 당이라고 불렸다. 사우디는 이슬람권 내 수백 개의 와하비 정당을 지원하면서, 아프간에 많은 아랍인을 데려와 와하비주의와 반시아주의를 전파하자 양국 간 갈등이 심화되기도 했다.

사우디는 아프간 내 와하비주의자 둘을 각별히 지원해 왔는데, 사야프와 헤크마티야르가 그들이다. 사우디는 파키스탄과 함께 모든 평화협상에서 시아파 이란과 하자라족을 배제하고자 노력을 기울였다.

파키스탄은 1980년대에는 이란과 사우디 간에 균형을 기하려 했으나, 1990년대 초 들어 사우디에 완전히 기울어 공동으로 탈레반을 지원했다. 사우디 왕가는 고위 성직자 위원회의 의견을 중시했는데, 그 의장인 그랜드 무프티 압둘아지즈 빈 바즈Sheikh Abdul Aziz Bin Baz가 탈레반을 지지했다. 사우디는 1994~1995년 겨울에 처음으로 탈레반과 접촉했고

1996년 7월에 대규모 지원을 제공했다.

중앙아시아 신생국들은 처음에 이란이 이슬람 근본주의를 퍼뜨리려는 것은 아닌가 의심했다가, 이후에는 러시아와 힘을 합쳐 탈레반의 이슬람 근본주의를 막기 위해 반탈레반 전선을 지원했다. 중앙아시아에서는 와하비주의를 최대의 위협으로 선포했다.

와하비주의를 신봉하는 아프간인을 살라피Salafis라고도 했다. 살라피는 과거salaf, 즉 초기의 순수한 무슬림을 신앙생활의 모범으로 간주하는 무슬림을 말하며, 이러한 운동을 살라피주의Salafism 또는 살라피야Salafiyya라고 한다. 샤리아 법을 강조하고 와하비주의와 유사하다. 이들역시 수피주의를 배격하고, 이슬람 교리에 근거하지 않은 부족 중심의 정파에 반대했다.

둘째, 헤크마티야르와 라바니는 파키스탄 내에서 가장 급진적이고 정치화된 이슬람주의 정당인 자마아트Jamaat-e-Islami를 자신들이 창설한 이슬람주의 단체들의 모델로 삼았다. 이 정당은 1941년 마우두디(Abul-Ala Maududdi, 1903~1978)가 창설했는데, 이집트의 무슬림 형제단Ikhwan ul Muslimeen, Muslim Brotherhood과 그 창시자인 하산 알-바나(Hasan al-Banna, 1906~1949)로부터 영감을 얻었다.

무슬림 형제단은 이슬람 혁명을 통해 서양의 식민 지배에서 벗어나 이슬람 국가를 창설하는 것을 목표로 1928년 이집트에서 탄생한 최초의 무슬림 정당이었다. 이들은 전통적 물라나 무슬림 사회에 새로 등장한 엘리트와의 타협을 거부하고, 급진적인 정치 개혁을 통해 예언자 무함마드 시대와 같은 진정한 이슬람 사회의 창설을 원했다. 이들은 민족주의, 인종주의, 부족주의, 봉건적 계급 구조를 거부하고 움마Ummah라는 공동체를 중심으로 무슬림권 전체의 통합을 추구하는 무슬림 국제주의를 표방했다. 이러한 목표를 달성하고자 파키스탄의 자마아트 이슬라미 정당이나 이를 모델로 삼은 헤크마티야르의 헤즈브 이슬라미는 고도로 중앙집권화된 조직체를 만들었다.

1980년대 동안 미국 CIA와 파키스탄 ISI의 자금과 무기 지원은 주로 이슬람주의 단체로 흘러 들어갔다. 당시 파키스탄의 지아 대통령은 이슬람 신정 국가 창설을 염원했으며, 군부를 포함한 사회 각 부문의 이슬람화를 촉진시켰다. 그는 CIA에 지원 대상 단체는 파키스탄이 결정해야 한다고 주장해 동의를 얻었다. 그리고 급진 이슬람주의를 표방한 헤크마티야르와 라바니가 이끄는 두 단체에 지원이 편중되었다.

당시 페샤와르에 본부를 두고 아프간 내에서 지하드를 벌였던 7개 단체와 7명의 지도자는 다음과 같다.

단체	이름	지도자	성향
이슬람 인민당	Jamaat-e-Islami, JI (Jamaat: 인민)	Burhanuddin Rabbani Ahmed Shah Masud Ismail Khan	급진 이슬람 원리주의
굴부딘 이슬람 당	Hezb-e-Islami Gulbudin, HIG (Hezb: 당)	Gulbudin Hekmatyar	급진 이슬람 원리주의
이슬람 당	Hezb-e-Islami, HI	Yunis Khalis	이슬람 원리주의
이슬람 연맹	Ittehad-e-Islami (Ittehad: 연맹)	Abdulrab Rasul Sayyaf	이슬람 원리주의
이슬람 혁명 운동	Harakat-e-Inquilab-e-Islami (harakat: 운동, Inquilab: 혁명)	Maulvi Nabi Mohammedi	온건파 (헌정 지지)
국가이슬람전선	Mahaz-e-Milli (National Islamic Front)	Pir Sayed Ahmad Gailani	온건파 (왕정복고)
민족해방전선	Jabha-e-Najat-e-Milli (Jabha: 전선, Najat: 민족, Milli: 해방)	Sibghatullah Mujaddedi	온건파 (헌정 지지)

파키스탄 ISI는 아프간 동부와 카불 주변의 길자이족에게 군사 지원을 집중했고, 칸다하르 주변의 두라니족은 무시했다. 이는 칸다하르 일대의 대소 항전이 이슬람주의자들이 주도한 이데올로기적 성전이 아니라 부족장과 종교학자들이 이끈 부족 차원의 성전이었기 때문이다. 종교학자들은 부족 내부의 전통적인 조직을 존중한 반면, 이슬람주의자들은 부족적 조직을 파괴하고 아프간 내 이슬람 혁명을 일으키고자 급진적인 정치 이데올로기를 추구했다. 페샤와르에 있던 7개 단체 중 어느 하나도 두라니족이 주도한 것이 없었다. 대신 아프간 남부에서 가장 인기 있는 단체들은 하라카트, 헤즈브 이슬라미, 마하즈 밀리와 같은 부족적 연대에 기초한 것들이었다. 특히 마하즈 밀리는 로마에 망명 중인 두라니 출신 왕 자히르 샤의 복위를 도모했는데, 칸다하르 주민들은 자히르 샤의 복권이 두라니족의 역사적인 지도자 역할을 회복시켜 줄 것으로 기대했다.

무슬림 형제단과 같은 급진적, 정치적인 이슬람 정파의 문제점은 민주적 조직을 구축하기보다는 카리스마와 통솔력을 갖춘 1인 지도자에 과도하게 의존하는 것이다. 이러한 조직은 결과적으로 지도자의 독재로 흐르기 십상이다. 그러나 탈레반과 비교하여 이들은 어느 정도 근대적이고 미래 지향적이었으며, 여성의 교육과 사회 참여를 지지했다. 이들은 이슬람 경제, 금융 제도, 대외 관계, 공정 사회를 마련하기 위한 이론을 개발하려고 노력했다. 그렇지만 이들은 아프간 사회를 구성한 다양한 부족적, 사회적, 종교적 요소들을 통합하려 하지 않고 오히려 배척했다는 점에서 아프간 공산주의자들과 동일한 한계를 노정했다. 급진 이슬람주의나 공산주의 모두 현실에 기초한 변혁 이론을 제시하지 못한 채 위로부터의 혁명을 통해 전통적 사회 구조에 급진적인 변화를 불어넣으려 했고, 현실의 복잡한 문제들을 인정하지 않았다. 이것은 애당초 실현 불가능한 시도였다. 이러한 경향은 어쩌면 아랍권을 포함한 무슬림 세계에 공통된, 정치적 이슬람의 실패 원인이라고 할 수 있다. 20세기의 무슬림 사회는 부족주의와 국가주의로 분열되어 왔는데, 아프간의 이슬람주의자들도 이 분열을 해소하지 못했다.*

세 번째 이슬람 극단주의는 탈레반 운동인데, 이에 대해서는 장을 달리해서 서술한다.

굴부딘 헤크마티야르

청년 시절부터 이슬람에 몰입한 과격 행동주의자였던 헤크마티야르는 카불 대학 재학 때 히잡을 쓰지 않은 여학생 얼굴에 염산을 뿌릴 만큼 골수 이슬람주의자였다.

그는 1969년 라바니와 함께 급진 단체인 아프간 무슬림 형제단을 만들었는데, 사야프도 그 일원이었다. 이후 라바니와 결별하고, 보다 급진적인 헤즈브 이슬라미를 창설했다. 1973년 다우드 칸이 쿠데타로 집권하자 그는 파키스탄으로 떠났다. 소련 점령 기간 중 ISI의 지원 아래 헤즈브에 소속된 무자헤딘을 이끌고 대소 항전을 주도했다.

1992년 전쟁이 끝나자 라바니를 대통령으로 한 임시정부와 한동안 싸우다가 1993년 6월 총리로 참여했으며, 1994년에 라바니 측과의 분규로 사임하면서 다시 전투에 돌입했다. 1996년 5월, 라바니와 화해해 다시 총리가 되어 탈레반에 대항해 함께 싸웠다. 그해 9월에 탈레반이 카불을 점령하자 파키스탄은 헤크마티야르를 버리고 물라 오마르를 택했다.

1997년에는 탈레반을 피해 이란으로 도주했고, 2001년 미국의 아프간 참전으로 탈레반이 축출되자 귀국했다. 그는 2001년 11월 아프간 동부 토라보라에서 빈 라덴이 파키스탄으로 도주하도록 도왔다고 스스로 주장했다.

●
탈레반 운동의 성격

아프간 내 극단주의 경향은 최종적으로 탈레반 운동으로 나타났다. 탈레반은 1994년 태동될 때 개혁 운동으로 시작했는데, 이러한 개혁은 언제나 지하드를 통해 이루어졌다. 서양에서는 지하드를 유혈을 동반하는 무슬림의 무장 투쟁으로 인식하지만, 실제로는 개인이 발전해 나가고 공동체에 공헌하는 무슬림 사회 내부의 투쟁이며, 변화를 달성하기 위한 수단이자 메커니즘이다.

탁피르

탈레반이 같은 무슬림인 칸다하르 인근의 악한 군벌들을 벌한 것은 예언자 무함마드의 지하드를 본받은 것이라 할 수 있다. 그러나 이슬람은 부족이나 종파가 다르다는 이유로 같은 무슬림을 살해하는 것을 금한다. 탈레반과 같은 급진 이슬람 단체들은 탁피르(takfir, 배교자) 개념을 도입해 부패하고 나쁜 무슬림들을 배교자로 지정하고 이들에 대해 지하드를 벌여 죽일 수 있다고 주장한다. 탁피리는 배교자, 배교자라고 비난

* Ahmed Rashid, 《Taliban》, Yale University Press, 2001, pp.17~80

하는 행위를 탁피르라고 한다. 이 어휘는 불경(不敬)을 의미하는 카피르 kafir에서 비롯되었다. 탈레반은 시아파인 하자라족을 진정한 무슬림이 아니라고 선언하고 살해했다.

지하드는 기본적으로 십자군 운동과 같은 것이나 탁피르는 매우 위험한 개념이다. 탁피르에 대해 타직족이나 하자라족은 탈레반이 비(非)파슈툰족을 멸종시키고자 이슬람을 오용하는 것이라고 본다. 탈레반 반군 활동은 본질에 있어 이슬람 교의에 기초한 것이라기보다 오랫동안 누적되어 온 아프간인의 불만을 결집해 이를 활용하여 정부를 붕괴시킨 부족주의 운동이다.

디오반드주의

탈레반은 태동할 당시에 유행하던 어떠한 이슬람 운동도 모방하지 않은 아프간식 변종이라고 할 수 있다. 이들은 무슬림 형제단의 영향을 받은 급진 이슬람주의자도 아니었고, 전통주의자나 수피주의자는 더구나 아니었다. 당시에는 이 세 가지 경향이 세력 다툼에 빠져들어 정당성을 상실했는데, 이로써 생겨난 이념적 공백을 탈레반이 메우게 되었다.

탈레반은 사상 기반이 되는 이슬람인 디오반드주의Deobandism 외에는 다른 이슬람을 인정하려 하지 않았다. 이들의 이념적 기초는 디오반드 가운데서도 극단적 형태의 디오반드주의였다. 탈레반은 디오반드계 이슬람 전통에 입각한 마드라사를 설치하고 사우디 등 걸프 국가들로부터 자금을 얻어 마드라사의 교과 과정을 이들의 와하비 전통에 가깝게 만들었다.

원래 수니계 하나피 학파의 일파인 디오반드주의는 영국 통치하에 있

던 인도에서 무슬림 사회를 개혁하고 통합하려는 미래 지향적 운동이
었다. 뉴델리 인근 디오반드 마을에 최초의 마드라사를 창설한 나나우
타위(Mohammed Qasim Nanautawi, 1833~1877)와 강고히(Rashid Ahmed Gangohi,
1829~1905)가 주요 이론가였다. 1857년 세포이 항쟁을 지도한 인도 무슬
림들은 항쟁이 실패로 돌아가자 세력을 회복하기 위해 철학적, 종교적
운동을 장려했고, 디오반드주의도 이 중 하나였다. 원래 모든 이슬람 개
혁자들은 교육을 새로운 근대적 무슬림을 양성하는 열쇠라고 판단했다.
그러나 디오반드주의는 무슬림 공동체 내 모든 위계질서를 부인했고,
여성의 역할을 제한하려 했으며, 시아파를 배격했다. 디오반드파 지지
자들은 인도 전역에 마드라사를 설립했으며, 1897년이 되자 12개의 마
드라사가 생겨났다. 1967년 디오반드파가 창립 100주년을 기념했을 때
남아시아 전역에는 9천 개의 디오반드파 마드라사가 존재하는 것으로
알려졌다.

아프간 정부는 20세기 초에 근대 국가 달성에 필요한 새로운 마드라
사를 설치하고자 인도의 디오반드파에 협력을 요청했다. 1933년 인도의
디오반드파 종교학자가 카불에서 열린 자히르 샤의 대관식에 참석한 기
회에 상호 협력을 약속했고, 곧이어 아프간에 여러 개의 디오반드파 마
드라사가 설치되었으나 그리 인기를 끌지는 못했다.

파키스탄에서는 1947년 독립 후 디오반드계 마드라사가 급성장했
다. 디오반드파는 JUIJamaat-e-Ulema-Islam라는 종교 운동을 창안했는데,
1962년 북서 변경주의 지도자 하자르비Maulana Ghulam Ghaus Hazarvi가 이
것을 정당으로 발전시켰다. JUI는 나중에 여러 개의 당파로 쪼개졌다. 이
들은 선거 운동 기간 중 자마아트 이슬라미 당과 첨예하게 대립했는데,

그 결과 파키스탄 내 양대 이슬람 정당 간의 균열이 오늘날까지 계속되고 있다.

디오반드파의 교의는 탈레반에게 종교적, 이념적 영향력을 크게 행사했다. 1980년대 동안 파키스탄의 아프간 정책은 자마아트와 헤즈브 두 단체를 중심으로 시행되었고, 이들과 대립하던 JUI는 레흐만Maulana Fazlur Rehman의 지도하에서 아무런 정치적 역할을 하지 못했다. 이에 따라 아프간 내 디오반드 계열 무자헤딘 단체들도 무시되었다. JUI는 북서 변경 주와 발루치스탄 주에 수백 개의 마드라사를 설치해 파키스탄 청년과 아프간 난민에게 교육, 숙식, 군사 훈련을 제공했다. 1977년 쿠데타로 집권한 지아 대통령이 마드라사를 특별히 지원했는데, 1971년 파키스탄 내 900개이던 마드라사가 그가 사망한 때인 1988년에는 8천 개로 늘어났고, 등록되지 않은 마드라사만 해도 2만 5천 개나 되었다. 도합 50만여 명의 학생들이 마드라사에서 공부하고 있었다. 파키스탄의 국가 교육 체제가 지속적으로 붕괴함에 따라 마드라사가 가난한 집안 학생들에게 교육을 제공하는 유일한 기관이 되었다. 마드라사는 시골이나 아프간 난민 수용소 내에도 있었다. 디오반드파는 와하비파에 공감했기 때문에 사우디로부터 자금 지원을 받을 수 있었고, 여기서 교육받은 청년들은 무자헤딘에 대해 매우 냉소적이었다.

JUI는 1988~1993년간 정부에 대립해 정치적으로 고립되어 있었으나, 1993년 선거에서 베나지르 부토가 이끄는 파키스탄 인민당Pakistan People's Party, PPP과 연대하여 선거에 승리함으로써 처음으로 연정에 참여하게 되었다. JUI는 권력을 장악하자 군부, ISI, 내무부와 관계를 다졌고, 내무장관인 바바Babar 장군에게 아프간 남부의 파슈툰족과 관계를 강화하고 중앙아시아에 이르는 교역로를 확보해 달라고 요청했다. JUI 당수인 레흐만은 의회에서 외교위원장이 되어 미국과 유럽에 대해 탈레반 지지를 호소하기도 했다.

디오반드파가 위계질서도 없고 카리스마를 갖춘 물라도 없다 보니 JUI 산하에서 수십 개의 소규모 극단주의 파당이 생겨났다.

가장 중요한 파당은 상원의원인 하크Maulana Samiul Haq가 운영한 마드라사 하카니아Dar-ul-Uloom Haqqania에서 교육받은 인사들의 집단이었다. 이 마드라사는 이슬라마바드와 페샤와르 간 도로변에 위치한 아호라 하탁 마을에 소재하며, 여러 개의 건물로 구성되어 있다. 1947년 아버지 하크Maulana Abdul Haq가 개설해 학생들에게 무료로 교육을 시켜 왔다. 이곳에서 탈레반 지도인사들이 다수 배출됐는데, 1999년에는 탈레반 정부의 각료 8명이 공부했고, 다른 수십 명의 졸업생이 탈레반에서 주요 직책을 차지했다. 전통적인 무자헤딘 당파의 지도자인 유니스 할리스와 나비 모하메디도 하카니아에서 공부했다. 하크 상원의원은 소련군과 싸운 무자헤딘 지휘관 중 80%가 자신의 마드라사에서 공부했음에도, ISI가 자신을 오랫동안 무시해 온 데 불만이 있었다.

한편 그는 물라 오마르와 절친한 사이였다. 1997년 마자르 샤리프에서 탈레반이 패배한 후 물라 오마르가 전화를 걸어 지원을 호소하자 마드라사를 폐쇄하고 모든 학생들을 탈레반 편에서 싸우도록 아프간으로 보냈을 정도였다. 1998년 마자르 샤리프 전투 후 하크는 북서 변경주에 있는 12개의 디오반드계 마드라사와 탈레반 지도부 간 면담을 주선했으며, 이 면담 결과 모든 마드라사가 한 달 동안 문을 닫고 8천 명의 학생들을 아프간에 파송했다.

다른 JUI 파당은 카라치 인근 비노리 마을에 소재한 마드라사Jamaat-ul Uloom Islamiyyah를 운영하는 그룹이다. 성직자 비노리Maulvi Mohammed Yusuf Binori가 세운 학교로, 수백 명의 아프간인을 포함해 8천 명의 학생이 공부하고 있다. 탈레반 각료 중 수 명이 이 학교에서 공부했다. 1997년 11월 교사 세 명이 살해당하자 학생들이 카라치 시내로 몰려가 폭동을 일으켰는데, 카라치에서 이런 대규모 소요는 이것이 처음이었다고 한다.

또 다른 JUI 파당은 시파 사하바Sipah-e-Sahaba Pakistan, SSP로, 탈레반이 지지하는 파키스탄 내 가장 극단적인 반시아 집단이다. 1998년 파키스탄 내 수백 명의 시아파를 학살한 후 지도부가 정부의 탄압을 피해 카불로 도주했다. 수백 명의 SSP 민병대가 탈레반과 빈 라덴이 운영하는 호스트Khost 훈련소에서 훈련을 받았고, 수천 명의 SSP 소속원들이 탈레반과 함께 전선에서 싸웠다.

네 번째 JUI 파당은 하카트 울 안사르Harkat-ul-Ansar로, 할릴Fazlur Rehman Khalil이 지도하는 호전적인 극단주의 단체로 알려져 있다. 탈레반은 1996년 호스트 인근의 훈련장Camp Badr을 이들에게 제공했다. 이 단체 요원들은 아프간, 카슈미르, 체첸, 보스니아 등지에 파견되어 싸웠다.

탈레반이 등장한 후 JUI는 이슬람 급진주의의 주요 후원 기관으로 국제적 주목을 받았고, 파키스탄 정부와 ISI도 더 이상 이를 무시할 수 없었다. 탈레반과 파키스탄 내 디오반드 단체들 간의 관계는 양측이 지닌 공통점 때문에 견고했다.

아프간과 파키스탄의 디오반드파 지도자 가운데 일부는 칸다하르와 파키스탄 차만Chaman 지역의 두라니 파슈툰족에서 배출되었다. 탈레반은 부족 구조와 부족장, 시아파와 이란을 극도로 불신한다. 또한 새로운 유형의 이슬람 극단주의로서 온건주의나 서구와의 화해를 거부한다. 헤크마티야르나 마수드는 근대화를 반대하지 않았으나 탈레반은 근대화까지 극도로 반대한다.*

* 탈레반의 순수 이슬람 혁명 모델은 파키스탄과 중앙아시아 국가들에 많은 영향을 미쳤다. 1998년 파키스탄의 탈레반 단체들은 국경의 파슈툰 지역에서 TV와 비디오 사용을 금지하고, 샤리아 법에 따른 처벌과 파키스탄 내 시아파 학살을 요구하며, 여성의 복장과 생활 방식을 탈레반식으로 하도록 강제했다. 1990년대 파키스탄 정부가 지지했던 탈레반의 사고 체계와 행동 방식이 파키스탄으로 되돌아와 사회 불안과 혼란을 가중시키고 있다.

알카에다

●
글로벌 지하드

　　　　　　1980년대 아프간에서의 대소 항전 시기에
이슬람권, 특히 아랍권에서 많은 전사들이 소련 공산주의로부터 이슬
람을 수호한다는 명분하에 대거 아프간에 진입했다. 무자헤딘이란 불린
이 성전 투사들은 사우디, 예멘, 알제리, 이집트, 쿠웨이트, 우즈베키스
탄, 중국 신장(위구르족), 필리핀과 같이 다양한 지역과 나라에서 왔는데,
아랍인이 대다수를 차지해 통칭하여 아랍-아프간인이라고 불렀다. 이
들은 이슬람권 부흥이라는 궁극적 목표 아래 대소 항전 과정을 통해 무
슬림 간 연대를 강화하고, 전투 경험을 축적하며, 전 세계적 이슬람 혁명
에 대한 신념을 굳혀 갔다. 아프간 전투 과정에서 이들 무슬림 전사들을
조직하고, 지원하고, 지도해 온 인물이 바로 오사마 빈 라덴이다.

　　파키스탄은 소련의 다음 공산화 목표가 자국이라고 우려하고, 1982년

부터 전 세계 무슬림들이 아프간으로 와서 무자혜딘을 도와 소련과 싸울 것을 촉구했다. 이를 통해 지아 대통령은 범세계적 이슬람 연대를 강화하고, 파키스탄을 이슬람권의 지도적 위치로 격상시키고, 중앙아시아에서 무슬림의 반소 저항을 조성하고자 했다.

1986년, 미국이 이를 적극 지지하고 나섰고, 전 세계 무슬림들이 단합하여 공산주의 소련에 저항하기를 바랐다. 미국에게는 소련의 영향력 확대가 가장 중요한 국가 안보 위협이었기 때문이다. 사우디 입장에서는 와하비주의를 남아시아와 중앙아시아에 수출하는 동시에 국내 반정부 과격분자들을 해외로 유도할 수 있는 기회였다. 주요국들이 호응함에 따라 파키스탄은 아프간에 싸우러 오겠다는 사람들에게는 아무런 이유도 묻지 않고 무조건 비자를 발급해 주었다. 이들이 파키스탄에 도착하면 파키스탄 자마아트 이슬라미가 맞이해서 아프간의 헤즈브 이슬라미에 가입하도록 유도했다.

1982년부터 1992년까지 10년간 전 세계 43개국에서 약 3만 5천 명의 무슬림 전사들이 파키스탄으로 유입됐다. 또한 수만 명의 무슬림들이 파키스탄 내 수백 개의 마드라사에서 공부하려고 들어왔다. 이들은 페샤와르와 아프간에 있는 숙소와 훈련장에서 함께 공부하고 훈련받으면서 동료의식을 발전시키고 연대를 구축했다. 이러한 공동체 생활은 이슬람 급진주의를 배양하는 온상이 되었다. 당시에는 이러한 상황이 야기할 후과를 예상치 못했다. 하지만 1993년 아프간 전사 출신의 이슬람 과격분자가 뉴욕 세계무역센터 건물을 폭파시키려다 시민 6명이 죽고 1천 명이 부상당하는 사건이 발생하면서 심각하게 받아들여지기 시작했다.

아랍-아프간인은 지하드를 통해 초강국 소련을 물리치고 종국에는 체제 자체를 붕괴시킨 것이 이슬람의 승리라고 보았다. 그렇다면 다른 초강국인 미국이나 여타 강국들을 무너뜨리지 못할 이유가 없다고 생각했다. 이들은 7~8세기에 무슬림들이 순식간에 세계를 제패한 역사적 사실을 염두에 두고, 자신들의 희생을 통해 범세계적 이슬람 공동체인 움마Ummah 창설이 가능하다고 믿었다.

이처럼 1980년대 대소 항전 기간은 세계에서 가장 위험한 테러 조직인 알카에다를 태동시킨 시기였다. 알카에다는 대소 항전 후에는 아프간 남부에서 태동한 탈레반과의 깊은 유대를 통해 이슬람 극단주의의 선봉에 섰다. 알카에다의 수장인 오사마 빈 라덴은 2011년 제거되었지만, 그의 수하들과 범세계적인 연계 단체들은 동남아, 중동, 아프리카, 유럽, 북미 곳곳에서 암약하고 있다. 알카에다가 어떻게 해서 아프간 전쟁 중에 탄생했는지 알아보는 것은 알카에다의 본질과 이데올로기, 지향하는 목표, 운영 방식을 이해하는 데 중요하다. 먼저 알카에다의 지도자인 오사마 빈 라덴이 누구인지 알아보자.

●

오사마 빈 라덴

　　　　　오사마 빈 라덴의 아버지 무함마드 빈 라덴 (Muhammad Bin Laden, 1905~1967)은 예멘에서 태어났으며, 15세 때 동생 압둘라와 사우디 서부 대도시 제다로 갔다. 무함마드는 건설업에서 재능을 발휘해 큰 부를 형성했다. 특히 당시 석유로 돈을 벌기 시작한 사우디 왕가를 위해 왕궁을 지으면서 왕족, 정부 고관들과 친해졌고, 이들과의 유착으로 쉽게 대규모 건설 수주를 받았다. 사우디 왕 파이잘과 절친한 사이로, 메카와 메디나의 성전을 보수하는 공사로 큰돈을 벌었다.

제다에 온 지 얼마 되지 않아 큰 성공을 거둔 무함마드는 수많은 부인을 두었고, 슬하의 자녀는 아들 25명, 딸 29명이나 되었다. 무함마드가 51세 때인 1956년 여름, 시리아 항구도시 라타키아를 사업차 방문했을 때 가난한 알 가넴Al-Ghanem 집안의 14세 소녀 알리아Alia와 결혼했고, 이듬해 리야드에서 오사마 빈 라덴(Osama Bin Laden, 1957~2011)을 낳았다.* 수많은 자식 중 17째였다.

무함마드는 몇 년 지나지 않아 알리아 가넴과 이혼했고, 빈 라덴은 재혼한 어머니를 따라갔다.

빈 라덴이 9세 되던 1967년, 무함마드가 예멘 국경 일대 인프라 건설 사업을 감독하고자 개인 경비행기를 타고 가다가 추락해 사망했다. 이미 사우디 굴지의 대기업이 된 빈 라덴 그룹은 장남 살렘 빈 라덴에게, 그의 사후에는 7남인 바크르 빈 라덴에게 경영권이 이어졌다

빈 라덴은 무함마드 사망 이후 레바논 베이루트에서 다른 형제자매들과 함께 초등학교를 다녔고, 명문 브루마나에도 잠시 학적을 두었다. 1968년에는 제다로 돌아와 사우디 정부가 자금을 대고 상류층 자제들이 다니는 최고 명문학교인 알 타그르에서 중학교와 고등학교 과정을 마쳤다. 그리고 17세 때 시리아인 사촌인 14세의 나즈와Najwa와 결혼해 아들 압둘라를 낳았다.

빈 라덴은 1971~1972년경 시리아인 선생의 권유로 방과 후 이슬람

---

* 당시 사우디는 출생신고 제도가 없어 오사마 빈 라덴의 정확한 출생 시기에 대해 이견이 있지만, 대부분의 자료에서 1957년 출생한 것으로 본다.

스터디 그룹에 참여했고, 이슬람을 성실히 믿는 경건한 학생이 되었다. 당시 사우디에는 시리아인과 이집트인 선생이 많았는데, 이들은 이집트 내 급진 정치단체인 무슬림 형제단Muslim Brotherhood*에 가담해 있었다. 빈 라덴은 이들의 영향을 받은 것으로 보인다.

1976년, 알 타그르 학교를 졸업한 오사마는 사우디 최초의 대학인 킹 압둘아지즈 대학 경영학과에 입학했다. 이때 정식으로 무슬림 형제단 회원이 된 것으로 추정된다. 그는 무함마드 쿠틉과 압둘라 아잠으로부터 이슬람에 관해 배웠으며, 늘 열심히 기도하고 꾸란의 가르침대로 실행했다. 그러나 집안에서 경영하는 건설회사에 취직하기 위해 3학년 때 학업을 중단해 학위를 받지 못했다. 당시 빈 라덴은 20대 초반으로 제다에서 3명의 부인과 여러 자녀를 두고 안락하게 살고 있었다. 그리고 이때 빈 라덴은 알 타그르 학교에 다닐 당시 알게 된 생물교사 아흐메드 바디브를 통해 사우디 정보부장 투르키 파이잘 왕자를 알게 되었다.

아흐메드 바디브

예멘 하드라마우트 출신인 아흐메드 바디브Ahmed Badeeb 는 1970년대 말 동생 사이드 바디브와 함께 이스타크바라트 (Istakhbarat, 사우디아라비아 정보부)와 연계를 갖게 되었다. 아흐메드는 당시 새로 정보부장에 임명된 투르키 파이잘Turki ibn Faisal ibn Abdulaziz 왕자와 가까워졌고, 형제가 모두 정보부의 고위직에 임명되었다. 아흐메드는 아프간 전쟁을 지원하고자 파키스탄에 자금을 운반하는 일을 맡았고, 이 과정에서 다시 오사마와 접촉하게 되었다.

압둘라 아잠

1941년 팔레스타인에서 태어나 어릴 때 무슬림 형제단에 가입했고, 다마스쿠스 대학과 카이로 알 아즈하 대학에서 이슬람 율법을 공부했다. 1967년 이스라엘의 요르단 강 서안 점령 후 저항운동에 가담했으며, 1968년 요르단에서 팔레스타인 해방기구PLO가 추방된 후 이집트로 갔다. 이후 사우디로 이주한 아잠은 1979년 이슬람 행동주의로 인해 킹 압둘아지즈 대학에서 쫓겨나 파키스탄으로 이주했다. 한동안 아랍-아프간인의 집합소는 페샤와르에 있는 세계 무슬림 연맹World Muslim League과 무슬림 형제단 사무소였다. 아잠은 1984년 10월 페샤와르에 아랍 자원자들을 지원하기 위한 별도의 사무소인 MAK(Maktab Al-Khidmat lil Mujaheddin al-Arab, Afghan Service Bureau)를 열었고, 〈알 지하드Al-Jihad〉라는 잡지를 발간했다.

무슬림 형제단은 파키스탄에서 자마아트 이슬라미 당파와 연계되어 있었다. 오사마가 1980년 처음 파키스탄 페샤와르를 방문했을 때 먼저 아프간 지하드의 주요 지도자들인 라바니와 사야프를 만났다. 신학자이자 자마아트 지도자였던 라바니는 나중에 아프간 임시정부의 대통령을 역임하였으며, 사야프는 사우디에서 와하비주의를 연구하다가 사우디 정부가 와하비주의를 전파하도록 파견한 아프간인 성직자로, 이테하드Ittehad-i-Islami를 지도하고 있었다. 사야프는 1984년 최초로 파키스탄 국경 근처 아프간 영토에 아랍인을 위한 공식 훈련장을 열었다. 이해에 빈

---

* 1928년 이집트 교사인 하산 알 바나가 창시했다. 초기에는 영국의 이집트 식민 통치에 저항했고, 나세르의 독재와 맞서 싸웠으며, 많은 회원들이 정부의 탄압을 피해 해외로 망명하여 지부를 열었다. 이들은 세속적 지도자나 민족주의를 표방하는 정부를 이슬람주의 정부로 교체하는 것이 궁극적 목적이었다. 사회 지도층과 높은 수준의 교육을 받은 회원만 선별적으로 모집했다.

라덴도 처음으로 아프간 국경을 넘어가 훈련장을 돌아보고 팍티야주 자지Jaji 인근에서 전투 장면도 목도했다.

빈 라덴에게 세계적 성전의 중요성을 일깨운 인물은 요르단 국적의 이슬람주의자인 압둘라 아잠Abdullah Azzam이었다. 1986년 초 아잠은 제다의 빈 라덴에게 편지를 보내 재정상의 어려움을 호소하면서 페샤와르로 와달라고 요청했다. 그해 말 빈 라덴은 가족들과 함께 페샤와르로 이주했다. 그는 당시 아랍 자원자들이 무질서한 상태에 빠져 있으며, 아잠의 지원사무소도 내분으로 혼란 상태에 있음을 알게 되었다. 그리고 자신이 직접 민병대를 조직하기로 결심하고, 맏형이자 빈 라덴 회사의 회장인 살렘 빈 라덴에게 무기 지원을 요청했다. 특히 아프간 전선에서 최대 위협인 소련의 공격 헬기를 격추할 수 있는 이동식 대공미사일을 보내달라고 했다.

이때 페샤와르에 도착한 이집트 의사 출신 자와히리Ayman Al-Zawahiri도 빈 라덴에게 재정 지원을 요청했다.

1985년 4월에 하카니가 장악한 파키스탄 국경의 산악 지역 자우르Jawr에서 아랍인이 참가한 전투가 한 달간 벌어졌는데, 여기서 소련군에게 참패했다. 이후 빈 라덴은 자신이 직접 대소 항전에 참여하고자 국경 산악에 아랍인 위주의 민병대를 결성하기 시작했다.

미국은 1985년 봄 이후 무자헤딘 전사들에 대한 지원을 강화했다. 소련의 공격 헬기들이 특수부대를 효율적으로 지원하여 무자헤딘 측에 큰 피해를 입히자, 미국은 1986년 초반 스팅어 미사일을 무자헤딘에게 지원하기 시작했다. 그해 9월 잘랄라바드에서 최초로 스팅어 미사일이 수대의 소련군 헬기를 격추시켰으며, 이후 소련군에게 공포의 대상이 되었다. 당시 미국은 폐샤와르에 있는 아랍인을 직접 지원하는 문제를 헤크마티야르, 사야프와 상의했으나, 이들은 미국의 지원이 군사적 가치가 적은 아랍인에게 전용되는 데 반대했다. 살렘 빈 라덴은 동생의 요청에 따라 미 국방부와 접촉해 미사일 취득 가능성을 타진했으나 실패했고, 남미의 무기 중개상으로부터 러시아제 SA-7 견착식 대공 미사일과 중국제 AK-47 소총 실탄을 구입해 주었다. 당시 사우디 정부의 반소 정책에 따라 이들 무기 대금의 일부는 사우디 정부로부터 나왔다고 한다. 빈 라덴은 1986년 폐샤와르에서 처음으로 미국의 이스라엘 지원에 대한 비난 연설을 했다.

1986년 여름부터 빈 라덴은 아프간 국경 내 팍티야주에 체류했다. 이곳은 파키스탄 영토가 아프간 안으로 앵무새 부리처럼 쑥 밀고 들어간 형상이라 'Parrot's Beak'라 불린다. 이 일대는 파키스탄 영토 쪽에서 볼 때 수도 카불과 거리가 상대적으로 가깝다. 따라서 카불을 계속 압박할 수 있으므로 하카니, 헤크마티야르, 사야프, 유니스 할리스 등 주요 무자헤딘 그룹이 활발하게 활동하던 전략적 요충지였다. 파키스탄은 아프간 내 무자헤딘을 위한 보급로를 강화하고자 이 일대에 인프라를 구축하고 있었다. 빈 라덴은 사우디의 빈 라덴 그룹에서 대거 보내온 건설 장비들을 이용해 작업을 도왔고, 북쪽의 토라보라로 이르는 도로를 닦았다. 파키스탄은 이곳의 산속 동굴들에 인공 터널까지 파서 무기 은닉소로 활용하고자 했다. 일각에서는 CIA 자금으로 무자헤딘을 위한 무기 저장고, 훈련 시설, 의료 시설을 포함한 거대한 지하 터널을 건설했다고 한다.

빈 라덴은 사야프가 세운 훈련장 옆에 처음으로 아랍-아프간인을 위한 훈련장 '사자굴Al-Ansar, Lion's Den'을 설치했다. 이곳에서 아랍인들이 파키스탄과 미군 교관들로부터 훈련을 받았다고 한다. 1986년 가을 이곳에 도달한 아랍인은 불과 10여 명 정도였다. 아잠이 추가로 아랍인을 보내 그해 말에는 약 50명으로 증가했다.

1987년 4~5월에 걸쳐 소련군이 이 일대에 공습을 가해 무자헤딘과 치열한 전투가 벌어졌다. 이 전투에서 아랍 민병대가 잘 싸워 빈 라덴이 처음으로 군사 지도자로 간주되었고, 아잠의 그늘에서 벗어나 독자적인 위치를 굳히게 되었다. 그는 자신의 돈을 활용하여 아랍인들을 결속시켰다. 빈 라덴은 이 과정에서 CIA의 지원을 강력 부인했고, 자신이 아프간 전선에서 싸우는 것은 미국의 이해관계와 우연히 일치할지 모르지만 이슬람 대의를 위해서라고 강하게 주장했다. 빈 라덴이 CIA 요원을 만났음을 보여 주는 증거자료는 없지만, 국경 지역 건설에는 CIA의 시멘트와 건설 자재 지원이 있었다. 또한 빈 라덴은 CIA로부터 자금 지원을 받고 있던 하카니와 절친한 관계여서 간접적으로 CIA와 연계되어 있었다. 빈 라덴이 사우디 정보부를 통해 사우디 정부의 직접 지원을 받았는지 여부에 대해서는 이견이 있으나, 대체로 직접 지원을 받았다는 의견이 많다.*

1988년 4월, 소련이 제네바 협정에 서명하고 1989년 초까지 완전 철수한다고 선언했다. 소련군 철수 후에도 아프간 내 공산 정권은 잔존할 것이어서 성전은 계속되겠지만, 소련군이 철수하기로 한 아프간 전쟁의 열기가 식으며 서서히 무자헤딘 간 내전으로 변질되기 시작했다. 빈 라덴은 아잠과 함께 대소 항전을 계속했다. 자와히리도 아프간 국경 내에 훈련장을 운영하고 있었다. 아잠은 무슬림 형제단의 전통에 따라 아랍인 지원자를 선별해 엘리트 훈련을 시켜야 한다고 주장했고, 빈 라덴은 지원자들을 차별 없이 모두 수용해야 한다는 입장을 고수해 아잠의 무슬림 형제단과 관계가 소원해졌다. 그러나 빈 라덴이 수용한 이집트인 중에는 무슬림 형제단이 지나치게 조심스럽다고 간주해 탈퇴한 이들도 있었다. 이들은 배교자라고 판단되는 무슬림은 제명시키거나 척결해야 한다는 탁피르 이론을 주장했다.

●

알카에다의 태동

아프간 전쟁이 종료되어 감에 따라 아잠은 아랍 무자헤딘 조직에 새로운 방향을 제시하기 위해 알카에다 창설을 구상하기 시작했다. 그는 1987~1988년에 걸쳐 알카에다의 정강을 작성하는 등 전반적인 틀을 만들었다. 알카에다는 전 세계 핍박받는 무슬림들을 대신해서 투쟁하는 이슬람 신속 대응군 역할을 수행할 것으로 예상되었다.

1988년부터 1989년에는 아잠과 빈 라덴 간 관계가 악화되었다. 아랍 자원자사무소MAK 내 이집트 계파는 아프간 전쟁 후 본국에 돌아가 이슬람 혁명에 진력할 수 있도록 아랍인에게 게릴라 전술뿐만 아니라 테러기법도 가르쳐야 한다고 주장했는데, 빈 라덴은 이를 전적으로 수용했으나 아잠은 강력 반대했다. 아잠은 꾸란의 가르침에 따라 여성과 아동 등 비전투원을 살상해서는 안 되며, 테러를 이슬람 혁명수단으로 사용해서는 안 된다고 믿었다. 그리고 아프간 성전을 위한 재원을 테러 기법

---

* Steve Coll, 《The Bin Ladens: Oil, Money, Terrorism and the Secret Saudi World》, Penguin Books, 2008

훈련에 사용하는 것은 이슬람 율법에 위배된다고 했다.

1989년 초, 빈 라덴은 아잠에게 국경 지역의 알 마사다 훈련장을 알카에다에 인계해 줄 것을 요청했으나 아잠은 이를 거절했다. 이러한 불화에서 MAK 내 이집트 계파는 나중에 빈 라덴과 연대해 아잠을 살해했다고 추정된다.

1988년 8월, 페샤와르에서 알카에다의 탄생을 예고하는 일련의 회의들이 열렸다. 빈 라덴은 아잠이 반대하던 독자적인 아랍 민병대 훈련에 중점을 두어 초기에는 약 300명을 훈련시켰는데, 훈련장소를 알카에다 알 아스카리야Al-Qaeda Al-Askariya, military base라고 불렀다.

알카에다는 기본적으로 조직원 간에 개방되고 수평적인 지하드 참여를 표방한 이슬람 단체였다. 활동 목적은 전 세계 이슬람 공동체인 움마를 장려하고 조직하는 것이었다. 빈 라덴의 기여는 조직에 다양성과 포괄성을 제공하고, 자금과 행정 운영에 대해 신뢰를 불어넣고, 전 세계 이슬람권을 통합하는 새로운 과학기술에 대해 관심을 일으킨 것이었다. 1989년까지 2만 5천~5만 명의 아랍인이 아프간 내 훈련장에서 훈련을 받고 무자헤딘으로 활동한 것으로 추정된다.

1989년 2월에 소련군이 아프간에서 완전히 철수하고, 3월에 아프간 반군들이 잘랄라바드 요새에 웅거한 공산정부군을 공격했다. 그러나 이들의 완강한 저항에 봉착해 그해 6월까지 많은 희생자를 내고 퇴각했다. 전투에 참가한 빈 라덴도 처음 훈련시킨 아랍 민병대원 약 100명을 상실했다. 이 패배로 아프간 반군 사이에서 분열이 일어나 헤크마티야르와 마수드 간에 내전이 발생했다. 이때 빈 라덴은 헤크마티야르를, 아잠은 마수드를 지지했다. 빈 라덴은 헤크마티야르와 같은 극단적인 성향의 파슈툰족 무자혜딘과 연대함으로써, 비파슈툰 무자혜딘(마수드)과 시아파(하자라족)로부터 소외되었다.

그해 11월 빈 라덴이 사우디에 체류하던 중 페샤와르에서 아잠과 두 아들이 차량 폭탄 테러로 사망했고, 정확한 진상은 끝내 밝혀지지 않았다. 빈 라덴과 아잠이 초기의 친밀한 관계에서 다소 멀어져 다투기는 했으나 상호 존중하는 사이였으며, 빈 라덴이 개입했다는 확실한 증거도 없다. 2011년 4월, 필자가 면담한 당시 정황을 잘 안다는 파르완의 한 군수는 아잠이 아프간을 종종 방문하면서 마수드 장군을 '사자Sher'라고 부르면서 아프간 최고의 영웅이라고 찬양한 데 대해 경쟁자인 헤크마티야르가 분노하자, 헤크마티야르와 가까운 사이였던 빈 라덴이 아잠이 못마땅하던 차에 암살한 것이라고 했다.

아잠 사망 후 오사마는 페샤와르 MAK 내에 알카에다 사무소를 설치해 아랍-아프간인과 그들의 가족을 지원하면서 광범위한 연대를 구축해 나갔다. 아랍-아프간인은 아프간 동부와 동북부 지역에 기지를 건설하기 시작했다. 1990년 알카에다는 이집트 이슬람 그룹Egyptian Islamic Group의 정신적 지도자인 장님 'Blind Sheikh' 오마르 아브달 라흐만Omar Abd al-Rahman을 정신적 지도자로 추대했고, 그와 함께 무함마드 알 이슬람불리Muhammad Shawki al-Islambouli*가 알카에다에 가입했다. 그는 1993년 미국에서 체포되었는데, 그의 두 아들은 알카에다에 가입했다.

빈 라덴은 자신의 활동에 이념적 방향을 제공하던 아잠이 죽자 그 공백을 이집트 의사 출신인 자와히리를 통해 메우기 시작했다. 그의 영향

---

* 1981년 이집트 사다트 대통령을 암살한 무슬림 형제단원 칼리드 알 이슬람불리의 동생이다.

으로 빈 라덴은 아랍-아프간인 중 이집트 계파에 큰 관심을 갖게 되었다. 빈 라덴이 이집트 양대 테러 조직 간의 화해를 도모하자, 자와히리는 이집트 이슬람 그룹의 지도자인 리파이 타하 알리Rifai Taha Ali와 협력을 계속 유지했다.

빈 라덴과 자와히리는 모두 와하비주의에 연관된 살라피주의를 신봉했다. 살라피주의가 이슬람권 전체를 포용하는 성격을 띠고 있어서 빈 라덴은 시아파와도 연대를 도모했다. 한편 빈 라덴이 자와히리에 의해 게릴라에서 테러리스트로 변모했다는 주장도 존재한다. 자와히리의 영향으로 빈 라덴은 알카에다 활동 중 군사 부문에 우선순위를 두게 되었다. 자와히리의 추천에 따라 알카에다의 핵심 직위인 군사 지휘관은 이집트 경찰관 출신 알리 알 라시디Ali al-Rashidi, Abu Ubadiah al-Banshiri가 맡았다. 아프간 판지시르에서 소련군에 맞서 용맹하게 싸웠던 그는 빈 라덴의 신임을 얻어 중요한 임무들을 수행했다. 1996년 케냐 빅토리아 호수에서 선박사고로 사망한 뒤에는 부지휘관이던 수비 압둘아지즈 아부-시타Subhi Abd al-Aziz Abu-Sittah가 그의 뒤를 이었다. 자와히리의 측근이었으며, 무함마드 아테프Muhammad Atef란 별명으로 잘 알려진 그는 빈 라덴의 신임을 얻어 2001년 그의 딸이 빈 라덴의 아들과 결혼했다.

사우디 정보부는 1988년 소련의 철군 발표에 따라 아프간에 대한 지원을 축소했다. 빈 라덴은 페샤와르에 있던 무자헤딘 지도자 간 내분에 식상한데다, 때마침 빈 라덴 그룹 회장인 살렘이 1988년 비행기 사고로 사망한 뒤 빈 라덴 가문 내 재산 분배 문제가 있어 알카에다 요원들을 현지에 그대로 둔 채 사우디로 돌아왔다. 그는 귀환한 후에도 아랍-아프간 전사들을 위한 복지기구를 설립해 그들을 계속 도왔다.

아이만 알 자와히리

1951년생으로 이집트 명문가에서 태어났다. 할아버지는 이슬람권에서 가장 유명한 알 아즈하 모스크의 셰이크였고, 아버지는 의대 교수, 어머니는 카이로 대학 총장과 주파키스탄 대사를 지낸 이의 딸이었다. 자와히리 자신도 집안 분위기에 따라 1974년 의사가 되었다. 이집트의 양대 테러 조직 중 하나인 이슬람 지하드Egyptian Islamic Jihad를 창설했으며, 사다트 대통령 암살 이후 1985년 파키스탄으로 망명했다. 2011년 빈 라덴 피살 후 알카에다의 새 지도자로 등극했다.

사우디 정부와의 충돌

1989년 하반기, 사우디로 귀환하기 전 빈 라덴은 남예멘에서 공산 정권과 싸우는 이슬람 게릴라들에게 자금을 지원했다. 예멘에서는 냉전 중 살레Ali Abdullah Saleh가 군사 쿠데타를 일으켜 북예멘의 권좌에 올라 남예멘과 싸우고 있었다. 사우디 정부는 살레 정부가 반공주의를 택했기 때문에 그를 지원했고, 사우디 정보부는 빈 라덴의 도움을 받아 남예멘에 타리크 알 파들리Tariq al-Fadli가 이끄는 최초의 지하드 단체를 조직했다. 소련이 붕괴된 후 남북 예멘은 평화통일을 이루었으며, 1990년 5월 살레가 통일 예멘 대통령이 되었다. 빈 라덴은 새 정부에 공산주의자들이 포함된 데 저항했고, 사우디 정부가 자제를 촉구함에도 계속 저항했다. 그러자 그해 겨울 사우디 내무부가 빈 라덴의 여권을 압수했다.

여기에 더해 미군의 진주가 사우디 사회 내 뜨거운 쟁점으로 부상했다. 1990년 8월, 이라크의 사담 후세인이 쿠웨이트를 점령하면서 사우디

유전 지대에 대한 공격 가능성이 높아 보였다. 당시 사우디는 군대가 7만 명밖에 되지 않아 200만의 병력을 보유한 이라크의 상대가 되지 않았다. 사우디의 석유에 전략적 이해를 가진 미국은 파드Fahd 국왕에게 미군이 사우디에 전개해 이라크의 침공을 막아 주겠다고 제안했고, 다급한 파드 국왕은 이를 즉시 수락했다. 사우디의 종교지도자 그랜드 무프티 바즈 Sheikh Abdulaziz Bin Baz가 비무슬림 군대의 주둔이 이슬람 율법하에서 허용된다고 공식 인정하는 칙령fatwa을 발표했다. 이로써 사우디의 정치적 자유와 정체성에 대한 열띤 논쟁과 함께 시위가 발생했다. 많은 성직자들이 54만 미군의 이슬람 땅 진주와 이를 허용한 왕가를 비판했다.

빈 라덴도 그중 하나였는데, 사우디 스스로가 군대를 양성해 이라크에 대적해야 한다고 주장했고, 5천 명의 아프간 전사 출신들이 이라크군을 격퇴할 수 있을 것이라고 말했다. 쿠웨이트가 해방된 후에도 사우디 왕가의 철군 공약과는 달리 미군 2만 명이 계속 주둔하자 빈 라덴은 사우디 왕가를 거세게 비난했다. 빈 라덴은 1992년 내무장관 나예프Nayef 왕자와 면담하면서 왕자를 이슬람의 반역자라고 불렀다.

그 결과 빈 라덴은 사우디 정부로부터 기피 인물이 되었다. 하지만 빈 라덴은 가업이 사우디 왕가와의 긴밀한 관계를 바탕으로 하고 있어서 공개적으로 왕가를 비난하는 것은 삼갔다.

미군이 이라크에서 신속한 승리를 거두자 사우디 왕가는 사담 후세인을 지지한 팔레스타인과 예멘인 수만 명을 사우디에서 축출했다. 빈 라덴은 이에 항의했고, 그로써 왕가로부터 많은 비난을 받자 왕국을 떠나기로 결심했다. 1991년 5월 사우디를 떠나 미리 주거를 준비해 둔 수단으로 갔다. 그해 10월 스위스 은행 구좌의 현금을 인출한 것이 서방 은행을 이용한 마지막 금융 거래가 되었다.

세계 각지의 무슬림 전사들이 아프간 전쟁에 참여한 결과 이슬람권에 수십 개의 근본주의 단체가 양산되었다. 1991년 알제리의 이슬람 구국 전선Islamic Salvation Front, FIS이 의회 선거에서 의석 60%를 차지하자 이듬 해 1월 알제리 군대가 개입해 선거 결과를 무효로 만들었다. 그 결과 알 제리 내전이 시작되었고, 보다 극단적인 이슬람 지하드Islamic Jihad가 등장 했다. 이들은 1995년 무장 이슬람 조직Armed Islamic Group, GIA으로 개명했 으며, 와하비주의를 신봉한 아랍-아프간인이 주도했다. 이후에도 여타 아랍국들에서 테러와 반란이 끊임없이 발생했다. 빈 라덴은 아프간에서 의 인연을 바탕으로 이들을 개인적으로 알고 있었고, 자금을 지원했을 것으로 추정된다.

1989년에 쿠데타로 권좌에 오른 수단의 오마르 바시르Omar Bashir 장 군은 남부 기독교인들과 대치를 계속하는 한편, 이슬람주의자인 투라비 Hasan al-Turabi가 이끄는 국가 이슬람 전선National Islamic Front, NIF과 결탁했 다. 1989년에 바시르가 석유를 송출하는 포트 수단에 공항을 지으려 하 자, 사우디 정부가 그의 환심을 사고자 비용을 지불하기로 하면서 그 작 업을 빈 라덴 그룹에 맡겼다. 1989년 투라비는 페샤와르에 있는 빈 라 덴에게 대표단을 보내 소련과의 투쟁 경험에 비추어 이슬람주의자들 이 연대하면 미국도 물리칠 수 있다고 주장하면서, 수단 남부의 기독교 계 분리주의자인 수단 인민해방군Sudan People's Liberation Army, SPLA과 싸 우는 데 필요한 훈련 제공과 알카에다 지부 설치를 요청했다. 이에 따라 1989년부터 1991년까지 아프간과 파키스탄에 있던 알카에다의 정예요 원 1천~1,500명이 수단으로 이주했다.

1992년, 보스니아 내전이 발생해 무슬림들이 학살당한다는 소식을 접한 빈 라덴은 아프간 전쟁의 용사들을 보스니아 내전에 참전시켰다. 포트 수단에 정주했던 빈 라덴은 수도 카르툼으로 이주하여 여러 사업체를 운영했다. 이때 그의 주위에 모여든 아랍-아프간 전사들은 미국의 이라크전 개입을 혐오했고, 걸프 지역에 미군 주둔을 허용한 아랍 정권을 비난했다. 빈 라덴의 친지들은 1994년까지 여러 차례 빈 라덴을 방문해 사우디 왕가에 대한 비판을 중단하고 귀국하여 왕가와 화해할 것을 설득했으나 별다른 성과가 없었다. 빈 라덴의 비난이 계속되자 사우디 정부는 1994년 그의 시민권을 박탈했다.

1993년 2월, 뉴욕 세계무역센터 지하 주차장에서 차량 폭탄이 폭발해 6명이 사망하고 1천여 명이 부상당했다. 곧 쿠웨이트에 거주하는 파키스탄인 람지 유세프Ramzi Yousef가 주도한 것으로 밝혀졌다. 빈 라덴의 직접 개입 여부는 밝혀지지 않았으나 그의 관여를 의심하는 여론이 대두되었고, 사우디 정부도 문제를 인식하기 시작했다. 그해 5월에는 리야드에서 대학교수와 의사들이 정치개혁을 요구하는 단체를 결성했고, 왕가는 이에 단호하게 대응해 관련자들을 체포했다. 이 사건 이후 사우디 정부는 빈 라덴의 반정부 활동에 대해 더욱 경계를 강화했다. 6월에 빈 라덴 그룹은 빈 라덴을 주주에서 축출했고, 그의 몫인 1천만 달러의 주식을 매각한 대금은 사우디 정부에 의해 동결되었다. 1994년 2월에는 빈 라덴 가문 전체가 사우디 정부와의 협력을 유지하고 기업을 보호하고자 집단으로 성명을 발표해 빈 라덴을 공개적으로 배격했다.

1994년 초, 빈 라덴은 소말리아, 케냐, 예멘, 보스니아, 이집트, 리비아, 타지키스탄 등지로 은밀히 전사들을 파견했다. 1994년 여름부터는 사우디 정부를 비판하는 글을 써서 여러 기관들에 배포하고, 왕가를 공개적으로 비난했다. 이러한 활동 과정에서 사우디 내 친지들로부터 소외되었고, 4명의 부인 중 하나인 옴 알리Om Ali가 이혼을 요구했으며, 장남 압둘라도 곁을 떠났다. 개인 재산도 동결되어 궁색하게 되자 점점 미국에 분노를 쏟아내기 시작했다.

1995년 11월, 리야드에서 최초로 차량 폭탄 테러가 발생했다. 5명의 미국인을 포함해 7명이 죽고 34명이 부상당했다. 이는 아프간 전쟁에 참가한 자들의 소행이었는데, 이들은 빈 라덴의 저술에서 영감을 얻었다고 말했다. 당시는 유가가 하락하고 사우디 인구가 급증해 경제가 어려웠던 시기였고, 미국과 사우디 관계도 갑자기 냉각되어 갔다.

1996년 초, CIA는 빈 라덴의 부상에 주목하고 그를 추적하는 부서를 만들었다. 미국은 사우디 정부에게 빈 라덴과 관련된 기본 정보를 요청했으나 사우디 정부는 호응하지 않았다. 아프간 전쟁 중 사우디 정부가 빈 라덴과 긴밀한 연계를 가졌던 사실이 드러날 것을 우려한 탓이었다.

1980년대에 이르러 매년 하지Hajj 순례를 오는 방문객수가 200만 명에 육박하자, 사우디 정부는 메디나 예언자 모스크Prophet's Mosque의 경배 장소를 확대하고, 메카의 대모스크와 주변 사적지를 단장하고 참배객들의 편의 시설을 확충할 필요성을 느꼈다. 사우디 왕가는 민심을 얻고자 성지 보수 작업에 착수했는데, 이를 빈 라덴 그룹에 맡겼다. 빈 라덴 그룹은 1988년부터 1993년까지 메디나 보수 작업을, 1991년부터 1996년까지는 메카 보수 작업을 수행했다. 파드 국왕은 공사대금으로 총 250억 달러를 지불했다고 하는데, 이는 빈 라덴 그룹에게는 가장 큰 단일 수입원이 되었다.

오사마 빈 라덴과 탈레반의 연계

1996년 5월, 빈 라덴은 아랍-아프간 전사들과 함께 3명의 부인과 13명의 자녀들을 데리고 전세기로 수단을 떠나 아프간 동부 잘랄라바드로 갔다. 그는 자신의 고난을 7세기 예언자 무함마드가 메디나로 쫓겨 가 유배생활을 한 것에 비견했다.

당시 미국은 빈 라덴이 카르툼에 있는 한 수단을 국가로 인정하려 하지 않았고, 국제사회에서 어느 정도 정당성을 인정받기를 원했던 수단 정부는 투라비를 시켜 빈 라덴에게 떠날 것을 권고했다. 또한 그에게 진 빚을 갚지도 않았고, 그가 소유한 업체와 토지들을 헐값에 팔도록 요구했다.

빈 라덴은 자신을 억압하고 축출한 자들을 원망했으며, 미국이 사우디 정부의 뒤에서 모든 것을 조정한다고 보고, 점차 미국으로 분노를 집중시켰으며, 8월에는 미국에 대해 처음으로 성전을 공표했다.

9월, 탈레반이 카불에 입성한 후 오사마는 이들과 가까워졌다. 그해 말에 탈레반 지도자 물라 오마르와 접촉했고, 이듬해에는 탈레반의 중심지인 칸다하르로 이주했다. 빈 라덴은 고립된 아프간에서 외부 세계와 소통하기 위해 위성전화기 인말새트Inmarsat를 구입하여 외부 알카에다 요원들에게 지시를 내렸다. 나중에 1996~1998년간 통화 내역을 조사해 보니 영국에 있는 사무소들에 260회, 예멘에 200여 회, 수단에 131회, 이란에 106회, 아제르바이잔에 67회, 파키스탄에 59회, 사우디에 57회, 미국에 6회 통화를 한 것으로 밝혀졌다.

1997년 초부터 미국 NSA, CIA 등이 장비를 설치해 빈 라덴의 통화 내용을 감청했다. 이를 통해 알카에다의 세계적 조직망에 대해 전반적인

윤곽은 드러났으나, 통화자들이 은어를 사용해 완전히 의미를 파악할
수 없었고, 최초의 거대한 테러를 미연에 방지하지 못했다.

빈 라덴은 위성 TV의 위력을 깨닫고, 1997~1998년에 세계 유수의
TV 회사와 인터뷰를 함으로써 자신의 실체를 부각시켰다.

파키스탄 정부는 ISI와 빈 라덴과의 오랜 유대 관계, 아랍-아프간인의
카슈미르 저항 운동 지원을 감안해 빈 라덴 체포를 도울 수가 없었다. 사
우디는 1998년 7월 투르키 정보부장이 칸다하르를 방문해 탈레반에게 장
비와 자금을 지원했다. 투르키 왕자는 그해 8월 케냐와 탄자니아에 있는
미국 대사관 폭파 사건 이후 칸다하르를 재방문해 빈 라덴의 인도를 요청
했다가 탈레반의 완강한 저항에 부딪히자 더 이상의 지원을 중단했다.

1994년 태동한 탈레반은 1996년 9월 카불 점령 때까지 빈 라덴이나
아랍-아프간인, 범이슬람주의 이데올로기를 접하지 못했다. 초기에 탈
레반 지도부는 미국이나 서구에 대해 특별히 적대적이지 않았으며, 자
신들을 승인해 줄 것을 요구했다. 빈 라덴이 1997년 칸다하르로 이주했
을 때에도 처음에는 손님으로 있었다. 그러나 1997~1998년 아프간 북
부와 카불에서 벌어진 전투에 아랍-아프간 전사 수백 명을 참전시키면
서 가까워졌고, 빈 라덴의 극단주의 사고가 탈레반 지도부에 스며들어
갔다.

알카에다의 본격적인 반미 투쟁

1998년 2월, 호스트 주 훈련장에서 알카에다와 연계된 모든 조직
들이 모여 '유대인과 십자군에 대항하는 성전을 위한 국제이슬람전선
International Islamic Front for Jihad against the Crusaders and the Jews'을 창시했다. 여

기서 채택된 정강에서는 미국이 7년 이상 가장 성스러운 땅 사우디를 점령하고 무슬림을 모욕하고 있다고 밝혔다. 미국과 동맹국들의 군인, 민간인을 살해하는 것은 무슬림들의 의무라는 칙령도 발표했다.

이 직후 빈 라덴은 8월 케냐와 탄자니아에 소재한 미국 대사관에 자살폭탄 테러를 감행하여 225명이 죽고 수천 명이 부상당했다. 이에 대한 보복으로 미국은 호스트 주 및 잘랄라바드 시 인근 훈련장 일대에 70발의 크루즈 미사일 공격을 가했고, 동시에 수단 카르툼 인근 알 시파Al-Shifa 제약공장에도 크루즈 미사일을 퍼부었다.* 이때 빈 라덴은 미국이 위성전화를 통해 자신의 움직임을 추적하고 있음을 깨달았는지 이후로는 두번 다시 사용하지 않았다. 이 테러 이후 빈 라덴은 갑자기 유명해졌고, 미국의 공적이 되었다.

1998년 11월, 미국은 빈 라덴 체포에 500만 달러의 현상금을 걸었다. 이때 빈 라덴은 핵무기와 화학무기를 취득해 미국을 공격하는 것이 자신의 의무라고 발표했다. 이후 탈레반도 점점 미국, 유엔, 사우디와 여타 무슬림 정권들에 대해 비난의 강도를 높여 갔다. 유엔 안보리는 1999년 10월 〈결의 1267호〉에서 탈레반 요인들에 대한 제재를 부과하고 감시제도를 도입했다. 2001년 7월 〈결의 1363호〉에서는 감시 그룹과 제재 이행팀을 설치했다.

1996년 여름, 빈 라덴 측근 중 한 사람이 최초로 미국에 알카에다의 존재를 제보했다. 이즈음부터 미 정보기관들은 빈 라덴의 자금 규모와 자금원에 대한 조사에 착수했고, 케냐와 탄자니아의 미 대사관 폭파 사건 이후에는 더욱 본격적으로 수사에 나서 빈 라덴 가족과 사우디 정부 인사를 대상으로 수많은 인터뷰를 시행했다.

1998년 11월, 잠정 조사 결과 CIA는 빈 라덴이 3억 달러의 자금을 확보하고 있다고 추정했다. 백악관이 주도하는 특별반이 설치되어 철저한 조사에 나섰고, 1999년 초에는 리야드를 방문해 기본적인 문제들에 대해 재조사를 진행했다. 이러한 조사는 2000년 초까지 계속되었고, 빈 라덴 그룹의 협조로 빈 라덴이 1970년대부터 1990년대까지 20년에 걸쳐 총 2,700만 달러의 소득을 올린 것으로 밝혀졌다. 그리고 추가 조사 결과 빈 라덴은 아프간에서 연간 2천만 달러, 해외에서 1천만 달러를 지출한 것으로 밝혀졌는데, 사우디를 비롯한 각국의 자선단체나 독지가들로부터 자금을 조달한 것으로 추정된다.

1993년, 세계무역센터의 폭파를 기도한 람지 유세프의 삼촌인 칼리드 셰이크 모하메드Khalid Sheikh Mohammed가 9·11 테러를 계획했다. 그는 쿠웨이트에서 성장한 파키스탄인으로 노스캐롤라이나 주에서 공부했고, 1980년대 아프간 전쟁을 치르면서 과격하게 변했다. 그가 CIA에 자백한 내용에 의하면, 조카 유세프와 함께 항공기를 납치해 무기로 사용하는 아이디어를 1990년대 초에 이미 생각했다고 한다. 이후 빈 라덴을 만났을 때 칼리드는 미국에서 10대의 항공기를 납치해 9대로는 미 동부와 서부의 주요 시설물을 공격하고, 나머지 1대에는 자신이 탑승해서 공항에 기착한 후 남성 승객들을 처형하고 미국의 외교 정책을 비난하는 성명을 발표하자는 계획을 의논했다고 한다. 빈 라덴은 이 계획이 너무 야심적이고 비현실적이라고 판단했는지 처음에는 미온적 반응을 보였다고 한다. 1998년 말 또는 1999년 초, 빈 라덴은 칼리드를 칸다하르로 불

---

* 크루즈 미사일 공격으로 예멘인 3명, 이집트인 2명, 사우디인 1명, 터키인 1명, 파키스탄인 7명, 아프간인 20명이 사망했다.

러 규모를 조금 축소한 테러 계획에 동의하고 자금을 지원하기로 했다.

9·11 테러가 발생하자 빈 라덴은 잠적했지만, 친족들은 많은 고초를 겪었다. 미국에 거주한 이들은 즉시 추방되었고, 오랫동안 CIA와 FBI의 조사를 받아야 했다. 그러나 장기간 조사에도 특별히 빈 라덴에게 자금을 지원한 증거가 나오지 않았다. 사우디 정부도 빈 라덴 가문을 변호했다. 세월이 흐르자 빈 라덴 가문의 연루 혐의도 점차 망각되었고, 가문의 사업은 계속 번창했다.

2011년 5월 2일, 미 해군 특공대인 네이비실Navy Seal이 파키스탄 수도 이슬라마바드 북쪽으로 $50km$ 떨어진 아보트아바드 시에 은신 중인 빈 라덴의 거처를 야간 기습했다. 미군은 빈 라덴을 그 자리에서 살해하고 부인과 자녀들을 생포했다.

미국 내에서는 육군사관학교가 소재한 이 도시에 거의 6년간 빈 라덴이 은신한 것을 두고, 파키스탄 정부가 무능해서 알지 못한 것이냐, 혹은 몰래 은신을 방조했느냐를 놓고 논란이 일었다. 파키스탄 정부는 미국이 자국 영토를 불법 침입해 비밀 작전을 수행한 데 항의했다.

6월 16일, 알카에다 웹사이트는 자와히리가 오사마의 뒤를 잇는 새 지도자로 선출되었다고 보도했다.

●

알카에다 조직과 운영*

알카에다는 아프간의 대소 항전 과정에서 전투 경험을 쌓고 상호 유대를 구축한 요원들을 기초로 1988년 페샤와르에서 정식 발족했다. 1993년까지 첫 5년 동안 알카에다는 어떤 정부나 경쟁 단체로부터 별다른 저지를 받지 않고 성장했으며, 1994년 사우디와 이집트 정부가 알카에다를 통제하고자 했을 때는 이미 초기의 불안정한 단계를 넘어서 공고한 조직을 갖추고 있었다. 알카에다는 활동 과정에서 아프간, 수단, 이라크로부터 지원을 받았고, 주로 아시아와 중동 20여 개 정치 단체, 게릴라 단체, 테러 그룹과 연대를 결성했다. 그리고 이러한 연계 조직들을 통해 전 세계적으로 영향력을 행사했다.

알카에다는 단일 그룹이 아니며, 여러 구성 단체들의 느슨한 연합체이다. 아프간에 지휘부와 핵심 기지를 유지하면서 전 세계에 자체의 세포망을 갖추고, 여러 이슬람주의 정당들, 독립적인 테러 그룹들과 협력했다.

알카에다 요원들은 절대 본명을 사용해서는 안 되며, 가입 때 주어지는 별명으로 통용되는데, 별명에는 종종 출신 국가 이름이 붙는 수도 있다. 정규 요원들은 동기 부여가 확실하고 훈련이 잘되어 있으며, 규율이 엄격하다. 또한 기동성이 강하고 넓은 범위에서 활동한다.

알카에다 세포망은 주로 서구에서 활동하나, 연계 그룹들은 개도국에 더 많이 존재한다. 이에 반해 연계 단체들은 각자의 지역에 국한돼 활동한다. 연계 단체들은 독자적인 지휘, 통제, 소통 구조를 가지며, 필요할 때는 재정적, 기술적으로 서로 돕는다. 이들은 전술적 목표물을 겨냥하고, 알카에다 핵심부는 전략적 목표물을 겨냥한다고 할 수 있다.

알카에다는 최초의 범세계적 테러 조직이다. 국가 내의 국가로 과거

* Rohan Gunaratna, 《Inside Al Qaeda – Global Network of Terror》, Berkley, New York, 2003

에는 국가가 테러 단체를 통제했으나, 알카에다는 막강한 조직력과 자금으로 거꾸로 국가를 통제했다. 그리고 교통, 통신, 무역의 글로벌화에 따라 알카에다의 영향력의 범위와 강도도 증가했다.

중앙 조직

알카에다의 중앙 조직은 빈 라덴 바로 아래 최고 의사결정기구인 슈라 마즐리스(shura majlis, 협의회)를 두고, 자와히리, 아부 아유브 알 이라키 Abu Ayoub al-Iraqi, 알 반시리, 알 마스리Fadhl al-Masry, 알 리비Saif al-Liby와 같은 지도급 인물들이 참여했다. 그 아래에 4개의 운영위원회가 있으며, 위원회에는 위원장과 부위원장이 있었다.

① 군사위원회Military Committee

요원의 충원과 훈련, 무기와 물자 조달, 수송, 군사 작전 시행, 내부 보안, 전 세계 세포망 관리를 책임진다. 게릴라 조직인 055여단055 Brigade은 아프간이나 여타 전선에서 전투 경험을 쌓은 아랍권, 중앙아시아, 남아시아 출신의 정예요원 2천 명으로 구성되며, 1997~2001년간 아프간에서 탈레반이 북부동맹과 싸우는데 참여했다. 알카에다와 탈레반 군대는 서로 일정한 독립성을 유지하면서 긴밀히 협조한다. 알카에다 요원들은 본국에서 탄압을 받다가 도망쳐 와 빈 라덴의 원조를 받으면서 빈 라덴에 대한 충성심이 강해졌다. 2001년 10월, 미국의 아프간 공습으로 요원 500명가량이 사망했다.

② 재정사업위원회Finance and Business Committee

알카에다의 자금망과 조달 방식은 파편화된 조직 구조에 바탕을 두고 있어 매우 복잡하고 은밀해서 포착하기가 어렵다. 전문 은행가, 회계원, 금융인들이 위원회에 배속되어 있다. 알카에다는 자선기관, 은행, 회사와 같은 합법적 기관들을 설치하거나, 기존의 합법적 기관들을 전면에 내세워 이용한다. 가진 자금을 활용해 기업을 설치하고 정상적인 투자를 통해 정당한 수익을 얻기도 한다. 이들은 무슬림 공동체가 존재하는 국가에서는 그 안에 파고들어 가 인간관계를 형성해 이를 기반으로 활용한다. 따라서 우리나라와 같이 무슬림 인구가 적은 국가에서는 암약하기가 상대적으로 어렵다. 이슬람 자선단체와 NGO에 참여해 자금을 유용하고, 지폐와 신용카드를 위조하며, 마약 유통은 집요한 추적을 받으므로 자제하는 편이다. 알카에다의 자금 흐름을 추적하기보다는 자금의 출처를 차단하는 것이 긴요하다. 이 위원회는 요원들의 각국 출입 편의를 위해 위조 여권과 비자를 확보하는 임무를 띠며, 항공권 구입 업무도 수행한다.

③ 파트와 이슬람 연구위원회Fatwa and Islamic Study Committee

빈 라덴이 발하는 칙령, 즉 파트와를 연구, 생산하고, 알카에다의 이데올로기와 이념적 기초를 개발해 대외적 입지를 넓히고 요원들의 정신력과 의지를 강화하는 데 기여한다.

④ 대외관계 위원회Public Relations Committee

대변인을 두어 주요 사안에 대한 알카에다의 공식 입장을 담은 성명을 발표하고, 지도부의 외부 인사 면담과 인터뷰 등을 담당한다.

지역 조직

알카에다는 1991년 12월부터 1996년 5월까지 수단에 정착한 동안 세계적인 조직망을 구축했으며, 지역적이고 분권화된 특징을 지녔다. 지역 본부는 일정한 사무소가 없고 공식적인 구조나 상하 관계도 없으며, 목적에 따라 조직원에게 임무가 부여된다.

알카에다가 유럽에 진출한 것은 오래되진 않았고, 기존에 존재한 4개의 조직에 침투해 그중 두 개의 알제리계 테러 단체를 통해 알카에다에 협력하는 지도자를 양성했다. 그래서 알카에다의 유럽 요원 대부분은 알제리인이었다. 북아프리카 이민자들과 그들의 후손, 무슬림으로 개종한 상당수의 유럽인을 주요 대상으로 삼고 포섭했다.

9·11 이후 신변에 대한 위협이 고조되자 지역 본부들의 책임이 세포망으로 분산되었고, 다시 고위간부들에게로 이양되었다. 이러한 이동은 조직을 약화시키기보다는 새로운 기회를 제공했다. 알카에다의 조직은 규범에 얽매이지 않고 변화하는 환경에 신속하게 적응하며, 기동성과 신축성을 조직 운용의 기본 원칙으로 삼았다.

2001년 10월, 미국의 아프간 사태 개입 후에는 신속한 기동력과 자생력을 발휘해 각 지역 본부에서 지도, 충원, 훈련, 지원을 자체적으로 처리함으로써 알카에다 전체로는 거의 지장 없이 활동했다. 9·11 사태 직후 100여 명의 요원들이 체포됐으나 알카에다는 새로운 세포망을 신속히 재생했다.

구성원

알카에다를 이루고 있는 것은 무슬림 형제단의 구조, 경험, 구성원들이다. 이들이 광범위한 씨족처럼 조직되어 다국적 성원들을 패밀리라고 불렀다. 북아프리카 패밀리(이집트, 리비아, 튀니지, 알제리, 모로코)는 유럽 내 활동을 책임지고, 동남아 패밀리(말레이시아, 인도네시아, 필리핀, 싱가포르)는 동아시아에서, 중앙아시아 패밀리는 터키에서 신장까지의 활동을 담당했다. 9·11 테러 때 죽은 20명 중 15명은 알카에다의 사우디 패밀리였다.

알카에다는 지역적으로 같은 국가, 가족, 친구 가운데서 충원되었다. 훈련 후에는 최고의 능력을 가진 자만 가입할 수 있다. 또한 가족 관념이 조직의 응집성을 강화하는데, 빈 라덴은 맏형이었고 누구도 그의 지도력에 도전하지 않았다. 가족 관념은 국적을 불문하고 무슬림들에게 어필함으로써 알카에다가 세계적인 영향력을 갖게 되는 데 기여했다.

패밀리들은 지역 외에도 기능적으로 조직했다. 리비아 패밀리는 문서와 여권 처리를 담당하고, 알제리 패밀리는 단체로 신용카드를 조작했으며, 이집트 패밀리는 전 세계 훈련장을 관리했다. 아프간 훈련장도 동일 국가의 신참들로 채우고 훈련대장도 동일 국적자를 임명함으로써 패밀리 구조를 유지하려 했다. 튀니지인은 이탈리아에 배치되어 유럽 내 튀니지인과 접촉했다. 미국 내에서는 다국적 성원으로 구성되어 있었다. 동일 국적자들이 모여 있으면 오히려 노출되기 쉬우므로 장래에는 다국적 성원으로 진화할 가능성도 있다.

세포 세스템

세포의 구성원은 2~15명 사이로 다양한데, 이러한 세포망은 과거 이집트의 양대 테러 조직인 이슬람 지하드와 이슬람 그룹의 조직 방식을 답습한 것이다. 세포 지도자만 전체를 알고 세포 구성원들은 서로 알지 못하며, 하부의 파편화된 세포들은 상호 수평적 관계에 있었다. 세포들은 단 한 명의 연락책에게만 보고한다. 따라서 세포가 체포되어도 다른 세포에는 영향이 없다. 연락책은 목표 지역의 인근 혹은 위험 지역으로 간주되는 유럽과 북미에 거주하며, 이들은 아프간, 파키스탄의 안전 지역에 있는 상급자에게 보고한다.

알카에다는 과거의 실패 사례를 철저히 검토해 조직 운용 방식을 개선했다. 더 철저히 통제되고, 더 자폐적이며, 더 자생적이고, 더 적은 인원으로 구성된 세포를 만들었다. 세포 시스템의 정점에 있는 지도자들은 2002년까지 대외활동 총책인 아부 주바이다Abu Zubaydah에게 보고했다.

알카에다는 공식적인 충원, 임명, 승진 절차가 없어 조직을 포착하기가 매우 어려웠다. 내부적으로 능력과 실적을 고려하나 국적, 집안, 지도부와의 관계를 중시했다. 아랍어를 구사하는 아랍인들이 알카에다를 주도했다. 아랍어를 구사하지 못하면 유럽과 북미에 파견되지 못하며, 고위직에 진출할 수도 없었다. 글로벌 지하드를 위해 아랍인과 중동 위주에서 벗어나 다양성을 강화하려고 노력해 왔다.

●

알카에다의 이데올로기적 특징

알카에다의 목표는 불변이나 이를 달성하는 전략은 계속 변해 왔다. 알카에다는 범세계적 이슬람 공동체 건설을 목표로, 단기, 중기, 장기 전략을 가졌다. 단기 전략은 사우디에서 미국을 축출하고 칼리프 국가를 건설하는 것이며, 중기 전략은 아라비아 반도와 중동에서 배교적 통치자들을 축출하고 진정한 이슬람주의 국가를 창설하는 것이다. 장기 전략은 미국과 그 동맹국들과의 전쟁에 대비해 핵보유국을 포함한 이슬람주의 국가들의 강력한 연대를 구축하는 것이었다.

과거 테러리스트들은 여론의 부정적 반응을 우려해 대규모 사상자를 내는 공격을 회피했으나, 알카에다는 테러를 정당한 수단으로 보고 사상자 발생을 전혀 개의치 않았다. 따라서 알카에다는 테러를 자행할 뿐만 아니라, 무슬림을 정치화하고 극단으로 몰고 감으로써 국제 안보에 장기적, 전략적 위협을 야기했다.

그러나 서방은 알카에다의 군사적 위협에만 직접 대응하고 이데올로기적 도전을 간과함으로써, 알카에다는 불만이 가득 찬 무슬림 청년들을 요원으로 충원할 수 있었다.

알카에다는 범이슬람 이데올로기를 실천하고자 수천 명의 요원들을 세계 각지의 이슬람주의 단체에 가입시켰다. 이에 따라 순교를 강조하고 자살공격*을 실행하는 이슬람주의 단체의 수가 크게 증가했다.

따라서 알카에다를 정확하게 파악하려면 지하드를 추구하는 이데올로기와 조직 기반인 이슬람주의 그룹을 이해해야 한다.

---

* 자살공격은 1980년대 레바논 헤즈볼라가 처음 시작했다. 알카에다는 요원들이 죽음을 수용하도록 세뇌하는 데 많은 시간과 노력을 투자했다. 공격 대상을 규탄하고 순교의 보상을 반복해 주입시킴으로써 순교의 의미를 승화시켰다. 자살공격은 알카에다의 공격 방법 중 특별히 높은 비율을 차지한다.

지하드를 추구하는 이데올로기

군사적 관점에서 지하드는 공세적 지하드와 방어적 지하드라는 두 가지 의미로 나뉜다. 공세적 지하드는 적의 영토에서 적을 공격하는 것이고, 방어적 지하드는 무슬림의 영토에서 적을 축출하는 것이다. 공세적 지하드와는 달리 방어적 지하드는 강제성을 띤 의무다. 그러나 테러리즘은 비전투원을 의도적으로 살해하는 행위로, 대상자가 공모자가 아닌 이상 꾸란에서는 금지된다.

지하드의 전통은 12세기 무슬림이 기독교 십자군의 침입에 항거한 시기로 거슬러 올라간다. 파키스탄의 JI를 창설한 마우두디(Sayed Abdul Ala Maududi, 1903~1979)가 지하드 개념을 정치적 상황에 이용한 최초의 인물이었다. 그의 사상은 하산 알 바나(Hasan Al-Bana, 1906~1949)와 사이드 쿠틉에게 커다란 영향을 미쳤다. 이들은 무슬림이 꾸란과 순나의 기본으로 돌아갈 것을 호소했고, 이슬람 국가 창설이라는 목표를 위해 폭력을 정당화했다.*

빈 라덴과 알카에다 지도자들은 반서방, 반미, 반이스라엘 이데올로기의 매력을 개발하고 확대해 광범위한 대중의 지지를 얻으려 했고, 이를 통해 세계적인 테러 조직으로 변모했다.

빈 라덴은 전문적인 종교학자가 아니었기 때문에 보다 실용적이고 유연할 수 있었던 것으로 보인다. 그는 시아파와도 기꺼이 연대하고자 했으며, 범이슬람 통합을 주창했다. 그래서 1968년 근대 테러리즘 태동 이래 중동, 아시아 등지에서 대두된 모든 게릴라, 테러 단체들은 단일 국민만 충원했으나, 알카에다는 국적이나 지리를 초월해 다양한 국민들을 수용했다.

이슬람주의 그룹

이슬람주의 그룹들은 대체로 4가지 유형이 존재하는데, 이를 살펴보면 알카에다의 지향점이나 의미를 간파할 수 있다.

① 혁명적 이슬람주의 단체Revolutionary Islamist groups

집단적 의사결정을 통해 폭력을 정당화하려 하나, 의견이 다르더라도 같은 공동체 성원을 살해하지는 않는다. 이들은 사이드 쿠틉의 사상에 많이 의존한다. 이집트의 이슬람 지하드, 팔레스타인의 이슬람 지하드, 하마스, 알제리의 FIDAArmed Front of the Islamic Jihadists가 여기에 속하는 대표적 단체다.

예외적으로 알제리의 GIAArmed Islamic Group of Algeria는 당초 혁명적 단체였으나, 1995년 저명한 이슬람주의자를 살해함으로써 유토피아적 단체로 변모했다. 1996년에는 대규모의 무분별한 살육을 자행함으로써 묵시록적 단체로 다시 변질되었다.

② 이데올로기적 이슬람주의 단체Ideological Islamist groups

정치적 폭력을 지지하면서 폭력을 정당화하는 체계적인 이론을 제시한다. 지도부는 폭력 행사의 결과에 대해 의식하면서 그것이 정치, 사회적 상황에 부합되도록 고도로 규제한다. 이들은 사회봉사기관을 갖추고 있어 지지층이 광범위한데, 이는 폭력의 범위와 정도를 제한하는 효과가 있다. 헤즈볼라, 이집트의 이슬람 그룹, 필리핀의 모로 이슬람 해방전

---

* 중동 이슬람주의자들은 지하드가 공동체의 의무라기보다 개인의 강제적 의무라고 주장했고, 사다트 대통령은 지하드의 의무를 소홀히 했기 때문에 배교자로 규정되어 암살당했다고 한다.

선Moro Islamic Liberation Front, 수단의 투라비가 이에 해당한다.

③ 유토피아적 이슬람주의 단체Utopian Islamist groups

기존의 질서를 파괴하려 하고, 국가와는 항시 경합하므로 절대 연대를 맺지 않는다. 이들은 합리적인 정치적 전략이 없으며, 전통적 사회 구조를 인정하지 않고 전통을 재창조하려 한다. 협상, 대화, 평화 조성 노력을 행하지 않는 것이 원칙이다. 리비아 이슬람 투쟁 그룹Libyan Islamic Fighting Group, 아부 사야프 그룹Abu Sayyaf Group, 9·11 테러 이전의 알카에다, 탈레반 등이 해당된다. 이들은 묵시록적 단체로 이월하는 경향이 있다.

④ 묵시록적 이슬람주의 단체Apocalyptic Islamist groups

무차별적인 집단적 폭력을 사용하며, 신이 이러한 폭력을 행하도록 허용했다고 믿는다. 따라서 대량 살육이나 파국적 테러 행위에 개입한다. 알카에다와 GIA 두 단체가 해당한다. 9·11 테러를 계기로 알카에다는 유토피아적 단체에서 묵시록적 단체로 변질되었다.

유토피아적 단체는 첫 단계로 기존의 정치 질서를 무너뜨리려 하는데, 개인은 살해하지 않으며 오로지 국가의 고용원만 살해한다. 2단계에서 기존의 경제, 사회, 문화적 질서를 테러 대상으로 겨냥하는데, 이 과정에서 묵시록적 단체로 변질된다. 9·11 테러로 파괴된 세계무역센터는 비정치적, 비정부적, 비군사적 목표이자 경제적 목표이고, 미국과 자본주의 세계의 문화적 상징이다. 이를 파괴하고 사람들을 대량 살육함으로써 인류와 세계 경제에 대해 의도적인 공격을 행한 것이었다. 서구 질서를 파괴함으로써 이슬람권의 분노를 표출하는 것은 이미 유토피아적 단체로서 알카에다의 우선순위였는데, 9·11 테러를 계기로 묵시록적 단체가 되면서 순위가 더욱 격상되었다.

알카에다는 모든 것이 신의 섭리대로 이루어지며, 현 세계의 모든 투쟁은 신의 전사와 악의 세력인 미국 사이에 행해지는 것이라고 믿었다. 지하드는 모든 무슬림의 의무 사항이므로, 무슬림은 미국과의 싸움에 반드시 참여해야 한다고 주장했다. 서구에서는 이전 이슬람주의자들의 공격이 자국 내 무슬림 지배층을 주로 겨냥했기 때문에 이들의 위협을 간과했다. 그러나 이슬람주의자들이 철권 통치자의 강경 대응으로 쇠퇴하자 알카에다는 이들의 후견인으로 간주한 미국과 서구에 분노를 돌린 것이다.

파키스탄 커넥션

●

파키스탄의 관문, 이슬라마바드

'이슬람의 집abad'을 뜻하는 이슬라마바드 Islamabad는 바둑판처럼 조성된 도시 구역, 널찍한 차도, 서양식 상가들이 눈에 띄는 매우 비(非)파키스탄적인 도시다. 직사각형의 구역을 정해 중앙에는 상점과 은행 등 상가를, 그 주위로는 주거지를 조성해 구역마다 알파벳으로 이름을 붙였다.

이러한 구역들이 모여서 도심을 형성하는데, 도심의 큰 주택 앞에는 으레 총을 든 경비원들이 서 있다. 관공서 인근에는 시멘트 블록으로 차벽을 치고 보행자와 차량을 통제한다. 도심 동부에 있는 남북대로를 따라 의회, 대통령실, 총리실, 대법원 등 웅장한 행정관서들이 도열해 있고 몇 겹이나 되는 방어선을 통과해야 진입할 수 있다. 이슬람 과격 그룹이 자행할지도 모르는 테러에 대한 공포가 도심 곳곳에 이처럼 배어 있다.

이슬람 테러의 위협은 파키스탄 주요 도시 대부분에 도사리고 있다. 카라치, 라호르, 페샤와르와 같은 역사적인 도시들이 무차별적으로 자행되는 테러로부터 몸살을 앓고 있다. 어느 때부터인가 파키스탄은 전세계 테러 집단의 온상지가 되었고, 인근 아프간과 이라크를 합쳐 테러가 빈발하는 벨트 지대를 형성하고 있다.

파키스탄에 테러가 깊이 뿌리내리기 시작한 것은 1980년대 아프간에서의 대소 항전 때였다. 막 공산화된 아프간을 이웃에 둔 파키스탄은 다음 희생국이 되지 않기 위해 미국의 원조를 등에 업고 아프간 저항운동을 열성적으로 지원했다. 아프간인과 이를 도우러 온 아랍인들이 페샤와르에 거점을 두고, 아프간-파키스탄 국경의 산악지대를 넘나들며 무자헤딘으로 대소 항전을 벌였다. 2001년 9·11 테러와 미국의 아프간 군사 개입 후 파키스탄 내 극단주의자들은 더욱 과격화되고 더 많은 테러를 자행했다.

●
파키스탄과 탈레반 관계

1947년에 파키스탄이 독립한 직후, 아프간은 북서 변경주 내 파슈툰족 거주 지역을 파슈투니스탄Pashtunistan으로 독립시키거나, 이들에게 아프간과 파키스탄 간 귀속을 선택할 권리가 주어져야 한다고 주장했다. 파키스탄이 이를 거절하자 아프간은 파키스탄의 유엔 가입에 반대했다.

양국 사이에는 1950~1960년대에 국경 충돌이 있었고, 1955년과

1962년 외교 관계가 단절되기도 했다. 1977년 집권한 파키스탄의 지아 대통령은 대소 항전을 겪으면서 파슈툰족이 주도하는 무자헤딘 출신으로서 카불에 친파키스탄 이슬람주의 정부를 수립하려고 했다. 이로써 아프간의 영토 요구를 완전히 종식시키고, 인도의 공격에 대비한 후방 기지를 확보하며, 신앙심이 깊은 자신의 의지대로 이슬람주의 국가를 건설하고자 했다. 이것은 이후 파키스탄의 대아프간 정책에 있어 주된 목표가 되었다.

1980년대 대소 항전기에는 파키스탄 정보부ISI가 대아프간 정책을 주도했다. 1990년대 초 ISI는 자신들이 지지해 온 무자헤딘 헤크마티야르가 카불을 장기간 점령하지 못한데다, 소련군 철수 후 미국과 사우디의 지원금도 끊겨 침체 상태에 있었다. 1994년 탈레반이 급부상하자 아프간 현장에서 암약하던 첩보원들은 탈레반을 적극 지원할 것을 건의한 반면, 본부에서 장기 전략을 담당한 요원들은 중앙아시아, 이란과의 관계가 악화될 수 있다고 보고 탈레반 지원에 소극적이었다.

그런데 ISI가 아프간에 파견한 정보원들은 대부분 파슈툰족 출신이었고, 다수가 이슬람 근본주의에 물들어 있었다. 이들은 아프간에서 파슈툰 권력을 강화하고 급진적 이슬람을 보급하려고 했다. 따라서 이들의 상황 분석은 객관적 사실에 기초하지 않았고, 이슬람적 동기에 영향을 받았다.

파슈툰과 탈레반은 긴밀한 연계를 갖고 있다. 탈레반의 많은 요원들은 파키스탄의 아프간 난민 수용소에서 태어나 파키스탄의 극단주의 마드라사에서 교육을 받았으며, 무자헤딘 요원들로부터 전투 기술을 익혔다. 탈레반들은 파키스탄 국적을 얻어 파키스탄 신분증을 소지했으며,

파키스탄 내 여러 이익 집단들과도 다양한 유대를 형성했다. 또한 파키스탄 정부로부터 돈을 받고 카슈미르 저항단체 기지를 보호하는 역할도 맡았다.*

탈레반은 자신의 이익을 위해 파키스탄 정부를 활용했다. 파키스탄은 탈레반이 1893년 듀랜드 선을 정식 국경으로 승인해 주고, 북서 변경주의 파슈툰 민족주의를 견제하며, 파키스탄 내 이슬람 급진주의자들을 데려가 주기를 기대했으나 실제는 정반대였다. 탈레반은 듀랜드 선의 인정을 거부하고, 북서 변경주 일부에 대한 반환을 요구했으며, 파슈툰 민족주의의 기치를 내걸어 파키스탄 내 파슈툰족을 자극하기 시작했다. 파키스탄 내에서 가장 폭력적인 수니 극단주의 단체들을 무장시키고 이들에게 은신처도 제공했다.

1990년대 탈레반이 아프간 전체를 장악하면서 양국 간 국경은 사실상 폐지되었다. 국경 산악에 있는 파슈툰족은 하나의 단위체로 변했으며, 탈레반에 의해 이슬람 근본주의로 경도되었고, 마약 밀매에 연루되었다.

1994년 이래 파키스탄의 이슬람 전사 8만 명가량이 탈레반과 함께 훈련을 받고 싸웠으며, 이들은 파키스탄 내에서 탈레반 스타일의 이슬람 혁명을 수행하려고 한다. 또한 탈레반을 모방한 부족 단체들이 북서 변경주와 발루치스탄주에 우후죽순처럼 생겨났다. 친탈레반 파슈툰 단체들은 탈레반을 모방해 불법 행위를 저질렀다. 이를 파키스탄의 탈레반

---

* 1990년대에는 아프간이 카슈미르에서 인도군과 맞서 싸우는 무슬림 전사들에게 훈련장을 제공하고, 자금을 지원하는 기지가 되었다. 1990년대 초반 파키스탄의 무슬림 전사들이 인도 카슈미르 지역에 게릴라 공격을 감행한 것이 국제적으로 문제가 되면서, 파키스탄은 카슈미르 저항단체 기지를 아프간 동부로 옮기고 탈레반에게 기지를 보호하도록 했다. 점차 카슈미르 문제가 파키스탄의 대아프간 정책과 탈레반 후원에 주요한 동기가 되었다.

화Talibanization라고 부른다. 이 결과, 2000년대에는 아프간이 파키스탄에게 전략적 배후를 제공하는 게 아니라 거꾸로 파키스탄이 탈레반에게 전략적 배후지가 되었다.

2001년 말 미국의 공습이 시작되자 탈레반과 알카에다 요원들이 아프간에서 퇴각해 부족 지역으로 들어왔다. 이들은 국경을 넘어 아프간 내 다국적군에 산발적인 게릴라 공격을 가했다. 파키스탄 정부는 2004년 부족 지역 내 저항 세력 소탕을 위해 8만의 군대를 파병했는데, 탈레반이 가장 완강하게 맞서 싸웠다. 또한 2004년부터 2006년까지 여덟 차례 군사 작전을 펼쳤으나 탈레반의 저항은 계속되었다. 탈레반과 알카에다의 유입으로 부족 지역의 탈레반화가 진행되면서 점점 극단적으로 되어 가고 있다. 그리고 아프간 전쟁에 참여한 파키스탄인이 주축이 된 파키스탄 탈레반 운동(Tehrik-i-Taliban Pakistan, TTP, 2만 7천 명), 모하마드 샤리아 나파즈 운동(Tehrik-i-Nafaz-i- Shariat-i-Mohammadi, TNSM, 1992년 결성, 1천 명), 라슈카르 에 이슬람(Lashkar-e-Islam, 2천 명) 등 주요 전투 조직들이 서로 연대하여 탈레반과 알카에다 요원들을 지원해 오고 있다.

●

아프간-파키스탄 경유 무역

1950년 파키스탄은 아프간과 경유무역 협정Transit Trade Agreement, TTA을 체결해 바다가 없는 아프간이 카라치 항을 통해서 상품을 면세로 수입할 수 있도록 해 주었다. 아프간 트럭들이 카라치 항으로 가서 수입된 물자를 밀봉해 트럭에 싣고 바로 카불로 가서 판매하고, 남는 물자가 있으면 파키스탄으로 가져와 팔 수 있었다.

1992년, 무자혜딘이 카불을 점령하면서 아프간 난민들이 귀환하자 식량, 연료, 건축 자재 등 물자 수요가 급증했다. 나아가 1990년 소련 붕괴로 중앙아시아에 신생 국가들이 탄생하면서 새로운 시장이 열리자 파키스탄의 운송 마피아들에게는 엄청난 기회가 찾아왔다. 이들은 아프간의 무정부 상태를 틈타 다양한 물자를 밀수해 막대한 이득을 챙겼다. 그러나 아프간 내전이 계속되면서 아프간 군벌들이 수송로 여기저기서 통행세를 갈취했다. 파키스탄의 운송 마피아들은 아프간 국경에 인접한 페샤와르와 퀘타 두 도시에 포진해 있었다. 페샤와르에서는 아프간 북부를 거쳐 우즈베키스탄까지 큰 문제없이 물자를 수송할 수 있었으나, 퀘타에서는 칸다하르를 지나는 도로를 따라 이란, 투르크메니스탄, 러시아 등지로 물자를 수송해야 하는데 이곳 군벌들이 문제를 일으켰다.

탈레반은 퀘타의 운송 마피아들이 가장 먼저 자신들에게 자금을 지원한 점에서 가깝게 여겼으나 탈레반의 영역이 아프간 서부로 확대되면서 수송로 안전에 대해 더 많은 돈을 요구했다. 퀘타의 운송 마피아들은 원활한 통행을 위해 서부 거점 도시인 헤라트를 장악하라고 탈레반을 부추겼고, 나아가 카불을 점령해 아프간 북부로 가는 수송로의 안전을 완전히 확보해 줄 것을 요청했다. 실제 자금을 대는 운송 마피아들이 탈레반에게 실질적인 영향력을 행사했던 것이다. 당시 페샤와르에서 카불로 가는 트럭은 150달러를 납부했다는데, 여기에 마약 마피아들까지 가세해 아프간의 아편과 헤로인을 파키스탄으로 밀수하면서 상당한 세금을 탈레반에게 납부했다.

그 결과 1990년대 동안 파키스탄 정부의 관세 수입은 대폭 줄어들었고, 반면 파키스탄의 지하경제는 급성장했다. 1996년에는 지하경제가 파키스탄 국민총생산의 절반을 차지했을 정도였다. 파키스탄에서 아프간 국경의 세관원 자리는 고위급에 뇌물을 주어야만 발령을 받을 수 있는 노다지 보직이 되었다. 아프간 국경에 면한 북서 변경주와 발루치스탄 주 관리들은 아프간으로 들어가는 트럭들에 대해 도로 사용 허가증과 물자 반입 허가증을 강매해 치부에 나섰다. 또한 카라치 항에 아프간으로 가는 물자들의 장기간 방치, 양국 간 상품 밀수, 아프간 운전자에 대한 파키스탄 당국의 비자 발급 지연 등 여러 가지 문제가 존재했다.

양국 간 새로운 경유무역협정이 2010년 10월 체결되었다. 새 협정은 아프간 상인들이 파키스탄을 통과해서 인도와 국제시장에 상품을 판매할 수 있도록 했으나, 여기에는 몇 가지 애로사항이 있었다. 우선 아프간 상인들은 파키스탄 내 은행에 일정한 금액을 담보로 예치해야 했다. 둘째, 아프간 트럭은 파키스탄을 거쳐 인도와의 국경 와가Wagah까지 갈 수 있지만, 아프간으로 귀환할 때는 빈 채로 가야 했다. 파키스탄 내로 들어오는 아프간 트럭들은 표준화되어야 한다는 조건도 있었다. 이러한 기술적 문제점들로 협정의 조기 시행이 지연되었다.

그러나 일설에 의하면, 파키스탄은 새 협정을 체결할 의사가 없었고, 미국의 압력으로 어쩔 수 없이 체결하긴 했으나 여러 조건을 내걸어 이행을 방해하려는 것이라고 했다. 파키스탄 내에서는 이 협정이 아프간에 대한 인도의 영향력을 증가시킬 수 있다는 우려가 있었다.

●

미국-파키스탄 관계

　　　　　　미국은 1998년 인도와 파키스탄이 핵실험을 단행한 데 각종 제재를 부과했다. 2001년 9·11 테러 후에는 시급한 안보 위협으로 부상한 알카에다를 척결하고자 파키스탄 제재를 해제하고 대테러전 대열에 합류시켰다. 그 후 파키스탄 정부의 협조로 알카에다의 주요 수배 인물들을 파키스탄 영내에서 다수 검거했다. 미국은 나아가 탈레반이 은신 중인 파키스탄 국경 산중에서 아프간 내 다국적군을 공격하지 못하도록 파키스탄 정부와 협력을 강화하고자 했다. 또한 아프간 내 다국적군의 활동에 필요한 물자를 파키스탄의 카라치 항을 통해 반입하는 데에도 파키스탄 정부의 협조가 필요했다. 미국은 파키스탄이 정치, 경제, 사회적 안정을 이루도록 지원함으로써 이슬람 근본주의의 확산을 막고, 이들이 파키스탄 내 핵무기(90~110기 정도로 추정)를 취득하는 것을 방지하고자 했다.

아프간 내 미군이 필요로 하는 식량, 연료, 장비들은 주로 카라치 항에 도착한 후 파키스탄 영내를 통과해 아프간 남부로는 스핀볼다크, 동부로는 토르캄 국경 검문소를 지나 수송된다. 아프간이 육지로 둘러싸인 국가라 인근 국가 중 미국에 적대적인 이란을 제외하면 파키스탄과 중앙아시아가 남은 보급로다. 미군이 필요로 한 식량, 식수, 건축자재와 같은 비(非)전투물자의 90%가 파키스탄을 경유했다.

2010년 9월, 파키스탄이 일시적으로 아프간 국경을 봉쇄했을 때 물자 보급에 큰 문제가 발생했다. 미군은 파키스탄 루트가 가깝고 저렴하지만 파키스탄을 통한 보급이 전략적 취약점이라고 생각해 왔다.

2011년 5월 오사마 빈 라덴 사살 이후 미-파키스탄 관계가 악화되자 미군은 대안으로 중앙아시아를 경유하는 보급로를 신속히 확대하려 했다. 그렇다고 해서 중앙아시아로 보급로를 완전히 변경하는 것은 전쟁 비용을 증가시키고 중앙아시아 권위주의 국가들에 대한 의존도를 높여 정치적으로 바람직하지 않았다. 독일에서 물자를 보내면 60일 후에나 아프간에 도착한다. 수송 물자의 태반이 우즈베키스탄을 지나는데, 2005년 우즈베키스탄 안디잔에서 수백 명의 시위자가 학살당한 사건이 발생했다. 미국이 우즈벡 정부에 이를 강력히 항의하자, 우즈벡 정부는 자국 영토에 주둔한 미군을 축출했다.* 결국 두 루트를 다 유지하면서 어느 한쪽에 완전히 의존하지 않는 것이 바람직하다.

미국이 한때 10만 명에 달하는 병력을 20년 가까이 아프간에 파병하고 대규모의 물자를 원조했음에도 탈레반과 알카에다를 완전히 소탕하지 못하는 것은 이들이 아프간-파키스탄 국경의 산악지대에 은신하면서 지역 파슈툰족과 깊은 유대를 바탕으로 다국적군에 대해 치고 빠지는 게릴라 전술을 구사했기 때문이다. 따라서 국경 산악지대에서 아프간 영토에 속하는 부분은 다국적군이 군사작전을 전개할 수는 있지만, 험준한 산악이라 저항 세력을 소탕하는 데 어려움이 많다. 또한 저항 세력이 산악 반대편 파키스탄 영토 안으로 도주하면 주권 침해 이유로 추적할 수가 없다.

미국은 이 문제에 대응해 두 가지 조치를 취해 왔다. 첫째, CIA가 원거리에서 조종하는 정찰과 공격을 겸한 무인항공기unmanned aerial vehicle, UAV를 국경지대로 보내 저항 세력 요원들을 무인기에 장착된 미사일로 정밀 타격하는 것이었다. 종종 특수부대를 보내 대상자들을 사살하기도

한다. 통상 드론이라고 불리는 이 무인기는 다국적군의 희생을 방지하면서 효과적으로 저항 세력 요원들의 힘을 약화시키는 데 중요한 역할을 했다. 그러나 드론이 발사한 미사일에 무고한 민간인들이 살상당하는 경우가 종종 발생해 파키스탄 정부와 국민들의 반발과 항의를 초래했으며, 양국 간 민감한 문제로 남아 있다. 둘째, 미국은 파키스탄이 부족 지역 내 저항 세력들을 제거하는 데 군사작전과 같은 특단의 조치를 취할 것을 지속적으로 촉구해 왔다. 파키스탄 정부는 수차례 군사작전을 전개했으나 저항 세력들을 뿌리 뽑지 못했고, 오히려 이들이 보복으로 파키스탄 내 도시들에서 자살테러를 자행해 큰 혼란을 겪었다.

국경 산중의 저항 세력을 거세하기 위한 다국적군의 이러한 두 가지 조치는 그간 상당한 성과를 거두었으나, 실행 과정에서 다국적군과 파키스탄 간에 상이한 입장이 드러나 이러한 조치들이 완전히 실효를 거두기는 어려울 것으로 보인다.

 미국의 무인기 공격

미국은 2010년 국경 산중에 은신한 하카니 조직원들의 아프간 침투에 대비해 국경 상공에 무인정찰기와 감시 카메라 풍선을 띄우고, 헬기 공격팀과 특수부대에 의한 타격 작전을 벌였다.** 미국은 파키스탄 정부에 마드라사를 제거해 줄 것을 요청하고, 자체 공격은 자제해 왔다. 그러나 파

---

* Craig Whitlock, 〈U. S. turns to other routes to supply Afghan war as relations with pakistan fray〉, 〈Washington Post〉 July 3, 2011

** Greg Miller, 〈U. S. struggles to root out militants in Pakistani madrassa〉, 〈Washington Post〉 December 17, 2010

키스탄은 이들의 불법 활동에 대한 명확한 증거를 발견하지 못했으며, 문제가 생기지 않도록 잘 대처하겠다는 반응을 보였다. 결국 미국은 2010년 무인기로 공격을 실행했고, 그 결과 양측 간 갈등이 고조되었다.

CIA는 많을 때는 한 해 동안 파키스탄 영토 내에서 100여 차례의 무인기 공격을 실행했다. 그러나 미 전투기가 2011년 11월 국경 지역에서 파키스탄 군인 24명을 오인 살해한 이후, 2013년 1월까지 부족 지역에서의 무인기 공격을 중단했다.

제3장

아프가니스탄 정치, 군사 동향

2001년 이후 아프간 상황

●

탈레반 세력 축출

미국은 2001년 9·11 테러 발생 직후 오사마 빈 라덴과 알카에다 테러 조직을 배후로 지목하고, 아프간 탈레반 정권에게 숨겨 놓은 빈 라덴을 인도하라고 최후통첩을 했다. 탈레반이 이를 거부하자 미국은 그해 10월 7일에 폭격기와 미사일로 아프간 전역의 탈레반 주요 시설에 대규모 공습을 단행했다. 이는 유엔 안보리에 의해 자위권 행사로 추인받았다. 10월 21일부터는 카불 북부에 위치한 탈레반 주둔지에 대해 폭격이 시작되었고, 11월까지 대형 폭탄을 동원한 공습이 이어졌다. 카불 북부의 파르완 전선에서는 수년 동안 탈레반과 대치해 오던 북부동맹이 미군의 공습을 기회 삼아 탈레반을 압박해 카불로 밀고 내려왔다.

11월이 되자 탈레반 세력은 극도로 약화됐다. 그리고 1980년대 대소 항전과 1990년대 내전 당시 명성을 떨쳤던 무자헤딘 지휘관들이 원래의 세력권으로 화려하게 복귀했다. 이란에 망명 중이던 이스마일 칸(Ismail Khan, 타직족)은 서부의 헤라트로, 터키에 망명 중이던 도스툼(Abdul Rashid Dostum, 우즈벡족)은 북부 마자리 샤리프로 귀환했다. 동부 잘랄라바드에서는 유니스 할리스(Yunis Khalis, 파슈툰족), 중부 하자라 지방에서는 하지 모하키크(Haji Mohaqiq, 하자라족)가 세력을 되찾았다. 이란에 은거 중이던 헤즈브 이슬라미의 지도자 굴부딘 헤크마티야르(Gulbuddin Hekmatyar, 파슈툰족)도 아프간 동남부의 길자이 파슈툰 부족 지역으로 돌아왔다.

북부 지방에서는 주요 도시인 마자리 샤리프와 탈로칸에 주둔한 탈레반 군대가 도스툼에게 신속히 항복했고, 탈레반에 참여한 일부 외국인 전사들만 최후까지 저항했다. 쿤두즈에서는 완강하게 버티던 파키스탄 탈레반 요원 400명이 도스툼에게 투항해 마자리 샤리프 인근 칼라 에장이 요새에 감금되었다. 이들이 심문 과정에서 봉기를 일으키자 도스툼의 우즈벡군이 이들을 몰살했다. 서부 지방에서도 이스마일 칸이 귀환하면서 탈레반이 모두 그에게 투항했다.

미국의 공습 결과 탈레반이 카불에서 퇴각하자 북부동맹이 주민들의 환영을 받으며 입성했다. 탈레반은 미군의 막강한 화력 앞에 세력이 완전히 소진되기 전에 미리 도주한 것으로 보인다. 미국은 지상전에서 희생을 최소화하고자 우월한 공군력에 의존하는 대신, 지상전은 현지의 북부동맹에게 맡겼다.

12월 7일, 탈레반이 남부 거점 도시인 칸다하르를 포기하면서 전쟁이 일단락되었다. 미군은 칸다하르에 은거한 탈레반 지도자 물라 오마르를 잡으려고 현지 군벌들을 동원해 퇴로를 차단했으나 결국 체포하지 못했다. 미군의 알카에다 색출 작전이 진행되면서 빈 라덴이 1980년대 대소 항전 시절 건설해 둔 지하 기지가 있는 파키스탄 국경 지역의 토라 보라에 관심이 집중되었다. 이곳에 빈 라덴이 은신해 있다는 소문이 돌면서 미국이 대공습을 가했고, 군벌들을 앞장 세워 지상 수색을 벌였지만 찾지 못했다.

●

아프간 재구축

본 협정

탈레반이 축출되고 아프간 상황이 빠르게 진정되어 가자 국제사회는 아프간 대표들을 초청해 2001년 12월 1일부터 5일까지 독일 본에서 회의를 열고, 오랜 전쟁으로 붕괴된 아프간의 정치 제도를 재구축하는 방안에 대해 논의했다. 참석자들은 회의 최종일인 12월 5일 서명한 〈본 협정Bonn Agreement〉에서 다음 사항들에 합의했다.

· 탈레반 축출 후의 통치 공백을 신속히 메우기 위해 임시정부 역할을 수행할 아프간 과도정부 수립, 과도정부 수반에 파슈툰족 하미드 카르자이Hamid Karzai 지명*

---

* 지난 300년간 최대 종족인 파슈툰족이 국왕이나 대통령을 맡았던 역사에 비추어 과도정부의 수반을 최대 민족인 파슈툰족이 담당하는 것이 아프간 전체 민심을 추스르는 데 적절할 것으로 판단했다. 대신 정부 요직은 전쟁에서 승리한 북부동맹 구성원에게 돌아갔고, 그중에서도 수적으로 우세한 타직족이 핵심 부서를 장악했다.

- 아프간 과도정부를 보호하고 지원하는 국제안보지원군ISAF 창설
- 긴급 대원로회emergency loya jirga와 헌법 제정 대원로회constitutional loya jirga 소집
- 대통령 선거와 국회의원 선거 실시
- 유엔 아프간 지원사무소 설치

특히 ISAF는 카불과 주변 지역의 치안을 담당하며, 아프간 군대와 경찰의 역량을 강화하고, 아프간 재건을 돕는 역할을 맡았다. ISAF은 2001년 12월 20일 채택된 유엔 안보리 〈결의 1386호〉에 의해 아프간 임무 수행 과정에서 필요에 따라 무력행사를 하도록 사전 승인을 받았다.

포괄적인 국가 개발 대강

아프간 사태의 정치적 측면을 다룬 본 회의에 이어, 아프간의 재건과 개발을 지원하기 위한 국제회의가 2002년 1월 21일~22일에 도쿄에서 열렸다. 회의에서 논의된 사항들을 기초로 〈포괄적인 국가 개발 대강 National Development Framework〉이 4월에 발표되었다. 이 문건은 19개의 개발 프로그램을 제시했는데, 2006년 1월 채택된 〈아프간 국가 개발 전략〉에 의해 대체될 때까지 국제사회가 아프간을 지원하는 지침서가 되었다.*

도쿄 회의에서는 시급한 치안 분야 개혁 방안도 결정되었다. 치안 분야의 과업을 아래와 같이 5개로 나누어 주도 국가를 지정해 전반적인 감독 책임을 맡겼다.

- 무장 해제, 동원 해제, 사회 재통합Disarmament, Demobilization and

Reintegration: DDR → 일본**

· 군대 개혁 → 미국

· 경찰 개혁 → 독일

· 사법 개혁 → 이탈리아

· 마약 퇴치 → 영국

대통령 선출

2002년 1월 4일, 겨울이라 전장은 소강상태였지만 동부 지역에서 아프간 전쟁 최초의 미군 사망자가 발생했다. 또 아프간 전장에 최초로 무인 항공기인 프레데터(Predator, 약탈자)가 등장했다. 2002년에 접어들어 전투가 종료되고 ISAF 병력이 카불 일대에 진주하자 아프간 정세가 안정되었다.

3월에 이르러 기상이 호전되자 미군은 파키스탄 국경 지역의 호스트주에서 탈레반과 알카에다의 잔당들을 섬멸하는 작전을 펼쳤다. 미국의 최첨단 화력 앞에 탈레반과 알카에다가 무력화되자, 4월에 7천 명의 병력을 감축했다. 임시정부 수반인 카르자이는 지방을 장악한 군벌들에게 눌려 카불 시장 정도로 간주되는 상황이었다.

6월, 이탈리아에서 오랜 망명 생활을 하던 아프간 왕국의 마지막 왕

---

* 〈아프간 국가 개발 전략(Afghan National Development Strategy, ANDS)〉의 목표는 국내 안정, 법 집행 강화, 주민 안전 개선, 민주적 절차와 제도 구축, 인권 및 법치 존중, 공공 서비스 강화, 정부의 책임성 강화, 빈곤 퇴치, 시장경제 추구, 인간 개발 제고 등이다.

** 이 과업은 2005년 7월 완수되었고, 이어 불법 무장단체에 대한 무장해제(Disarmament of Illegally Armed Groups, DIAG) 프로그램이 시작되었다.

자히르 샤Zahir Shah*가 귀국했다. 그리고 본 협정에 따라 긴급 대원로회의를 소집해 카르자이를 정식 대통령으로 선출했다. 이는 아프간 역사상 민선으로 대통령을 선출한 최초의 사례가 되었다. 본 협정의 합의 사항은 2005년까지 성공적으로 완결되었다.

2003년 10월에는 헌법제정 대원로회의가 소집되어 아프간 헌법을 제정했고, 이 헌법에 따라 2004년 9월 대통령 선거, 2005년 10월 국회의원 선거를 치렀다. 이 과정에서 국제사회는 2004년 3월 베를린 회의와 2006년 1월 런던 회의 등을 통해 주기적으로 아프간 정세와 재건 동향을 점검해 나갔다.

군벌의 지방 장악과 탈레반의 침투

2002년 봄, 미국은 아프간 사태가 쉽사리 진정되자 내친 김에 오랜 숙원이었던 이라크 독재자 사담 후세인을 공격하기로 결정했다. 이후 1년간은 전쟁 준비로, 이라크 점령 후에는 전쟁의 수렁에 빠져 아프간 문제를 수년간 제대로 돌볼 수가 없었다. 미국은 1989년 소련군 철수 후에도 마찬가지로 아프간에 대한 개입을 중단했다. 이로써 1990년대 내내 무자헤딘 간 내전이 벌어지고 탈레반과 알카에다가 등장하는 등 심각한 문제들이 생겼다는 비난을 받았다. 탈레반을 축출한 후 다시 아프간을 방치한다는 우려가 있었다. 당시 미군 사령관 맥닐Dan McNeill 중장은 미군 8천 명 가운데 3,500명이 2003년 여름에 감축될 것이라고 밝혔다. 2003년 3월 미군이 이라크를 점령했다. 이후 2년간 치안 상황이 크게 불안해 미군이 이라크 전선에 대거 동원되었다. 그렇게 2005년이 되자 아프간에서는 군벌들이 지방을 완전히 장악해 중앙 정부의 통제가 불가능

아프가니스탄, 왜?

한 상태가 되었다.

동부와 남부에서는 파키스탄과의 국경을 넘어 탈레반이 서서히 침투하기 시작했다. 2006년 4월에는 탈레반이 축출된 지 4년 만에 처음으로 파키스탄 산중에서 아프간 남부로 넘어와 대규모 공세를 감행했다. 미군의 공격으로 쫓겨난 탈레반이 단기간 내 전열을 재정비한 셈이다. 미국이 탈레반과 알카에다가 완전히 섬멸되지 않은 상태에서 이라크전에 자원을 투입하다 보니 이들이 재충전할 기회가 생겼던 것 같았다. 이에 대항해 다국적군은 남부에서 수차례의 군사 작전을 전개해 탈레반의 공세를 차단했다.

NATO의 ISAF 지휘권 인수

2003년 8월, 참가국 간 6개월 단위로 순환되던 ISAF의 작전 지휘권을 NATO가 전담하기로 했다. 10월에는 유엔 안보리 〈결의 1510호〉에 의해 ISAF의 임무 범위가 아프간 전역으로 확장되었다. 당시 아프간 내 활동 중이던 9개의 지방재건팀Provincial Reconstruction Team, PRT은 모두 미국이 별도로 주도한 다국적군의 항구적 평화작전Operation Enduring Freedom 지휘를 받고 있었는데, 다국적군이 탈레반과의 전투에 집중할 수 있도록 ISAF가 PRT의 지휘권을 인계받으라는 의미였다.

미군 맥닐 중장이 2003년 최초로 지방재건팀을 10여 곳에 창설했는데, 1개 팀은 대략 80명의 민군 요원과 40명의 경호 병력으로 구성되었

---

* 자히르 샤는 1933년에 즉위하여 1964년 자유헌법을 선포하고 입헌왕정을 수립했다. 1973년 이탈리아 방문 중 삼촌 다우드 칸(Daoud Khan)이 쿠데타를 일으켜 왕위에서 축출되고 이탈리아에 정착했다. 다우드 칸은 왕정을 폐지하고 아프가니스탄 공화국을 선포했다. 자히르 샤는 이후 고국 땅을 한 번도 밟지 못하다가 2002년 6월, 30년 만에 처음으로 귀국했다.

다. 안보리 결의 이행 차원에서 2003년 12월 북부 쿤두즈에서 활동 중인 독일 PRT에 대한 지휘권이 ISAF 최고사령관에게 이양되었다. 이후 ISAF는 수년에 걸쳐 단계적으로 작전 지역을 아프간 북부에서 서부, 남부, 동부로 확대해 나갔다. 2004년 6월 개최된 NATO 정상회의에서는 북부 4개주(발흐, 파르야브, 바다흐샨, 바글란)에 PRT를 추가 설치하는 데 합의했다. 10월까지 PRT 설치가 완료되었고, 모두 ISAF 사령관의 지휘 아래 들어가면서 ISAF의 활동 무대가 북부 지역으로 확장되었다.

NATO는 2단계로 2005년 5월에 서부 지역에서 헤라트, 파라 등 2개 PRT에 대한 지휘권을 인수했다. 9월에는 바드기스 주와 구르 주에 각각 PRT를 설치해 재건 활동을 수행하면서 치안 안정도 도모했다.

2005년 12월, NATO가 남부로의 3단계 확장을 결정함에 따라, ISAF는 2006년 7월 미군 주도하의 다국적군으로부터 남부 6개 주(헬만드, 님루즈, 칸다하르, 우루즈간, 다이쿤디, 자불)에 대한 작전권과 함께 이 지역의 4개 PRT에 대한 지휘권도 인수받았다. 이로서 ISAF는 총 13개의 PRT를 관할하게 되었고, 병력도 기존의 1만에서 2만 명으로 증가했다. 2006년 10월에는 4단계로 미군 주도하 다국적군으로부터 아프간 동부의 지휘권을 이양받음으로써 아프간 전역에 대한 임무 범위 확장을 마무리 지었다.*

이라크에서 고전하던 미국은 2006년 12월 미군 3만 명의 증원을 선언했다. 이로써 미국은 아프간에서 NATO 회원국의 병력 지원에 의존할 수밖에 없었다. 2007년 초, 브뤼셀 NATO 본부에서는 아프간전 참전 여부를 둘러싸고 논란을 벌인 끝에 독일, 프랑스, 이탈리아, 스페인이 참전을 결정했다. 이는 국제기구로서 NATO 최초의 역외 군사작전이 되었다. 그 이전에는 NATO 회원국들이 개별 국가 차원에서 아프간전에 참전했다. NATO 이름하에 새로이 참전하게 된 국가들은 파병 기간에 전투 행위에 참가하지 않겠다고 선언했다.

2007년, 남부에서 다국적군의 공세가 계속되었고, 이에 대해 탈레반은 게릴라 전술로 대항했다. 전쟁이 오랫동안 지속되면서 아프간에 극단주의가 침투해 2004년 세 건의 자살공격이 처음으로 발생했다. 그리고 2005년 21건, 2006년 131건, 2007년 150건, 2008년 142건, 2009년 130여 건으로 점차 증가했다.

* ISAF 역대 사령관 – John McColl 소장(영국, 2001.12~2002.6), Hilmi Akin Zorlu 소장(터키, 2002.6~2003.2), Van Heyst 중장(독일, 2003.2~8), Götz Gliemeroth 중장(독일, 2003.8~2004.2), Rick Hillier 중장(캐나다, 2004.2~8), Jean–Louis Py 장군(프랑스, 2004.8~2005.2), Ethem Erdagi 장군(터키, 2005.2~8), Mauro del Vecchio 장군(이탈리아, 2005.8~2006.5), David Richards 장군(영국, 2006.5~2007.2), Dan McNeill 장군(미국, 2007.2~2008.6), David McKieman 장군(미국, 2008.6~2009.6), Stanley McChrystal 대장(미국, 2009.6~2010.6), David Petraeus 대장(미국, 2010.7~2011.7), John Allen 대장(미국, 2011.7~2013.2), Joseph Dunford 대장(미국, 2013.2~2014.8), John Campbell 대장(미국, 2014.8~2016.3), John Nicholson 대장(미국, 2016.3~)

미국의 아프간 정책

●

2009년 상황

오바마 대통령은 2008년 선거운동에서 오래 계속된 이라크 전쟁과 아프간 전쟁을 조속히 종결짓겠다고 공약했다. 그는 2009년 초 집권하자 이라크 철군을 가속화하는 정책을 수립하는 한편, 아프간 전쟁에 대해서는 이라크전과 달리 알카에다가 미국을 공격하는 근거지로 아프간 영토를 활용하지 못하도록 하는 '필요한 전쟁 war of necessity'이라고 평가했다.

2009년 3월 발표한 아프간 정책에서는 단순히 탈레반을 제거하는 데 그칠 것이 아니라, 장기적으로 탈레반과 알카에다가 발을 못 붙이도록 아프간 민간인을 보호하고 인프라를 구축하며 거버넌스를 함양하는 데 초점을 맞춘 대반군 전략counter-insurgency strategy, COIN을 채택했다. 이라크전에서 퍼트레이어스 장군이 이 전략을 처음 적용해 효과를 봤고, 그해 6월 아프간 내 ISAF 총사령관으로 임명된 맥크리스탈 장군도 이 전략의 가치를 인정하는 입장이었다. 맥크리스탈 장군은 그해 여름 대반군 전략을 시행해 아프간 전쟁의 흐름을 전환하려면 미군 4만 명 증파가 필요하다고 건의했다. 이 건의를 놓고 워싱턴에서 여름과 가을 내내 열띤 토론이 진행되면서 대통령의 민군 고위 참모 간에 첨예한 견해차가 노정되었다.

그해 8월 20일 개최된 아프간 대통령 선거 결과 카르자이 대통령이 54.6%를 득표하여 압둘라 후보(타직족)를 이겼으나, 이내 부정 시비에 말려 정국이 혼란 상태에 빠져들었다. 이 과정에서 미국은 카르자이 대통령에 대한 신뢰를 상실했다. 유엔 아프간 지원사무소UNAMA 부대표인 미국 대사 출신 갈브레이스Peter Galbraith는 상관인 노르웨이 출신 아이데Kai Eide 대표가 카르자이 대통령 진영의 선거 부정 행위를 눈감아 주었다고 비난하여 큰 혼란을 초래했고, 결국 부대표직에서 해임되었다.

수년간 미군의 공습으로 민간인 사상자가 다수 발생하여 아프간 내에서 미군에 대한 원성이 높아지자 맥크리스탈 사령관은 교전 규칙을 개선하여 피해를 최소화하려 했다.

●

미군 철수 논의

증원군 파병 논의

미군 철수 논의의 실질적 단초는 맥크리스탈 총사령관이 2009년 8월

30일 아프간 정치·군사 상황에 관한 평가를 담은 보고서를 워싱턴에 제출하면서부터였다. 그는 보고서에서 1년 안에 추가 병력이 필요하며, 증원이 없으면 전쟁에서 지게 될 것이라고 경고했다. 오바마 대통령은 미국이 현재 아프간에서 하고 있는 일이 맞는 것인지, 미국의 전략은 올바른지 충분한 검토가 먼저 필요하며, 이에 대해 확신을 가진 후에 병력과 재원을 어떻게 투입할지 생각해 볼 수 있다는 입장을 취했다. 그는 이러한 검토 과정에서 최우선 순위는 알카에다와 여타 테러 집단의 공격으로부터 미국을 보호하는 것이라고 말했다.*

이를 계기로 오바마 대통령이 취임 직후인 2009년 3월에 발표한 아프간 정책에 대한 재검토가 시작되었다. 당시 그는 아프간 현장에서의 전세가 미군에 불리한데다 8월에 있을 아프간 대선에서 적정 수준의 치안을 제공하고자 2만 1천 명의 병력을 파병하기로 결정했다. 이들은 7월부터 진주하기 시작해 가을에 모두 도착했고, 이로써 아프간에 주둔한 미군은 4만 7천 명에서 6만 8천 명으로 증가했다.

맥크리스탈 사령관은 상기 보고서를 제출한 데 이어, 오바마 대통령이 3월에 발표한 대반군 전략을 이행하려면 4만 명의 병력이 추가로 필요하다는 후속 건의서를 9월 26일 워싱턴에 보냈다. 워싱턴에서는 그의 상황 평가에 대해 대체로 공감대가 형성되었지만, 문제 해결에 필요한 전략과 병력 규모에 대해서는 의견이 분분했다. 즉 대반군 전략이 과연 최적의 해법인지 많은 논의가 있었고, 어떤 전략을 채택하느냐에 따라 소요되는 병력이 많을 수도, 적을 수도 있었다. 나아가 행정부의 정책 결정자들과 백악관 고위 참모들은 남아시아에서 미국의 전략적 이익이 무엇인지에 대해서도 치열한 토의를 벌였다.

대반군 전략 지지자들은 아프간 지도자들이 효율적인 정부를 구축하고 국제사회가 아프간 군경을 훈련시키는 동안 미군의 주둔이 필요하며, 한편으로 탈레반이 장악한 영토를 탈환해 이를 공고히 하려면 대규모의 지상군이 가야 한다는 견해였다. 반대파들은 역사적으로 외국군이 아프간을 안정시키는 데 성공한 사례가 없으며, 탈레반과 싸우는 데 추가 파병은 점령군이라는 인식을 증대시킬 뿐이고, 미군이 장기전의 수렁에 빠지게 될 위험이 있다고 반박했다. 그러면서 탈레반보다는 미국에 가장 중대한 위협인 알카에다를 제거하는 데 초점을 맞춰야 한다고 주장했다.

이러한 논란은 간단히 얘기하면 미국의 남아시아 정책이 대반군 전략과 대테러 전략 중 어디에 우선순위를 두어야 하느냐의 문제로 집약되었다. 우선순위가 전자에 있으면 탈레반을 소탕할 병력 증파가 필요했고, 후자에 있으면 병력 증파는 필요 없을 뿐더러 알카에다의 세력이 크게 위축된 만큼 아프간 주둔 미군의 철수 논의를 유발할 수 있었다. 특히 후자는 미국의 안보에 대한 진정한 위협은 아프간이 아니라 알카에다가 은신한 파키스탄에 있다는 가정에 근거하는 점에서 'Pakistan First' 옵션이라고 불렸다.

행정부 안팎의 고위 인사들이 아프간 군사정책의 향배에 대해 각자의 견해를 밝혔다. 대부분 대반군 전략과 대테러 전략이 둘 다 필요함을 인정하면서도 방점을 어느 쪽에 얼마나 두느냐에 차이를 보였다. 대체로 바이든 부통령을 필두로 하는 민간 인사들은 대테러 전략에 방점을 두

---

* Eric Schmitt and Thom Shanker, 〈General calls for more U.S. troops to avoid Afghan failure〉, 〈New York Times〉, September 21, 2009

었고, 펜타곤의 장성들은 대반군 전략에 가중치를 두는 입장이었다. 하지만 민간 인사들 사이에도 견해차가 있었다.

바이든 부통령은 탈레반은 나쁜 정권이지만 미국에 직접 위협을 제기하지는 않았으며, 미국에 중대한 위협이 되는 알카에다는 현재 파키스탄으로 쫓겨나 있음에 주목했다. 그는 아프간 주둔군을 완전 철수하고 순전히 대테러 활동만 하자는 것은 아니며, 아프간 군경을 훈련시키고 장비와 지원을 제공하는 데 공감한다고 했다. 다만 현 6만 8천 명의 미군은 유지하되 추가 파병은 하지 말고, 무인항공기의 미사일 공격과 특수전 부대의 급습 등 외과수술적 조치들을 통해 파키스탄 내 안전지대에 숨어 있는 알카에다 지도부를 거세하는 데 집중해야 한다고 주장했다. 그간 지도부에 대한 지속적인 공격과 체포 작전으로 알카에다는 심대한 타격을 받았으며, 아프간 내에는 알카에다 요원이 100명 정도밖에 없는 것으로 추정되었다.*

1차 걸프전의 영웅인 콜린 파월 전 국무장관은 아프간에서의 군사적 임무에 대한 정의를 먼저 명확하게 내려야 추가 병력이 얼마나 필요한지 또는 병력 이외의 다른 자원이 필요한지를 결정할 수 있다면서, 단순히 병력 증원이 성공을 보장한다는 데 회의를 나타냈다. 존 케리 민주당 상원 외교위원장은 장기전의 수렁에 빠졌던 베트남전의 과오를 아프간에서 되풀이할 가능성에 대해 우려를 표명하고, 보다 제한된 범위의 대테러 활동을 미군의 임무로 제시했다.

반대파들은 알카에다를 격퇴하려면 알카에다를 오랫동안 비호해 온 탈레반과도 싸워야 하며, 아프간의 안정은 남아시아 안보뿐만 아니라 미국, 영국과 국제사회의 안보에도 긴요한데, 이러한 아프간의 정치적 안정을 배려하지 않는 전략은 근시안적이라고 비판했다. 알카에다에 집중한 대테러 전략은 탈레반이 아프간 내에서 야기하는 어느 정도의 혼란을 용인하자는 것으로, 아프간의 안정에 도움이 안 된다고 반박했다. 특히 클린턴 국무장관과 게이츠 국방장관은 대테러 전략을 중시하는 입장과 관련해 탈레반은 알카에다와 연계되어 있으며, 탈레반이 아프간으로 귀환하면 알카에다에게 다시 은신처를 제공할 것이므로, 탈레반과 알카에다를 분리시켜 생각하는 것은 잘못된 것이라고 주장했다.

바이든 부통령은 행정부가 6개월 전, 즉 2009년 3월에 발표한 아프간과 파키스탄을 하나의 통합된 문제라고 본 전략을 재고해야 하며, 양자는 연관되어 있긴 하지만 별도의 전략을 필요로 한다고 주장했다. 탈레반은 상실한 영토를 재탈환해 통치권을 회복하는 것이 목표이므로, 외부에서 유입된 알카에다와는 서로 목표가 다르다고 했다. 따라서 양측이 연대할 때는 주로 전술적 차원에서의 연대이므로 둘을 분리시킬 수 있다고 보았다. 나아가 아프간의 자생 조직인 탈레반을 아프간에서 완전히 제거할 수 없지만, 알카에다는 소탕할 수 있다고 보았다. 또 탈레반은 현 미군 병력 수준으로 통제가 가능하며 궁극적으로 아프간 군경이 다룰 수 있다고 주장했다. 탈레반은 미국을 공격할 야심을 표명한 바 없으며, 전쟁이 끝나더라도 알카에다에게 다시는 은신처를 제공하지 않을 것이라고 보았다.

반대파들은 탈레반과 알카에다를 과연 분리시킬 수 있을지에 대해 회의를 표명하고, 전쟁을 치르면서 양자가 오히려 더 가까워졌다고 주장

* Peter Baker, 〈Surgical strikes shape Afghanistan debate〉, 〈New York Times〉, October 6, 2009

했다. 탈레반 내에는 이데올로기에 사로잡힌 인원들이 많이 있으며, 아프간 동부에서는 탈레반과 알카에다가 물리적으로 혼연일체가 되어 있다고 했다.*

오바마 대통령은 맥크리스탈 총사령관이 병력 4만 명 증파 건의를 제출한 9월 말부터 10월 중순까지 다섯 차례에 걸쳐 아프간 정책에 대한 검토 회의를 열었다. 먼저 전반적인 아프간 상황 평가부터 시작해 파키스탄 문제와 아프간 문제를 차례로 논의하고, 구체적으로 아프간에 병력을 얼마나 파병할 것인지로 토의를 좁혀 나갔다. 예를 들어, 아프간 내 군사 목표를 시골을 제외한 도시만을 확보하는 것으로 조정할 경우 미군이 4만 명까지 필요 없을 것이고, 목표를 더 축소할 경우에는 1만 명만 파병해도 충분할 수가 있었다. 이러한 논란의 와중에서 10월 7일 오바마 대통령은 일단 현 단계에서는 대규모 미군 감축이나 알카에다 척결에만 집중하는 대테러로 임무를 변경하는 것은 고려하지 않고 있다고 밝혔다.

신아프간 정책

2009년 12월 2일, 오바마 대통령은 웨스트포인트 육군사관학교 졸업식 연설을 통해 〈신아프간 정책〉을 발표했다. 그는 향후 수개월간 3만 명의 미군을 아프간에 증파하되, 2011년 중반부터 철군을 개시하겠다는 타협안을 내놓았다.** 증원되는 3만 명은 아프간 남부와 동부에 배치할 예정이며, 이들을 유지하는 데 첫해에만 300억 달러가 소요될 것이었다. 동시에 아프간 민병대를 조직하고 아프간 경찰에게 훈련을 제공해야 한다고 했다. 또한 탈레반의 아프간 회귀와 파키스탄 내 알카에다의 지속적인 존재가 미국에 직접적인 위협이라고 평가했다. 이것은 단지 미국만의 전쟁이 아니며 동맹국들도 파병을 해야 한다고 강조했다.

이 정책 발표 후 NATO가 7천 명 파병을 즉시 공약함에 따라 증원되는 미군 3만 명과 합치면 맥크리스탈 장군이 요청한 4만 명에 근접하는 수치가 되었다. 파키스탄 문제는 장기적으로 아프간 문제보다 더 다루기 힘든 사안이라는 점에 공감대가 형성되었으나, 이를 어떻게 다룰지는 분명한 결론에 이르지 못했다. 우선은 알카에다에 대항해 파키스탄 내 CIA 활동을 강화하고 무인기 공격을 증가시키기로 했다. 새 전략의 민간 부문을 이행하기 위해 홀부르크가 아프간-파키스탄 특사로 임명되었고, 군사 부문은 퍼트레이어스 중부사령관이 주도하기로 했다.

오바마 대통령의 신아프간 정책은 전임 부시 행정부의 아프간 정책과 세 가지 면에서 차이가 있었다. 첫째, 부시 행정부 때는 아프간 문제를 파키스탄과 분리, 접근하여 지역적 관점이 결여되었으나, 새 정책은 양국을 하나의 대상으로 다루고 AfPak Afghanistan and Pakistan이라는 용어를 사용했다. 둘째, 미국 혼자서만 아프간 사태에 대응하는 데는 자원이 부족하므로 동맹국들과의 협력을 강화하는 데 주력했다. 셋째, 전에는 수도인 카불에만 관심을 집중했으나, 새 정책에서는 지방을 포함한 아프간 전역으로 관심을 확대했다.

오바마 대통령의 육군사관학교 연설 이후 2010년 1월부터 7월에 걸쳐 3만 3천 명의 미군이 순차적으로 아프간에 파병되면서 아프간 주둔 미군의 향배에 대한 논의가 한동안 일단락되었다. 이 증파로 아프간 주

---

* Peter Baker and Eric Schmitt, 〈Afghan War debate now leans to focus on Al Qaeda〉, 〈New York Times〉, October 8, 2009

** Sheryl Gay Stolberg and Helene Cooper, 〈Obama adds troops, but maps exit plan〉, 〈New York Times〉, December 2, 2009

둔 미군 수는 아프간 전쟁 기간 중 최고치인 10만 명에 이르렀고, 다국적 군 5만 명을 합쳐 모두 15만 명이 아프간에 주둔하게 되었다.

한편 미국 잡지 〈롤링 스톤스Rolling Stones〉 6월호는 〈The Runaway General〉이라는 특집기사를 통해, 맥크리스탈 사령관이 오바마 대통령을 비롯해 바이든 부통령, 존스 국가안보보좌관, 홀브루크 아프간·파키스탄 특사, 아이켄베리 주아프간 미국 대사 등 고위 정책결정자들의 아프간 문제에 대한 입장을 비난했다고 보도했다. 맥크리스탈 총사령관의 시니컬한 태도가 아프간 전쟁 수행에 부정적인 영향을 미칠 것을 우려하는 목소리가 높아지자, 오바마 대통령은 이를 조기 진화하고자 6월 23일 그를 해임하고 후임으로 퍼트레이어스 미 중부사령관을 임명했다.

7월이 되면서, 미군이 아프간 전쟁에 개입한 지 9년 가까이 되었다. 이는 베트남전을 넘어서서 미국이 해외에 가장 길게 참전한 사례가 되었다. 2010년은 미군 사망자가 499명에 달해 아프간전 개입 이래 가장 많은 희생자를 낸 해였다. 그해 7월, 카불 국제회의에서 ISAF의 향배와 아프간의 정치·군사적 미래에 대해 구체적인 윤곽을 담은 〈카불 선언〉이 채택되었고, 이는 11월 리스본 NATO 정상회의에서 추인되었다.

그해 9월, 아프간 정부는 4년마다 열리는 국회의원 선거를 큰 문제없이 성공적으로 치렀다.

퍼트레이어스 장군은 증원된 병력으로 탈레반의 거점인 아프간 남부에서 대대적인 소탕작전을 벌여 상당한 전과를 거두었다. 그러는 사이에 아프간 동부에서 저항 세력의 준동이 심해져 2011년에는 치열한 전투가 주로 동부에서 벌어졌다.

2011년 5월, 10년의 노력 끝에 드디어 미군이 빈 라덴을 파키스탄 내 은신처에서 사살하는 개가를 올렸다. 그런데 이는 미군이 사전 승인 없이 파키스탄 영내로 잠입한 것이 되어 파키스탄 정부는 이내 보복에 나섰다. CIA 요원에 대한 입국비자 발급을 대폭 축소했고, 군사 고문단으로 파키스탄 내 체류 중인 미군 135명 중 대부분을 추방했으며, 파키스탄 영내에서 운영 중인 미국 무인기 기지를 폐쇄했다.* 앞으로 미국은 파키스탄 외부에서 파키스탄 내 테러 단체에 대해 무인기 출격과 특공대 공격을 개시할 장소가 필요한데, 지리적 여건상 아프간 외에는 대안이 없었다.

철수에 대한 논의

2011년에 접어들면서 논란이 재연되었다. 오바마 대통령이 연설에서 공약한 미군 철수 개시 시점인 7월이 다가오고 있었고, 연설에서는 철군 속도를 언급하지 않아 민군 간 논쟁은 복잡한 양상으로 전개되었다.

2011년 3월이 되자 오바마 대통령의 민군 보좌관 사이에 여름에 발표할 미군 철수의 규모와 속도에 대해 그간 잠재해 있던 입장차가 표면화되기 시작했다. 국방부는 철수하게 될 전투 병력의 규모를 가급적 작게 하려고 했고, 민간 인사들은 아프간 전쟁에 대한 유권자들의 염증을 감안해 상당한 규모의 신속한 철군을 원하고 있었다. 아직 오바마 대통령에 대한 권고안이 성안되지도 않았는데 국방부에서는 7월 철군이 소규모일 것이라는 얘기가 흘러나왔고, 이를 우려한 오바마 대통령이 각료

---

* 묵타르 파키스탄 국방장관은 6월 29일 성명에서, CIA가 운용해 온 발루치스탄 주 샴시에 소재한 무인항공기 기지를 폐쇄했다고 밝혔다.

회의 때 불쾌감을 표시하면서 의미 있는 수준의 철수가 시작되기를 바란다고 밝혔다.

미국 지도부는 장기간의 경기 침체 상황에서 2011년의 아프간 전비가 120조 원에 달하는 것을 우려하고 있었고, 여론조사에서 많은 미국인이 아프간 전쟁이 복잡한 국가 건설 과업으로 변질되었다고 대답한 데 주목했다. 특히 미국인 3분의 2가 아프간 전쟁은 이제 더 이상 싸울 가치가 없다는 반응을 보였다. 군부에서는 미군의 철수 규모는 대통령이 강제할 사항이 아니라 전장의 필요에 의해 결정되어야 할 것이라면서 대통령이 선택할 옵션을 제한적으로 준비하고 있었다. 민간에서는 3만 명 증원군의 철수 시한이라도 구체적으로 설정함으로써 간접적으로 철수 규모를 부과하는 계획을 세우고 있었다.

봄이 되자 카불의 미군 본부에서 성안 중인 계획이 외부로 흘러나왔는데, 대체로 세 가지 옵션이 고려되고 있었다.

① 아주 미미한 규모의 철군
② 본부 요원, 엔지니어, 병참 요원 등 수천 명의 지원 인력 철군
③ 5천 명가량의 여단급 병력 철군 ─ 헬만드 주 배치 해병대대, 아프간 군 훈련요원, 아프간 동부나 서부에 배치된 보병대대 등

군부는 전투 병력이 초기 철군 대상에 포함되지 않기를 기대하고 있었으나, 퍼트레이어스 사령관은 현실적으로 ②와 ③을 혼합한 안을 워싱턴에 권고할 것으로 예상됐다. 펜타곤은 2011년 1월 해병대대 750명을 남부 헬만드 주에 3개월간 파견했는데, 4월에 귀환시키면서 새로운

해병대대를 다시 헬만드 주로 보냈다. 이 조치는 새 해병대대가 3개월 임무를 마치고 7월에 귀환하게 될 때, 철군 대상에 포함시키려는 계산이 깔린 조치로 간주되었다. 군부는 1개 여단의 철수도 상당한 손실이라고 보는 반면, 민간에서는 매우 온건한 조치라고 보았다.

군부에서는 최근 남부 칸다하르와 헬만드 주에서 탈레반 축출에 성공한 것은 미군의 전략이 잘 작동하고 있음을 보여 주는 사례라면서, 아프간 정부와 군대가 탈환한 지역의 통제를 직접 담당할 수 있을 때까지 미군이 주둔해야 한다고 했다. 나아가 남부 지역에서 일부 군대가 철수하더라도 상황이 악화되고 있는 동부 전선으로 이동시켜 싸우길 원했다.

2009년 하반기의 증원군 파병 논쟁 당시 군부는 증원군이 18개월에서 24개월 정도 대반군 전략을 수행한 후 탈환한 지역의 통제를 아프간군에 인계할 수 있을 것이라고 했다. 이에 기초하여 오바마 대통령은 자신이 맨 처음 보낸 증원부대의 아프간 내 도착 시점으로부터 정확하게 2년이 되는 2011년 7월을 철수 개시 시점으로 부과한 것이었다. 이와 관련해 민간에서는 전체 증원군 3만 명의 철수 완료 시한을 정해 주고, 군부가 철군 속도를 알아서 정하도록 하는 방안도 수용 가능한 것으로 보았다. 이는 오바마 대통령이 이라크에서 철군하던 방식과 유사한 것이었다. 그는 이라크에서 2010년 8월까지 5만 명으로 감축하라는 지시를 내렸는데, 군부가 철군 속도를 정해 마지막 순간까지 많은 병력을 유지했다. 마찬가지로 아프간에서도 2012년 가을을 전체 증원군의 철수 시한으로 정하자는 방안인데, 이 경우 군부는 대부분의 증원군을 2012년 가을까지 유지하려 할 것이고, 여론이 요구하는 신속한 철군과는 거리가 멀어 정치적 후과가 있지 않을까 우려되었다.

이러한 철군 규모와 속도에 대한 논쟁의 전초전으로 퍼트레이어스 장군이 아프간 군경의 규모를 당시의 30만 5천 명에서 37만 8천 명으로 증원하자는 건의를 내놓아 논란이 벌어졌다. 이에 대해 민간에서는 아프간에서는 이처럼 대규모 증원이 불필요하며 새로운 마을 민병대 조직이 어느 정도 수요를 메울 수 있을 것으로 본다고 했다. 아울러 대폭 늘어난 아프간 군경을 훈련시킬 요원들이 충분할지도 의문시되었다. 증원 비용도 연간 8조에 달하며 미국이 대부분 부담해야 할 상황이었다.*

2011년 6월 들어 존 케리 상원 외교위원장 등 민주당 의원들은 오바마 대통령에게 군부에서 계획하는 것보다 더 빠르게 아프간 주둔 미군을 철수하라고 권고했다. 아프간 남부에서의 영토 탈환과 오사마 빈 라덴 사살과 같은 군사적 성공을 거둔데다, 미국의 방만한 대외 채무, 더딘 경제 회복, 한 달에 100억 달러에 달하는 천문학적 규모의 아프간 전쟁 비용을 감안하지 않을 수 없는 상황이었다. 국방부의 2011년 회계 연도(2010.10.1~2011.9.30)상 아프간 전쟁에 소요되는 예산이 1,200억 달러이며, 2012년 회계 연도에는 1,070억 달러가 계상될 예정이었다. 아프간 전쟁 초기인 2003년 예산이 150억 달러였던 데 비하면 8배가 증가한 셈이었다. 2010년의 아프간 전비는 940억 달러로, 이라크 전비 710억 달러보다 더 많았다. 2012년 말 현재 아프간 전비로 총 5천억 달러를 지출했다.

철수 시작 시점인 7월이 다가오면서 철군 규모와 속도에 대해 행정부 내에서는 온건한 안부터 적극적인 안에 이르기까지 다양한 방안들이 제시되었다. 대체로 증파된 3만 명의 미군을 향후 1~1년 반 안에 얼마나 빠른 속도로 철수시킬 것인지에 대한 것이었다. 오바마 행정부 출범 초기 아프간 전략 수립으로 몸살을 앓던 2009년 가을과는 달리, 2011년 7월 철군을 앞두고는 공개적이고 장기간에 걸친 열띤 논쟁이 없었다. 이는 이미 수립된 아프간 전략의 틀 내에서 철군 이행을 어떻게 할 것인가의 문제여서 논란의 강도가 덜했던 것이다. 이 문제에 있어 과도한 철군을 주장한 좌파는 없었고, 우파인 군부와 중도파인 민간 인사들만 있었던 셈이다.

게이츠 국방장관과 군부는 그간의 군사적 성취를 공고히 하려면 상당수의 전투 병력을 2012년까지 유지해야 한다는 논리를 앞세우며, 가능한 한 장기간에 걸쳐 최소 규모로 감축하는 방안을 선호했다. 구체적으로는 증원된 3만 명 중 18개월에 걸쳐 1만 5천 명 정도만 철군하되, 지원병을 먼저 내보내고 전투부대는 가급적 나중에 철수하자는 입장을 취했다. 시간이 좀 더 지나자 2011년 말까지 5천 명을, 겨울 동안 추가로 5천 명을 철수시키고, 나머지 2만 명은 2012년 동안에도 유지해야 한다고 주장했다. 국무부는 특정 안에 집착하지 않고, 성급한 철군에 대한 군부의 우려를 공유하면서 철군 규모와 속도에 관한 민간과 군부의 입장을 절충한 쪽에 서 있었다.

가장 적극적인 안은 백악관에서 나왔다. 증원군 파병 후 전장에서 많은 군사적 목표를 달성했고, 오사마 빈 라덴을 포함한 알카에다와 탈레반의 지도부를 상당수 제거하였다. 그러므로 이제는 국가 건설을 포함한 대규모 군사력을 필요로 하는 고비용의 대반군 전략에서 알카에다 완전 거세에 초점을 맞춘 대테러 활동으로 옮겨 가야 한다는 논리를 내세웠다. 이에 따라 증원군 3만 명 중 2011년 말까지 1만 5천 명, 2012년 말까지 나머지 1만 5천 명을 철수하자는 안(루트 고위보좌관)과 2012년 여

---

* Rajiv Chandrasekaran, 〈Within Obama's war cabinet: looming battle over pace of Afghanistan drawdown〉, 〈Washington Post〉, March 30, 2011

름까지 3만 명 모두를 철수시켜야 한다는 안(바이든 부통령)이 제시되었다.* 양측 안을 보면, 철군 규모는 증원군 3만 명을 대상으로 하는 데 의견의 일치를 보고 있다. 그러나 철수 속도와 관련해서는 철군 완료를 2012년 여름까지 또는 2012년 말까지로 할 것이냐는 점에서, 전장에서는 중대하게 받아들여질 수 있는 6개월 정도의 차이가 있었다. 어떤 안을 택할 것인가는 오바마 대통령이 전적으로 정치적 책임을 지고 결단을 내릴 일이었다.

오바마 대통령의 발표

6월 22일, 마침내 오바마 대통령은 아프간 주둔 미군의 철수 규모와 속도에 대해 공식 입장을 밝혔다. 당시 아프간에 주둔 중인 10만 명의 미군 가운데 2010년 중 증파한 3만 명을 대상으로 2011년 7월부터 12월 말까지 1만 명을 먼저 철수시키고, 2012년 여름까지 추가로 2만 3천 명을 철수시키겠다고 밝혔다. 이후 2014년 말까지 아프간에 치안 권한을 이양하면서, 남은 7만 명의 미군의 임무를 전투에서 지원으로 변경해 나가고 이들도 꾸준하게 철수시켜 나가겠다고 덧붙였다.**

오바마 대통령은 미국이 아프간에서의 당초 목표를 대체로 달성했으며, 아프간이 이제 더는 미국에 테러 위협이 되지 않는다고 하면서, 미국의 방만한 채무와 더딘 경제 회복으로 아프간 개입에 연간 1천억 달러의 엄청난 비용을 부담할 여력이 없으며, 이제 미국 자체의 국가 건설에 주력해야 할 시기라고 말했다.

사실 그간의 집중적인 무인기 공격과 특수 비밀작전이 알카에다를 무력하게 만들었다. 미 정보당국에서 추적해 온 30명의 알카에다 고위 간부 중 20명이 지난 1년 반 동안 사살되었다고 한다.

이러한 철군 규모와 속도는 군부의 권고보다 더 크고 빠른 것이었다. 군부는 아프간 전장에서의 군사적 소득이 취약하고도 가역적인 것이라면서, 너무 성급하게 철군해서는 안 된다고 주장했다. 퍼트레이어스 사령관은 2011년 중 5천 명, 겨울 동안 추가 5천 명 철수를 권고했다고 한다. 그는 2009년 12월 대통령의 증파 발표 이래 18개월은 미군이 남부에서 얻은 군사적 소득을 공고히 하기에 충분치 않은 기간이라고 주장했다. 뿐만 아니라 미국의 증원이 종료됨에 따라 탈레반의 증원이 시작될 것이라고 우려하고 있었다. 군부는 이번에 발표된 철군 규모와 속도에 비추어 남부와 남서부의 일부 미군을 동부의 위협 지역으로 재배치하는 계획은 축소되거나 폐기될 수 있다는 우려를 표명했다.

그러나 게이츠 국방장관과 퍼트레이어스 사령관 모두 대통령은 전장의 상황을 넘어선 다른 많은 요소들을 감안해야 하는 위치에 있으며, 대통령의 결정을 전적으로 수용한다고 밝혔다.***

이에 따라 미국은 2011년 7월부터 부분 철군을 개시해 2012년 9월 말까지 이를 완료한다는 계획을 세웠고, 실제 9월 21일까지 철군을 종

---

* Mark Landler and Helene Cooper, 〈Obama to Announce Timetable for Troop Withdrawals from Afghan Surge〉, 〈New York Times〉, June 20, 2011

** 연설문 마지막 대목은 표현상 2014년 말까지 7만 명의 잔여 미군을 완전 철수시킨다는 의미인지 모호하다. 이는 시기상 차기 대통령이 결정할 사안이기 때문에 오바마 대통령이 명확하게 언급하기에는 곤란한 측면이 있을 것이다(After this initial reduction, our troops will continue coming home at a steady pace as Afghan security forces move into the lead. Our mission will change from combat to support. By 2014, this process of transition will be complete, and the Afghan people will be responsible for their own securit). www.whitehouse.gov

*** Mark Landler and Helene Cooper, 〈Obama will speed pullout from war in Afghanistan〉, 〈New York Times〉, June 22, 2011. Mark Mazzetti and Scott Shane, 〈Petraeus says Afghan pullout is beyond what he advised〉, 〈New York Times〉, June 23, 2011

결했다.

그해 말 재선에 성공한 오바마 대통령은 2013년 2월 국정연설에서 당시 아프간에 주둔한 6만 6천 명의 미군 가운데 3만 4천 명을 향후 1년에 걸쳐 추가로 철수시키겠다고 선언했다. 이때 미군을 제외한 다국적군은 프랑스군 등의 철수 결과 4만 명으로 축소된 상태였다. 미군 철수에 따라 당장 2013년 봄부터는 아프간 보안군이 주도하고 미군은 지원하는 역할로 전환되었다. 그는 2014년 말 아프간 전쟁이 종료될 것임을 재확인했고, 미국의 아프간 공약은 2014년을 넘어서까지 계속될 것임을 천명했다. 오바마는 테러 집단이 제기하는 위협은 진화하고 있으나, 그렇다고 이에 대응하고자 수만 명의 미군을 파병하거나 다른 나라를 점령하고 있을 필요는 없다고 했다. 이 공약대로 2014년 12월 ISAF 임무는 종료되었고, NATO가 인계받아 '단호한 지원 임무Resolute Support Mission, RSM' 명칭하에 직접 전투 활동 없이 아프간 군경과 기관을 대상으로 훈련, 자문, 지원을 제공하는 것으로 임무가 축소되었다. 미군은 1만 명으로 축소되었다. 이후 탈레반의 지속적인 준동과 이슬람국가IS 세력까지 침투하여 상황이 악화되자, 오바마 대통령은 임기가 끝나는 2016년 말까지 미군을 1천 명으로 축소한다는 공약을 거두고, 8,400명을 주둔시킨 채 트럼프 행정부에 넘겼다. 트럼프 행정부는 증원과 철수를 두고 고심 끝에 2017년 6월 오히려 4천 명의 병력을 증원하기로 했다. 그만큼 아프간은 미국의 대외 안보정책에 있어 뜨거운 감자로 남아 있다.

치안권 이양

　　　　　　미국은 2009년 〈신아프간 정책〉 수립 시, 앞으로 미군을 감축하는 과정에서 아프간 군경Afghan National Security Force, ANSF에 치안권을 점진적으로 이양해 나가기로 의견을 모았다. 〈신아프간 정책〉 발표 후 미국은 2010년 1월 런던 회의에서 그해 7월 치안권 이양 대강에 대해 발표하기로 주요국과 합의했다.

　2010년 7월 개최된 카불 국제회의에서는 2014년 말까지 아프간 전체의 치안권을 ISAF에서 ANSF에게로 완전히 이양한다는 〈치안권 이양 대강(Joint Framework for Transition, 다리어로 Inteqal)〉에 합의했다. 아프간과 상호 합의하는 기준에 의거해 지역별로 치안권을 점진적으로 아프간에 이양하는 한편, 아프간 군경의 역량을 배양하고, 국제 테러분자들에 대항해 싸우며, 치안 문제에 대한 아프간 주도권을 강화해 나가기로 했다.

　카불 회의 후 아프간과 NATO는 공동으로 이양 협의체Joint Afghan-NATO Inteqal Board, JANIB를 설치하고, 아프간에서는 아슈라프 가니Ashraf Ghani가, ISAF에서는 군 총사령관과 NATO 민간 고위대표가 공동으로 의장을 맡기로 했다. 이 협의체는 만장일치로 의사 결정을 내리며, 유엔 사무총장 특별대표는 옵서버로 참석하고, 최다 병력 공여국인 미국, 영국, 프랑스, 독일, 이탈리아, 터키 대사의 참석만 허용했다.

　이어 11월 열린 NATO 리스본 정상회의에서는 아래 원칙에 입각해 2011년 초 치안권 이양을 개시하는 것으로 합의했다.

・ 인위적으로 설정된 일정에 따르는 것이 아니라 현장의 여건을

감안해 시행
- 한번 이양한 후에는 다시 되돌릴 수 없는 불가역적 이양
- 치안 상황에 중점을 두어 이양 여부를 평가하되, 거버넌스 및 개발 부문도 고려
- ISAF과 아프간 간 공동으로 협의해서 결정
- 치안권 이양은 ISAF의 출구 전략의 일부가 아니며, 치안권이 이양된 주(州)와 군(郡)의 ISAF 병력과 자산은 아프간 내 다른 지역에 재투자

2011년 3월, 카르자이 대통령이 육군사관학교 연설에서 7월 중순부터 치안권이 이양될 7개의 주 또는 도시의 명단을 발표했다. 이들은 마자리 샤리프 시, 헤라트 시, 카불 시, 라슈카르가 시, 메타르람 시, 바미얀 주, 판지시르주이며, 이를 1차 이양tranche 1이라고 불렀다. 아프간 정부는 9월에 2차 이양tranche 2 대상을 추가로 발표했다. 한편 거버넌스와 개발 분야에서는 아프간 당국이 이미 주도권을 갖고 있으므로 특별히 이양할 것이 없으나, 치안권 이양이 진행되려면 거버넌스와 개발 분야에서도 아프간 측이 어느 정도의 진전을 이루어야 한다.

치안권이 점차 이양되면서 미군은 아프간 군경에 대한 훈련에 박차를 가해 왔다. 아프간 경찰은 제복 경찰Afghan uniformed police, AUP이 태반을 차지하며, 국경 경찰Afghan border police, ABP 2만과 민간 질서 유지 경찰Afghan national civil order police, ANCOP 8천 명으로 구성된다. 아프간 내무부가 현재 수십 개 군에서 시행해 온 아프간 향토 방위 경찰Afghan Local Police, ALP은 군마다 300명 선에서 무장하여 현역 경찰을 보조하는 임무를 수

행하는데, 미군이 재정과 무기를 지원한다. 당초 아프간 정부는 이들이 사병화할 것을 우려해 전체적으로 1만 명 상한선을 부과했다가 비현실적이라 철회했다. 카르자이 대통령이 이들이 장차 민병대로 변질될 수 있음을 우려하여 설치할 때마다 내무부가 승인하도록 했다. 승인 과정의 일환으로 내무부는 관련 지역 주민들과의 회합을 열어 의견을 듣는다.*

2011년 7월, 미군은 시일이 소요되는 대반군 전략을 계속 수행하는 일방, 치안 관리를 위해 아프간 남부에서 경찰 역량 강화 쪽으로 자원을 재배분했다. 아울러 남부 주민들을 향토 방위 경찰로 훈련시켜 철수 후에도 탈레반과 싸울 수 있도록 무장시켜 왔다.

현재 아프간 군인과 경찰은 모두 35만 명에 달한다. 군인이 19만 5천 명, 경찰이 15만 5천 명이다.

---

* Rajiv Chandrasekaran, 〈As drawdown approaches, U.S. commanders in Afghanistan reluctant to leave〉, July 31, 2011, 〈Washington Post〉

아프간의 정치적 화해와 재통합 노력

●

정부와 저항 세력의 협상

2008년 9월, 아프간 정부가 사우디 정부의 후원하에 메카에서 탈레반과 대화를 시작했고, 카불에서는 헤즈브 이슬라미와도 접촉을 시작했다는 보도가 나왔다. 아프간 정부가 교전 중인 저항 세력들과 정치적 화해를 시도한다는 놀라운 이야기가 나온 것은 이때가 처음이었다.

2010년 3월, 밀리반드 영국 외교장관이 아프간 정부와 탈레반, 여타 저항 세력 간에 조속한 협상을 촉구했다. 아프간에서 군사적 성공만으로는 전쟁을 종식시키기에 충분치 않으며 포괄적인 정치적 해결이 필요하다는 입장이었다. 그는 유엔이나 역내 국가가 협상을 중재하는 것을 지지했다. 이에 대해 탈레반은 외국 군대의 철수가 이루어지기 전에는 대화를 하지 않겠다는 입장을 표명했다.

2010년 6월, 카르자이 대통령이 저항 세력의 하나인 하카니 조직과 대화를 시도하고 있다는 얘기들이 언론에 보도되었다. 파키스탄 육군참모총장인 카야니Kayani 장군과 군정보부ISI 수장인 파샤Ahmed Shuja Pasha 중장이 대화를 중재했는데, 하카니 조직 측에서는 수장인 시라주딘 하카니가 직접 참석해 아프간-파키스탄-하카니 3자가 만나 카불의 권력 분점 방안을 협의했다고 한다.

카르자이 대통령은 2011년 여름부터 미군 철수가 개시될 예정임에 따라 저항 세력과 화해를 추진하려는 생각을 했다. 이를 위해서는 파키스탄의 중재가 필요했다. 파키스탄도 미국 내 정세가 어수선한 틈을 타서 아프간에서의 자국 이익을 극대화하려는 생각을 갖고 있었다. 이러한 상황에서 2010년 6월 초 아프간 내 반(反)탈레반 강경파인 내무장관과 중앙정보부장이 파면된 것은 카르자이 대통령의 화해 방침에 반대했기 때문이 아닌가 하는 추측을 낳았다. 카르자이 대통령은 그간 탈레반 퀘타 슈라Quetta Shura나 헤즈브 이슬라미 대표들과도 화해를 위한 대화를 가졌다고 한다. 알카에다는 주력이 파키스탄으로 이동했고, 아프간 내에는 50~100명 정도 미미한 수의 요원만 남아 있는 것으로 알려졌다.

2010년 하반기부터는 아프간 정부와 저항 세력 사이에 협상이 진행 중이라는 소문이 유달리 많았다. 실체는 일부 당사자들만 알고 있어 확인할 수 없지만, 미국 언론에 보도되는 상세한 내용들을 보면 반드시 허구만은 아닌 것으로 판단됐다.

2010년 9월, 미국-파키스탄 양국은 아프간 정부와 저항 세력 간 대화 추진에 공식적인 지지를 표명했으며, 탈레반을 군대로서는 약화시킬 수 있겠지만 정치 세력으로서는 패배시킬 수 없다고 결론짓고, 현 전쟁은 정치적으로 종식되어야 한다고 했다. 이는 카르자이 대통령의 대화 방침을 강화하는 것이었다. 탈레반은 "시계는 미국 손에 있지만 시간은 우리 편이다(The Americans have all the watches, and we have all the time)."라고 주장한다. 퍼트레이어스 총사령관이 2010년 10월 기자 회견에서 확인한 것처럼, 본격 협상을 진행할 적절한 장소와 참석자들의 신변 안전 문제를 논의하는 초기 단계에 있으며, ISAF는 저항 세력에게 교통수단을 제공하거나 통행 안전을 보장하는 등의 조력을 제공했다.

이러한 상황에서 10월 발족한 고위 평화위원회High Peace Council가 탈레반과의 협상을 촉진하기로 결의했다. 의장은 자마아트 이슬라미 당수를 지낸 라바니 전 대통령이 맡았으며, 약 70명의 각계 중진으로 구성되었다. 이들이 탈레반과 접촉하는 권한을 부여받았다. 이는 저항운동에 대한 군사적 해결은 어려우며, 지속적인 정치적 해결 노력만이 문제를 종식시킬 수 있다는 인식을 바탕으로 하는 것이다. 이는 아프간이 주도하는 과정이며, 국제사회는 필요한 경우에 지원을 제공한다.

2012년 전투 기간과 미 대선 과정으로 한동안 소강상태에 있었던 카불 정부와 탈레반 간 평화협상이 2013년 초에 이르러 다시 재개될 조짐을 보였다. 카르자이 대통령은 워싱턴에서 오바마 대통령을 만나 카타르 도하에서 탈레반 대표단과 대화를 갖겠다고 했고, 캐머런 영국 총리는 카르자이 대통령과 자르다리 파키스탄 대통령과 함께 평화협상의 신속한 진행을 촉구했다.

이러한 노력 이면에는 2014년 말 다국적군 철수 후 지역 안정을 확보하려면 탈레반과 정치적 합의가 필요하다는 공감대가 있었다. 카불 정부와 탈레반의 입장에는 근본적인 차이가 존재했다. 탈레반은 카르자이 대통령을 미국의 꼭두각시라며 그와 상대하기를 거부한 반면, 카르자이 대통령은 탈레반이 카불 정부의 정통성을 인정하고 고위 평화위원회와 대화해야 한다고 주장했다. 임기가 끝나 가는 카르자이 대통령은 20세기 아프간 최고 지도자들이 모두 피살되거나 추방당한 전례에 비추어 '미국의 앞잡이'라는 이미지를 떨치고자 미국의 군사 조치들을 비난하고 아프간 민족주의 감정에 호소하기 시작했다.

탈레반은 그가 나지불라 대통령의 말기처럼 민족주의에 의지하려 하나 민족주의는 나지불라를 구출하지 못했고 카르자이를 구하지도 못할 것이라고 밝혔다.* 카르자이 대통령은 서방이 주도하는 탈레반과의 대화에서 자신이 배제될 것을 두려워해 서방과 탈레반 간 비공식 대화를 만류했다. 미국은 아프간 정부의 후원 없이는 대화를 추진하지 않겠다는 입장을 취했고, 그간 신뢰 구축을 위해 관타나모 기지에 구금된 탈레반 여러 명을 석방하려던 계획도 중단했다.

2012년 말, 고위 평화위원회는 탈레반과의 협상을 위해 2015년 평화 과정 로드맵이라는 문서를 작성했다. 문서를 본 사람들은 탈레반을 정당으로 용인하고 탈레반에게 각료, 주지사, 경찰청장직 등을 배정하는 내용에 대해 지나친 양보라고 비난했다. 이들은 카르자이 대통령이 다국적군 철수 후 자신의 안위를 염려해 탈레반의 마음을 사려는 의도라고 하고, 장래에 부족 간 내전이 발생할 가능성을 거론했다. 이에 대해 카르자이 대통령 측에서는 전쟁을 끝내려면 현실적으로 탈레반과 타협하지 않을 수 없다고 항변했다. 탈레반 내부에서도 대화파와 주전파 간

* Alissa Rubin, 〈Vilification as a strategy, International Herald Tribune〉, March 14, 2013, 2

에 이견이 존재하는 것으로 알려졌다. 이러한 상황은 가니 대통령이 취임한 후에도 계속되어 평화 협상에 별다른 진전을 보지 못하고 있다.

●

아프간 평화 재통합 프로그램

2010년 6월 개최된 평화 원로회consultative peace jirga의 권고에 기초해 카르자이 대통령은 카불 국제회의를 앞두고 6월 29일 아프간 평화 재통합 프로그램Afghan Peace and Reintegration Program, APRP을 발족시켰다.

저항 세력의 재통합을 위해서는 우선 안정된 치안과 효율적인 거버넌스가 확보되어 있어야 한다. 저항 세력이 재통합에 호응하는 동기는 장기간의 전쟁에 대한 피로, 생명에 대한 우려, 평화와 안정에 대한 염원 등이라고 볼 수 있는데, 적극적인 접촉을 통해 이들의 불만이나 불안감을 해소해 줌으로써 신뢰를 얻을 수 있을 것이다. 이들에게는 종국적으로 사면을 받아 공동체에 복귀할 수 있다는 전망이 필요하다. 이러한 활동을 지원하고자 고위 평화위원회 산하에 여러 부처의 공무원으로 구성된 공동사무국을 설치하고, 총회, 이사회, 6개의 위원회와 같은 조직을 두었다. 이사회가 사실상 주요 결정을 내리며 총회에 보고하는 의무를 갖는다. 주 차원에서는 고위 평화위원회의 지침 아래 주지사가 주 평화 재통합 위원회provincial peace and reintegration committee, PPRC를 설치해야 한다.

2011년 1월 25일, 파르완주를 포함하여 모든 주에 위원회를 설치하라는 카르자이 대통령의 지시문서가 시달되어 위원회 설치가 이루어졌고,

파르완주에서는 수개월 내 10여 명의 탈레반 요원들을 전향시키는 실적을 거두었다. 주지사의 권능하에 각 군에서도 동일한 임무를 띤 하부 위원회를 결성할 수 있다.

재통합 프로그램의 1단계 조치는 저항 세력과의 접촉, 신뢰 구축, 협상, 중재 등이고, 2단계는 이들의 동원을 해제하는 데 초점이 맞춰지며, 동원 해제는 접촉, 평가, 조사, 등록, 무기 관리, 폭력 포기, 테러리즘 포기, 정치적 사면 제공의 과정을 거치게 된다. 3단계는 평화 정착 단계로 사회 복귀, 아프간 군경에의 통합, 직업훈련, 문맹 퇴치 교육, 종교 교육 등의 조치이다.

오바마 대통령은 정치적 해결 없이는 수많은 전쟁을 겪은 아프간과 같은 나라에 평화가 올 수 없다는 점을 지적하고, 미국은 아프간 정부와 군대를 강화해 나가면서 탈레반을 포함한 아프간인들을 화해시키는 데 참여할 것임을 천명했다. 이러한 대화는 아프간 정부가 주도해야 하며, 평화적인 아프간의 일부가 되기를 원하는 사람들은 알카에다와 절연하고, 폭력을 포기하며, 헌법을 준수해야 한다.

이러한 재통합 프로그램이 본격화되려면 탈레반과의 평화 협상이 선행되어야 하므로 현재로서는 요원한 일이다.

제4장

재건과 희망

재건 활동의 전초

●

파르완평원

늦봄에 접어드니 드넓은 파르완평원에 신록
이 무성하다. 한창 자라고 있는 밀과 벼와 과수들의 녹색의 향연. 여기에
아르가완 나무의 선홍색 꽃잎이 간간히 섞여 멋진 배색을 이룬다.

한국 지방재건팀Provincial Reconstruction Team, PRT*이 위치한 차리카
Charikar 기지는 산기슭에 500×600m의 공간을 차지하고 아래편에 펼
쳐진 파르완평원을 한눈에 조망하고 있다. 평원은 힌두쿠시산맥 속의
1,500m 되는 고원지대이다. 높은 산들이 평원을 거대한 원처럼 둘러싸

---

* PRT는 2002년 미국 정부가 아프간에 민군 합동재건팀을 전개하고자 고안한 것이다. 미국은 2003년 1월
아프간 동부의 팍티아주 가르데즈에 최초의 PRT를 설치했다. 현재 아프간 전역에서 28개의 PRT가 활동
중이며, 미국은 14개의 PRT를 운영하고 있는데, 이중 10개가 동부 주에 집중되어 있다.

고 있다. 멀리 전면을 가로막고 선 우람한 산들 너머에는 오른쪽부터 차례로 코히사피군, 카피사주, 판지시르주, 살랑군이 자리 잡고 있다.

불과 두어 달 전만 해도 산봉에 잔뜩 도사리고 있던 눈이 어느새 사라지고 없다. 왼편 산악 틈새로 난 외줄기 도로는 힌두쿠시 산중에서 겨울철에 유일하게 북부 지방으로 통행이 가능한 살랑 터널로 이어진다.

전면의 산 뒤로 산, 그 뒤에도 다른 산들이 계속 이어져 파키스탄 국경 너머까지 연결된다. 1980년대에는 파르완주의 무자헤딘 전사들이 산악의 외진 소로(小路)를 이용해 파키스탄 쪽에서 무기와 보급품을 지원받아 소련군과 싸웠고, 2000년대에는 탈레반과 여타 저항 단체 게릴라들이 역시 파키스탄 쪽에서 동일한 루트를 통해 파르완주로 잠행했다. 이 모든 산들은 힌두쿠시산맥의 일부다. 힌두쿠시는 타지키스탄 동부의 파미르고원에서 시작하여 아프간 전역을 남서 방향으로 비스듬하게 가로지르며 국토의 태반을 차지한다.

우리 지방재건팀이 차리카 기지에 입주한 2011년 1월 하순 이후 한동안 맑은 날씨가 계속되다가 2월 벽두부터 흐리기 시작하더니, 어느 날에는 낮 동안 내린 가랑비가 밤이 되면서 뇌성과 우박을 동반한 폭우로 변해 밤새도록 몰아쳤다. 아프간에 도착한 이래 가장 격렬한 날씨였던 것 같다. 이렇게 수일간 잔뜩 찌푸린 먹구름 사이로 가랑비가 오가다 폭우가 쏟아졌다. 겨울인 12월과 1월에도 내내 날씨가 맑아 영상 10도를 웃도는 한낮 기온은 흐린 날씨에는 꽤나 춥게 느껴지고, 밤에는 영도(零度) 이하로 떨어진다. 차리카 기지는 산기슭에 있어 늦봄에도 여전히 쌀쌀하고, 사람이 붐비는 평원의 바그람 공군기지보다는 통상 몇 도가 더 낮은 편이다.

파르완평원 동남부에 자리 잡은 바그람 공군기지Bagram Airfield, BAF 상공에 먼지가 자욱하게 구름층을 형성하고 있다. 평지라 시야가 거침이 없어 차리카 기지에서 12km나 떨어져 있지만 육안으로 쉽게 위치를 가늠할 수 있다. 밤에는 전기 사정이 좋지 않은 평원 일대에서 유일하게 불빛이 휘황하여 더 잘 식별된다. 돌이켜 보니 차리카 기지로 입주하기 전, 저곳에 설치한 임시기지에서 보낸 7개월이 새삼스럽다.

파르완평원

파르완평원은 동서 12km, 남북 24km 규모의 대단히 넓은 농경지이다. 파르완주 경제의 95%가 농업에 의존한다. 겨울 우기에는 주변의 산계(山系)에서 흘러내리는 빗물이, 여름의 건기에는 겨울눈이 서서히 녹아내린 물이 살랑, 고르반드, 판지시르 3개의 주요 강을 형성하여 평원을 적셔, 비옥한 토지에 작물이 풍성하게 자라 인근 주(州)들에 식량을 대는 빵바구니breadbasket라 불리는 곳이다. 이곳은 과수가 유명하여 봄에는 뽕나무 열매인 오디가 즐비하고, 여름에는 살구와 수박, 가을에는 달고 알이 작은 포도, 석류가 풍부하게 생산된다. 오디, 살구와 포도는 농가에서 말려서 포장한 상품으로 높은 값에 판매한다.

파르완평원은 남쪽으로 수도 카불 너머까지 펼쳐져 있어 카불에서 보면 북쪽이라 쇼말리(Shomali, 북부)평원이라고도 불린다. 파르완주가 남쪽 카불주와 연결되는 지역은 넓은 황무지지만, 땅을 파면 바로 지하수가 나와 관개가 가능하며, 황무지 위의 선연한 수로 자국들은 겨울철 우기 때 급류가 흐른 자취라고 한다.

●

재건 활동 준비

두바이를 거쳐 파르완으로

대한민국 지방재건팀이 ISAF 본부와 협의를 거쳐 활동 무대로 정한 곳은 수도 카불에서 북쪽으로 50*km* 떨어진 파르완주. 우리는 2010년 6월 15일 파르완주의 바그람 공군기지에 도착한 후, 수년간 파르완주에서 재건 활동을 해 왔던 미국 지방재건팀으로부터 권한을 이양받고 7월 1일부터 본격적인 활동에 착수했다.

아프간을 출입하는 항공편은 매우 제한돼 있고, 특히 바그람 공군기지로 바로 들어가려면 두바이를 통해야 한다. 물론 그전에 먼저 우리 외교부에서 아프간 방문 허가증을 발급받아 여권에 부착해야 한다.

두바이에서 매일 1~2편 운항하는 특별기를 타고 바그람 기지를 향해 3시간여 비행하는 사이, 아래로는 나무 한 그루 찾아보기 힘든 불모의 광야가 끊임없이 펼쳐진다. 항로상 이란 남부와 아프간 남부를 지나는 루트다. 목적지인 바그람 공군기지에 가까워지자 넓은 파르완평원을 가득 메운 싱그러운 수목들이 불안감을 달래 준다. 힌두쿠시 산중에서 활주로가 4*km* 정도 되는 항공기를 질주시킬 만한 공간을 찾자면 그나마 파르완평원 외에는 달리 대안이 없을 것이다.

1980년대 아프간을 점령한 소련이 이곳에 군용 비행장을 건설했고, 소련 철수 후에는 아프간 정부가 계속 비행장으로 사용했다. 2001년부터 아프간 전쟁에 직접 개입한 미국도 바그람 기지를 그대로 물려받았다. 기지 내에는 소련군이 지은 낡은 시멘트 건물들이 아직 많이 남아 있다. 지금의 바그람 기지는 다국적군의 주요 요충지로서 둘레가 14km에 달하며, 상주 인구가 3만을 넘는 소도시로 변했다. 중앙의 왕복 2차선 아스팔트 도로에는 늘 차량 행렬이 길게 이어지고, 도로변 보도에도 군인과 민간인들이 빼곡하다. 빈번한 차량 이동과 상시 부는 강풍으로 흙먼지가 사위에 뿌옇게 떠돈다.

PRT 출범과 그 목적

기지 중간쯤에 위치한 코리언 컴파운드Korean Compound에 여장을 풀었다. 우리 PRT가 상주할 차리카 기지가 완공되기 전까지 임시로 사무실을 차릴 곳이다. 차리카 기지는 파르완의 주도인 차리카 시 북쪽 외곽에 들어설 예정인데, 바그람 기지에서 차량으로 한 시간여 걸린다. 코리언 컴파운드는 삼환건설이 2009년 6월에 착공해 2010년에 4월에 완공한 건물로, 병원, 직업훈련원, 숙소동 3채로 구성되어 있다. 병원 건물 옥상에서 내려다보면 바로 아래 잔카담 마을의 공터에서 어린이들이 공을 차고 놀고 있다. 그쪽으로 특별히 낸 쪽문인 코리언 게이트Korean Gate를 통해 환자와 직업훈련원 학생들이 출입한다. 테러 가능성을 차단하려고 자체 고용한 네팔인 경비원들이 출입자들에 대한 1차 검색을 하고, 한국 경찰팀과 미군이 합동으로 후속 검색을 한다. 엑스레이 검색문과 같은 첨단 기계장비가 동원되어 외부에서 무기나 폭발물을 반입하는 것이 불가능하다.

다국적군은 미군의 울버린Woverine 여단을 지정해서 파르완과 인근 판지시르와 바미얀 세 개 주의 지방재건팀 활동을 총괄 조정하도록 했다. 따라서 우리 PRT는 활동 방향과 사업 내용이 파르완 주민들에게 실질적인 혜택을 줄 수 있도록 올버린 여단과 주기적으로 협의해 나갔다.

올버린의 윌리엄 로이William Roy 장군 주재하에 파르완주를 떠나는 미국 PRT와 이를 인수받는 우리 PRT 간에 성대한 권한 이양식이 6월 30일 기지 내에서 열렸다. 파르완 주지사와 주정부의 간부진, 다국적군 관계자들이 참석해 우리 PRT의 정식 출범을 축하해 주었다. 필자는 연설을 통해 우리 PRT가 아프간 재건에 참여하게 된 동기와 배경을 설명하고, 개도국이었던 한국이 한 세대 만에 눈부신 경제 발전을 이뤄 잘살게 된 것처럼 아프간도 수십 년간 지속된 전쟁을 이겨 낸 끈기와 의지로써 공동체 재건에 나선다면 한 세대 만에 커다란 성취를 이룰 것으로 확신한다고 했다.

차리카 기지는 태화건설이 2010년 5월 시작한 공사가 한창 진행 중이라 우선 코리언 컴파운드 안에 임시 사무소를 차렸다. 한국 병원 건물 2층에 마련된 사무실과 회의장에서 재건 활동을 하는 데 필요한 기초 작업에 들어갔다. 외교부의 송시진 서기관이 PRT 부대표로 수개월 전 먼저 도착해 많은 준비를 갖춰 놓았다. 미리 도착해 있던 병원 의료진과 직업 훈련원 자문관들은 이미 환자를 돌보거나 연초 모집한 학생들을 가르치느라 한창 분주했다. 2011년 1월부터는 유승민 서기관이 뒤를 이어 PRT 살림을 도맡았다.

지방재건팀 소속으로 7월 1일 도착한 우리 재건지원단(오쉬노 부대) 장병 350명은 이정기 대령의 인솔하에 $2km$ 떨어진 곳에 숙영지 텐트를 쳤다. 오쉬노(친구) 부대는 차리카 기지 경계와 민간요원들에 대한 경호를 제공하는 것이 주 임무였다. 함께 온 헬기 중대는 우리 요원뿐 아니라 미군을 포함한 다국적군의 이동에도 많은 편의를 제공해 주었다. 병원과 직업훈련원은 KOICA에서 용역 계약을 맺어 국내의 전문 인력을 데려왔고, KOICA의 김용표 소장이 활동을 감독하고 있었다. 병원은 백병원에서 나온 박석산 원장이 20여 명의 의료진을 이끌었고, 직업훈련원은 노동부 국장 출신의 공덕수 원장이 맡고 있었다. 또 10명의 분야별 민간 자문관도 본격적인 활동 채비를 갖추고 있었다. 이들은 오랜 경험과 폭넓은 식견을 가진 분들로 PRT의 운영과 방향에 대해 많은 조언과 기여를 보태 주었다. 이 정도로 사전 준비가 되어 있어서 PRT 발족과 동시에 상당 수준의 재건 활동이 이미 시작되고 있었다.

각국 지방재건팀이 아프간 전역에서 활동 중이지만, 아프간 주민들을 모두 먹여 살릴 수는 없다. 주어진 여건과 재원 범위 내에서 주민들이 꼭 필요로 하는 일부 사업을 수행함으로써 주민 역량과 자활 의지를 장려하는 것이 본래 목적이다. 물고기를 계속 제공하는 것이 아니라, 물고기 잡는 법을 가르쳐 주자는 것이다.

우리는 도착 직후 파르완 정부가 조기에 정상 가동되도록 차량, 컴퓨터, 사무용품을 비롯한 각종 행정 물자를 신속히 지원했으며, 경찰 요원 40명과 민간 자문단 10명이 학교, 보건소, 시범 농장 건설을 계획하고, 주 정부 관리와 경찰관의 역량을 높이는 교육 훈련을 시행할 준비에 들어갔다. 우리 지방재건팀의 활동 시한인 2012년 말까지 많은 시간이 주어진 것이 아니므로 효율적이고 신속하게 진행해야만 한다. 도로를 닦거나 발전소를 짓는 인프라 구축 사업은 시간도 많이 걸리고 재원 면에서도 무리가 따르므로 주된 기여자가 나타나면 우리도 보조적으로 참여할 수는 있을 것이다.

●

파르완 상황

파르완 기후

이곳에 도착한 6월부터 9월까지 세 달 동안 날씨는 맑고 무덥지만 종일 지속적으로 강풍이 몰아쳤다. 몸이 날아갈 듯한 강한 바람이라 군용 헬기도 수시로 운행 일정을 변경할 수밖에 없다. 파키스탄 국경 너머에는 해마다 반복되는 여름철 대형 몬순으로 인더스 강이 범람해 가옥과 다리가 떠내려가는 큰 홍수가 종종 나는데, 양국 국경 사이의 산악이 차단벽 역할을 해서인지 이곳은 별다른 영향을 받지 않는다. 여름과 가을 동안 흐린 날 가랑비가 두어 번 내린 경우를 제외하고는 30도를 크게 웃도는 맑고 건조한 날만 계속되었다.

힌두쿠시 산중에 눈이 녹고 활동하기 좋은 봄이 되면 탈레반이나 헤즈브 이슬라미가 아프간 정부와 다국적군을 대상으로 춘계 대공세를 선언하고 게릴라 공격을 진행하다가 12월 겨울로 접어들면 휴면기에 들어가는 사이클이 지난 10여 년간 반복되어 왔다.

우리가 도착하기 직전인 2010년 5월에는 탈레반이 바그람 기지뿐만 아니라, 잘랄라바드와 칸다하르에 있는 다국적군 공군기지에도 간접적인 포격과 동시에 전사들이 직접 돌진하는 복합공격complex attack을 감행했으나 전력이 워낙 약세라 간단히 실패하고 말았다. 바그람 기지를 공격한 탈레반 18명은 기지 외곽에서 전원 사살되었다고 한다. 저항 세력의 강점은 험한 산세를 이용해 게릴라전을 펼치고 주민들 속에 은신하여 테러를 자행하는 데 있으며, 다국적군 기지를 직접 공격하거나 정면으로 맞서 싸우는 것은 달걀로 바위를 치는 격이다.

이곳은 11월에도 영상 18도 정도로 매우 포근했고 야간에도 그리 춥지 않았다. 하지만 12월 들어서면서부터는 한낮 기온이 다소 떨어지고 밤에는 쌀쌀하거나 춥게도 느껴졌다. 그러나 겨울철에 접어들었음에도 전반적으로 날씨가 맑아 일광을 많이 받을 수 있어 지내기에 그리 불편하지만은 않았다.

파르완 상황

파르완주에서 재건 사업을 하려면 먼저 지역 상황을 소상히 파악하고 있어야 한다. 아프간 전체로 보자면 동부와 남부에 거주하는 파슈툰족이 인구의 42%를 차지하여 최대 종족을 이루지만, 파르완에서는 타직족이 70%로 다수다. 타직족이 전국적으로 27%인 데 비하면 큰 수치다. 타직족은 인도-이란계의 다리어를 사용하는데, 남아시아에서는 다리어가 예로부터 관청 공용어여서 행정가를 많이 배출했고, 다수파인 파슈툰족과 경쟁 관계에 있다. 파르완에는 파슈툰족이 20%, 하자라족이 10%를 차지한다. 파르완주 동쪽에 연이은 판지시르주에는 인구의 98%가 타직이다. 그래서 파르완에서는 주지사를 비롯한 주요 보직을 대개 타직족이 맡고 있다.

파르완주의 치안은 일차적으로 1천 명가량의 파르완 경찰과 100여 명의 국가정보국National Directorate of Security, NDS 산하 파르완 지부 전투원들이 담당한다. 상대적으로 안전한 파르완주보다 여타 지방에서 전투 수요가 많아 파르완에는 장교 몇 명 외에는 아프간 군대가 존재하지 않는다. 주지사는 치안과 관련해 전반적인 리더십을 제공하며, 경찰청장,

정보부 지부장과 함께 주의 치안 삼인방이 되어 다국적군과 치안 안정을 위해 협력한다.

카불 남쪽부터 시작되는 고원 평지는 파르완주 중앙부까지 올라오면서 쇼말리평원으로 바뀐다. 쇼말리평원에는 파르완주의 4개 군인 바그람, 차리카, 자불 사라즈, 사이드 케일이 자리 잡고 있다. 북쪽의 살랑군으로 들어가는 초입부터 산악의 경사가 가파르게 전개된다. 카불에서 오는 주도로가 차리카 시를 가로질러 북부로 가는 관문인 살랑 터널을 통과하므로 쇼말리평원은 차량 통행이 상시 잦은 편이다. 파르완 서부 4개 군인 신와리, 시어가드(고르반드), 셰이크 알리, 수르키 파사와 파르완 동남부 귀퉁이에 해당하는 코히사피군은 지세가 험준한 산골짜기라 통행이 어렵고 뜸한 편이다. 이들 산중에 탈레반이 왕왕 출몰하여 산 아래 민가나 도로를 공격하므로 안전문제 때문에 우리 PRT가 이 지역을 방문하기는 어려웠다.

주지사와의 만남

압둘 바시르 살랑기Abdul Basir Salangi 주지사*를 처음 만나자, "안녕하십니까? 감사합니다."라고 한다. 한국 지방재건팀이 온다는 걸 알고 미리 배워 둔 인사말이다.

파르완주에서 재건 활동을 시작하면서 제일 먼저 해야 할 일이 주지사와 안면을 트고 친해지는 것이다. 우람한 몸집과 보통 사람 두 배나 되는 큰 손, 날카로운 눈매와 시원시원한 얼굴 윤곽이 과거 무자헤딘 지휘관 출신답게 보인다.

1963년생인 살랑기 주지사는 이 지역 토박이다. 10개의 군으로 구성

아프가니스탄, 왜?

된 파르완주에서 가장 북쪽에 있는 군이 살랑이고, 여기서 태어난 사람이라는 의미에서 성(姓)을 살랑기라고 붙였는데, 이러한 경우가 이슬람권에서는 흔하다. 그는 20대에 전설적인 영웅 아마드 샤 마수드 장군 휘하에서 소련군에 맞서 파르완 전선에서 용맹하게 싸운 무자헤딘 전사였고, 한때 4천 명의 부하들을 거느렸다고 한다. 1990년대 들어서는 파르완을 공격한 탈레반에 맞섰고, 2001년 미국 개입 후에는 파르완 부지사, 카불 경찰청장을 거쳐 2009년 5월에 주지사로 임명되어 계속 고향에서 활동 중이다.

우리 재건 활동의 방향이나 사업 내용에 대해 살랑기 주지사와 주기적으로 만나 전반적인 조율을 해야 한다. 그는 2010년 10월 열흘 정도 우리나라를 다녀온 후로는 더욱 친한 인사가 되어 물심양면으로 재건 사업의 진행을 도와주었다.

●

재건 활동 착수

　　　　　　　다국적군이 마련한 재건 활동의 틀은 개발development, 거버넌스governance, 치안security 세 분야를 중심축으로 삼고, 이들을 골고루 상호 추동적으로 진전시킴으로써 시너지 효과를 얻자는 것이다. 우리 PRT는 처음부터 치안 안정화에는 관여하지 않도록 되어 있으므로 파르완주의 개발과 거버넌스 분야에만 집중했다.

---

* 현지 다리어로 주는 월라예트(Wolayet), 주지사는 왈리(Wali, 통치자), 군(郡)은 월레스왈리(Woleswali), 군수(郡守)는 월레스왈(Woleswal)이라고 한다. Woles는 주민을 뜻한다.

아프간 PRT 파견은 유엔이 2001년 이래 매년 안보리 결의를 통해 ISAF에 인적 및 물적 지원을 촉구해 왔고, 아프간 정부도 재건과 경제 개발을 지원해 주도록 거듭 요청해 왔으며, 우리 국력과 국제적 위상에 부응하는 기여가 필요하다는 판단에서 결정된 것이다. 이를 통해 아프간에 대한 국제사회의 평화 조성 노력에 동참하고, 아프간의 재건과 지속적인 경제사회 개발 지원을 한다. 우리나라는 이미 2002년 의료부대인 동의부대와 공병인 다산부대를 아프간에 파병하여 활동하다가 2007년 12월 말 철수했다.

이번에 파견하는 PRT는 민간인과 경찰의 재건 활동이 주된 임무인데, 민간인 활동을 보호하기 위해 특전사 요원 350명을 함께 보내기로 했다. 특전사 파병에 관한 부분은 국회에서 일차로 2010년 7월 1일부터 2012년 12월 31일까지 350명 이내에서 파병하기로 2010년 2월 25일 승인했다. 민군경 모두가 Korean PRT의 기치 아래서 주어진 임무를 반드시 완수해 내겠다고 다짐했다.

파르완주의 재건 사업에 착수하면서 주지사 외에 주 정부의 간부진, 주 의회의원단, 10개 군 군수, 마을 원로, 주민 대표, 지역 NGO와 같은 다양한 사람들을 만났다. 주 정부의 간부진은 농업, 교육, 보건, 여성, 노동 등 분야별 책임을 맡고 있는 국장들로, 30명은 족히 된다. 이들에게 우리 PRT의 사업 계획과 방향을 설명하고, 필요한 사항, 경제 사정, 치안 정세 등에 대해 의견을 나누었다. PRT 내 8명으로 구성된 분야별 자문관들이 해당 분야의 면담에 참여해서 카운터파트가 되는 국장들에게 우리의 경험과 지식을 전수해 주었다.

파르완 10개 군의 군수들을 면담하니, 이구동성으로 학교나 보건소 같은 건물을 짓는 것은 꾸준히 진행하되 당장 사무용품과 발전기, 차량을 제공해 달라고 한다. 현실적으로 행정을 보는 데 아쉬운 게 이러한 것들이다. 아프간과 같은 열악한 환경에서는 컴퓨터와 같은 사무용품을 지원하는 것도 쉽지 않다. 우리 요원들이 두바이에 가서 물건을 구입해 와야한다. 여러 물품을 대량으로 조달하자면 행정 절차나 수송이 만만치 않지만, 우리는 요청받은 지 2개월 만에 물자를 구입해 전달했다. 몇몇 군수는 우리가 약속을 이행했다는 사실 자체가 믿기지 않는다고 했다. 그것도 단시간 내 실행했다고 감격의 눈물을 흘린 이도 있었다. 수르키 파사Surki Pasa 군수는 많은 외국의 원조단체들이 약속만 하고는 실천을 하지 않아 지난 10년간 실제로 물자를 받은 경우가 거의 없었다고 했다.

파르완 지도자들이나 주민들과 면담을 가지면서 우리 PRT에 대한 이들의 기대가 매우 높다는 것을 깨닫고, 한편으로는 자랑스럽기도 하고 한편으로는 걱정되기도 했다. 이들은 한국이 수십 년 전만 해도 자신들처럼 가난뱅이였는데 자신들은 전쟁을 하느라 한 세대 30년을 흘려보낸 사이에 한국은 엄청난 경제 발전을 이루었다고 부러워했다. 한국을 따라잡자는 의욕도 다지고, 이제 부자인 한국에게서 많은 혜택을 보겠구나 하는 기대감도 표시했다.

실제로 우리 PRT로부터 직접적인 혜택을 본 지도자나 주민들이 많았다. 병원이나 직업훈련원은 아프간인을 일상으로 접하고 도움을 주는 곳이다. 아픈 사람은 치료해 주고, 청년에게는 기술을 가르쳐 주니 당사자와 가족들이 매우 기뻐했고, 현지 지도자들도 한국이 좋은 일을 많이 한다고 평가했다. 경찰 훈련은 기지에서 가까운 바그람 경찰서 경찰관들을 대상으로 시작해서 파르완 경찰청 차원으로 확대되었다. 차리카 기지 주변 마을들에 대해서는 장래 우리 PRT의 이웃이 될 것임을 감안해 마을 주민들이 긴요하다고 요청하는 사업을 한두 가지씩 특별히 지원했다. KOICA에서는 교육, 의료, 농업 등 여러 분야에 종사하는 파르완 전문가들을 한 번에 20명 정도씩 연간 10회 방한 초청하여 연수를 시행했다.

우리가 기억해야 할 것은 한국 PRT가 파르완주의 모든 것을 책임지는 것은 현실적으로 불가능하다는 것이다. 파르완에는 10개 군에 수천 개의 마을이 있는데, 마을 단위의 대표들까지 수많은 사람들이 PRT 대표인 필자와의 면담을 요청했다. 우리 PRT가 현재 진행 중인 사업과 그간 마을 단위에서 접수한 요청 사항이 얼마나 많은지 한동안 설명해 주면 대개는 설복되어 돌아갔다. 대부분은 혹시나 지원을 얻을 수 있을까 하는 바람에서 찾아온 것이다. 우리 PRT는 파르완주에서 가장 필요로 하는 공익사업 가운데 예산이나 인력 형편에 맞추어 협의를 통해 발굴된 것들을 시행해 줌으로써 지도자와 주민들의 자활 역량을 길러 주는데 활동의 주안점을 두고 있었다. 이는 타국 PRT들도 마찬가지였다.

아프간의 치안 사정을 감안해 기지 밖으로 영외 활동을 나갈 때는 오쉬노 부대의 경호하에 특수장갑차 앰랩Mine-Resistant, Ambush-Protected, MRAP*을 타고 나가야 한다. 저항 세력들은 화력이 훨씬 우세한 다국적군과 정면으로 맞서지 못하고 치고 빠지는 게릴라 전술을 구사하는데, 그 일환으로 이라크전에서 즐겨 사용하던 급조폭발물Improvised Explosive Device, IED을 아프간전에 적용해 다국적군이 자주 통행하는 도로변에 매설한다. 이것은 비료와 디젤 기름만 있으면 만들 수 있는 원시적 형태의 폭발 장치인데, 기폭 장치는 아프간 외부에서 반입한다. 파르완주에는 저항 세력이 크지 않으나 가끔씩 급조폭발물 사고가 발생했다.**

전반적으로 도로 사정이 좋지 않아 바그람 기지에서 주청사 사무실들이 몰려 있는 차리카 시까지는 통상 한 시간도 더 걸리며, 그보다 더 북쪽의 살랑군까지는 두 시간이 족히 걸렸다. 민군 모두 치안 상황에 철저히 대비해야 하다 보니 아침 일찍 일어나 준비를 해야 했고, 차리카 시에서의 회의는 자주 늘어져 바그람 기지에 돌아오면 오후 2시를 넘기기 일쑤였다.

우리 모두에게는 오후 2시라는 타이밍이 중요했다. 지치고 허기진 상황인데 기지 내 식당이 오후 2시가 되면 한 군데를 제외하고는 모두 문을 닫아 점심을 먹을 곳이 없기 때문이다. 그래서 활동을 나갔다가 늦으면 각자 숙소에서 라면을 끓여 먹거나 식반으로 때우는 일이 잦았다. 살랑군처럼 이동에만 왕복 4시간이 걸리는 곳은 면담하고 돌아오면 저녁 시간이 된다. 아프간 사람들이 지독히 가난하니 우리를 손님으로 점심을 대접하는 경우는 극히 드물다. 배를 곯지 않으려면 미리 샌드위치라도 만들어 호주머니에 넣어 나가야 했다. 저녁에는 본국에 보낼 보고서를 써야 하니 시간은 잘 갔고 바쁘기도 했다.

PRT 개설 초기라서 만나자는 사람들도 많았고 이것저것 할 일이 많아 모두들 열심히 했다. 어떤 때는 주 5일 근무 중 하루도 빠짐없이 외부 면담을 나가야 했던 경우도 있었다. 너무 무리하면 몸살 난다는 충고를 들

---

* 앰랩은 급조폭발물이나 지뢰가 폭발해도 파손되지 않도록 특수철재로 제작한 차량으로, 대당 가격이 10억 원이다. 앰랩이 철판을 두껍게 두르다 보니 기동성이 떨어진다는 지적이 있어, 아프간과 같은 험준한 산악 지형에서 보다 가볍고 기동성이 강화된 개량형 앰랩인 엠에이티비(MATV)도 나왔다.

** 2008년에는 아프간 전역에서 3,276건이 발생해 전년 대비 45% 증가했고, 2009년에는 8,159건으로 전년 대비 100% 이상 증가했다. 이라크에서는 2007년에 2만 3천 건이나 되는 폭발이 발생했으나 치안 사정이 전반적으로 개선됨에 따라 2009년에는 3천 건으로 하락했다고 한다.

지 않았다가 정말 두어 달쯤 지난 어느 날, 살랑군으로 향할 때 두통이 많이 나더니, 군수를 면담하고 돌아올 때는 앰랩 안에서 구토한 적이 있었다. 차량 안 병사들에게 봉투를 건네받을 때 매우 창피했으나, 지나고 보니 그때 정말 열심히 살았구나 하는 생각이 든다.

이러한 활동 과정에서 우리 군은 방문 예정지에 대해 사전 첩보 수집하랴, 장비 갖추랴, 앰랩 정비하랴 특별히 고생을 많이 했다. 이정기 대령과는 치안 상황 평가나 민군 협조와 관련된 절차적 사항들을 놓고 얘기도 많이 했고, 서로 이견도 있었다. 그는 자신의 임무가 요원들의 안전 확보와 재건 활동 지원에 있음을 분명하게 인식하고 있었으며, 어려운 여건 속에서 최선을 다한 훌륭한 군인이라고 느꼈다.

PRT 대표로서 1년 3개월 근무 중 처음 절반을 바그람 기지에서 이렇게 보람 있게 보냈다. 민군뿐만 아니라, 민간 내부에도 KOICA, 자문단, 경찰, 병원, 직업훈련원 등 여러 조직체가 있어서 정기적으로 각자 모임을 주선하여 모두들 한자리에 어울릴 기회도 많았다. 바그람 기지 내 여러 미군 제대에는 주한미군으로 근무한 이들이 어찌나 많던지 지나는 길에 코리언 컴파운드를 불쑥 찾아와 한국인을 만나 얘기하고 싶다는 사람도 있었다. 한국에서 근무하면서 한국 문화와 음식을 좋아하게 된 게 역력했다. 이들을 모아서 컴파운드 내 식당에서 불고기나 라면 파티도 종종 열었다. 이들과 재건 활동이나 기지 생활에 대해 많은 대화를 나누고 도움을 주고받았는데, 이것이 메마른 생활에 활기와 동력이 되기도 했다.

●

한국 병원의 인기

의료 시설이 부족한 지역이라 한국 병원의 인기가 높아 찾는 이들이 많았다. 병원에 들어오려고 아침 일찍부터 보안검색대 앞에 아프간 사람들이 장사진을 친다. 우리 병원의 시설 능력으로 하루에 돌볼 수 있는 환자 수는 대략 150명 전후인데, 줄 선 이들은 이를 훌쩍 넘으니 돌아가는 사람들도 많이 생긴다. 이를 안타깝게 여겨 근무시간을 연장하거나 공휴일 근무를 하는 방법도 활용해 보았으나 공급에 비해 수요가 과다하다. 나중에 들어 보니 우리 병원에 들어오지 못한 이들은 인근 이집트 병원 앞으로 가서 줄을 선단다. 이집트 병원은 하루에 약 300명까지 되는대로 수용해 당일 줄 선 이들은 모두 진료를 받게 된다고 한다. 우리와의 차이는 질보다 양을 중시하는 점이다. 그래서 아프간인은 먼저 우리 병원 앞에 줄을 섰다가 안 되면 이집트 병원 앞으로 옮긴다.

우리 병원이 인기가 높다 보니 한 가지 중대한 문제가 발생했다. 우리 병원에서 반드시 진료를 받으려고 전날 저녁 8시경부터 줄을 서기 시작한 것이다. 어느 날 야간에 병원 옥상에 올라 내려다보니 어린 자녀까지 동반한 여성들이 병원 앞 나무 벤치에 줄을 지어 앉아 있었다. 주민들로부터 들어오는 제보에 의하면, 병원 앞 잔카담 마을에 사는 하지 이나야툴라Inayatullah라는 이가 텐트를 몇 개 세우고 대기자들, 특히 여성들을 보호한다는 구실로 잠도 재우고 차도 팔면서 돈을 갈취한다고 한다. 카불에 사는 사람에게는 돈을 더 많이 요구하는 등 거주지에 따라 달리 돈을 뜯어낸단다. 심지어 마을 방문을 나갔던 미군 동료 하나가 그곳 아프간인이 한국 병원에 가고 싶으나 돈을 내야 해서 갈 수가 없다며 항의조로 얘기했다고 전한다. 실제와 달리 한국 병원에서 돈을 받는 것으로 와전된 것이다.

나는 이를 조기에 뿌리 뽑아야겠다는 각오로 각 팀장들과 협의를 거쳐 다국적군과 아프간 당국을 대상으로 전방위 호소에 나섰다. 병원 앞을 관할하는 바그람 군의 카비르 군수를 몇 번씩 만났다. 면담에 합석한 이나야툴라와 그가 매수한 마을 원로들은 진료 대기자들을 위한 조치이며, 취침과 차를 서비스한 대가로 돈을 받은 것이니 잘못된 것이 없다고 강변했다. 나는 나이가 지긋한 원로들까지 거짓말을 하고 돈을 갈취한 짓을 반성할 줄 모르는 데 매우 실망했다. 카비르 군수는 처음에는 믿기지 않아 했으나 그다음 면담 때는 자체 조사를 통해 이 사실을 확인했고, 이나야툴라가 이러한 짓을 하지 못하도록 제지했다. 물론 이나야툴라는 다국적군의 건설 사업에 손을 대 그간 많은 돈을 벌었고, 잔카담 마을에 돈을 뿌려 지지자들이 많았다. 그래서 39세의 젊은 나이임에도 원로 행세를 하고 있으니 군수라고 해서 마음대로 다룰 수 없는 상황이었다. 나는 이어서 바그람 경찰서를 방문해 라우프Rauf 서장에게 이나야툴라와 패거리들을 다스려 줄 것을 요청했다. 그는 가뜩이나 치안 유지에도 부족했지만 경찰관 여러 명을 밤중에 병원 앞으로 보내 상황을 통제해 주었다. 나아가 살랑기 주지사와 사이드켈 파르완 경찰서장, 정보부 지부장에게 이 사실을 알리고 조속한 시정 조치를 당부했고, 모두들 시정을 다짐했다. 얼마 지나지 않아 이나야툴라와 그 패거리는 병원 앞에서 사라졌고, 이후 두 번 다시 나타나지 않았다.

이 일로 카비르 군수, 라우프 서장과 절친한 친구가 되었고, 이들은 우리 PRT 활동에 음양으로 많은 도움을 주었다. 나는 라우프 서장이 휘하 경찰관 10명을 매일 바그람 기지로 보내 우리 경찰로부터 훈련을 받도록 했다. 경찰 훈련을 통해 치안 역량을 강화시키는 것은 우리 PRT의 임무 중 하나였다. 우리 컴파운드 안에 컨테이너 두 개를 설치해 임시로 경찰 훈련장을 만들고 다국적군 대표들까지 불러 개소식도 가졌다. 라우프 서장을 포함해 바그람 경찰관 10명이 매일 와서 이론 강의와 태권도, 호신술 교육을 석 달간 받았다. 석 달 뒤에는 다른 10명이 교대되어 왔다. 우리는 이들의 참석을 지원하려고 매일 점심과 3달러의 교통비를 제공했다. 훈련 후 땀을 씻을 샤워 시설도 마련했다. 바그람 경찰서에는 인도 지원 목적으로 소형 발전기와 컴퓨터, 사무집기들을 제공했다. 전기가 없던 이들에게 밤은 이제 견딜 만한 시간이 되었다. 가난한 경찰관들에게는 이것만으로도 큰 도움이었다. 우리 경찰에게 훈련받는 것이 가장 선호하는 일이 되었고, 이들의 근무 사기도 크게 향상되었다. 이들은 우리에게서 즐거운 마음으로 수료증을 받아 떠났고, 훈련 과정을 거쳐 간 이들은 모두 한국의 진정한 친구가 되었다. 이러한 도움을 받고 아프간인들이 기뻐하는 것을 보면서 우리도 매우 행복했다.

●

알렉산드로스와 바그람

코리언 컴파운드가 있는 바그람 공군기지는 명칭에서 알 수 있듯이 파르완주 바그람군에 속한다. 카불 정부가 공식적으로 동의한 외국군의 주둔지라 서울의 용산기지처럼 바그람군의 행정권이 미치지 않는 치외법권 지대다. 바그람은 고대에도 여러 제국의 군대가 주둔했던 전략적 요충지였는데, 2천 년 가까이 세상이 아무리 변해도 이곳의 군사적 가치는 여전하다.

차리카 기지에서 파르완평원을 내다보면 정면의 고산들 오른쪽 발치 끝에 작은 암산이 붙어 있다. 아주 멀리서 바라보니 작은 암산이지 가까이 가면 꽤 큰 산이다. 아프간 유물 전시로 유명한 프랑스 파리 귀메 박물관*의 가장 소중한 유물 일부가 바로 이 암산 언덕에서 발굴되었다.

역사상 이곳을 차지한 첫 번째 정복자는 페르시아 제국 키루스 대왕이었다. 그는 기원전 6세기 페르시아에서 출발해 아프간 남부 칸다하르를 점령한 후 북상하여 바그람에 도착했다. 이곳에 주둔지를 건설하고 카피시 카니시Kapish Kanish 또는 카피사Kapisa라고 불렀다. 지금은 바그람이 파르완주에 속해 있지만, 여기서 인근 카피사주까지는 거리가 매우 가깝다.

그다음으로 바그람을 방문한 고대인은 알렉산드로스 대왕이었다. 그는 기원전 330년, 엑바타나 인근에서 다리우스 3세의 피살된 시신을 발견하고 살해자들**을 추격해 아프간 땅으로 들어왔다. 이들은 시르다리야강 북쪽의 소그디아나인 및 스키타이인과 연대를 구축했다. 대왕은 아프간 서부의 아타코아나(Artacoana, Qalat-i-Nadiri로 추정)를 점령한 후 오늘날 헤라트로 추정되는 곳에 알렉산드리아Alexandria-in-Areia를 설치했다. 이듬해 칸다하르 일대를 정복한 후에는 다른 알렉산드리아Alexandria-in-Arachosia를 건설했다. 이후 바그람으로 북진해 힌두쿠시산맥과 마주쳤는데, 이것이 캅카스산맥인 줄 알고 바그람에 주둔지를 만든 뒤 알렉산드리아 캅카스Alexandria-in-the-Caucasus라고 명명했다. 지금은 정확한 장소를 알지 못하지만, 아마 키루스 대왕이 세운 군사도시 카피시 카니시의 유지에다 세웠을지 모른다.

고대의 주둔지나 요새는 방어에 유리한 지형을 필요로 한다. 따라서 세월이 흘러도 뒤에 오는 사람이 동일한 장소를 주둔지로 선택할 가능성이 높다. 그렇다면 알렉산드로스 대왕도 이전 키루스 대왕의 주둔지에 자신의 도시를 건설했을 수 있다. 페르시아 제국의 카피시 카니시는 알렉산드로스 대왕의 알렉산드리아-캅카스로 이어졌고, 나아가 쿠샨 왕조 카피사의 초석이 된 것은 아닐까?

알렉산드로스의 자취를 따라서

이 지역에서의 알렉산드로스의 종횡무진은 전설처럼 들리지만 역사적 사실이다. 알렉산드로스는 아프간을 넘어 타지키스탄과 우즈베키스탄 일대로 진군했다.

타지키스탄 후잔드

타지키스탄 수도 두샨베의 거리는 7월이라 온통 녹음으로 우거져 있었다. 남북으

---

* 우리나라에 동양 박물관이라고 알려진 귀메 박물관은 한국, 중국, 일본뿐만 아니라 남아시아와 아프가니스탄, 동남아시아 등지에서 20세기 초중반에 프랑스 고고학팀이 발굴해 온 고대 유물을 소장하고 있다. 2층에는 아프간의 대표적 불교 유적지인 하다, 바미얀, 수르크-코탈, 타파-칼람 등지에서 발굴한 크고 작은 석불상, 무덤의 부장품과 장식품들이 전시되어 있고, 한쪽에는 파르완주의 고르반드군에서 발굴한 7세기 불상과 인근 카피사주에서 나온 2~3세기 불교 장식품도 있다. 더 흥미로운 것은 바그람 일대에서 발굴한 1세기의 채색 유리병들로, 바로 바그람의 보물(Bagram Treasure)이라고 알려진 것의 일부다. 실제로 카불 국립박물관에 보관하던 바그람의 보물들은 내전을 피해 국외로 반출되어 수년간 세계 주요국을 떠돌며 순회 전시 중이다. 2016년 가을에는 우리나라 국립박물관에서도 전시되어 눈길을 끌었다.

** 박트리아 주지사 베수스(Bessus), 아레이아 주지사 사티바르자네스(Satibarzanes), 아라코시아 주지사 바르사엔테스(Barsaentes)를 가리킨다. 베수스는 페르시아 아케메네스 왕조 혈통인데, 다리우스 3세를 살해한 후 아르타크세르크세스(Artaxerxes)로 즉위했다.

로 길게 뻗은 루다키Rudaki 거리 양편으로 사람 키의 다섯 배는 됨직한 키 큰 가로수들이 끝없이 줄지어 서 있다. 시골길 같기도 한 가로수 변을 따라 걷는 것이 마냥 유쾌하다. 이곳 사람들은 타직족 외에도 투르크계에 속하는 우즈벡족이 많아 주민들이 한국인을 얼핏 알아보지 못한다. 가로수 길을 걷는 여성들은 모두 스카프로 머리를 감싸고 발목까지 내려오는 긴 원피스를 입었고, 간간이 얼굴을 내놓은 경우도 있다. 가로수 변의 크고 작은 건물들은 소련 때 지은 것들이라 세월의 자취가 엿보이고, 새로 지은 건물들은 외장에 연한 파란색을 많이 사용했다. 루다키 거리의 북쪽 끝에서 2㎞ 정도 남하하면 널찍한 우정 광장Maydoni Dusti에 이른다. 바로 옆에 루다키 공원Bagh Rudaki이 붙어 있는데다 서쪽 저편에 새 대통령 궁전이 위용을 자랑하고 있어 위치상 두샨베 심장부에 해당한다. 광장의 동남쪽에는 구대통령 집무실과 의회 건물이 서 있는 정치의 중심지이기도 하다.

두샨베를 떠나 북부의 중심이자 제2의 도시인 후잔드로 향했다. 도시를 벗어나자마자 이내 산들이 여기저기서 돌출하더니 점점 높고 깊은 산악으로 연결된다. 도로는 북쪽에서 흘러내리는 작은 개천 옆을 달린다. 강은 일정 지역의 가장 낮은 곳을 패며 달리고, 인간은 강변을 따라 길을 낸다. 수천 년이 흘러 인도는 아스팔트 도로가 됐다. 두샨베의 부호들이 지은 별장들이 연이어 나타나는 바르조드 계곡을 넘어 제라프샨산맥의 고봉 준령을 지나 안조브고개를 앞두고 긴 터널로 들어선다. 이 터널은 고개를 돌아가는 시간을 절약해 주지만 터널 안은 깜깜한데다 보수가 안 되어 산에서 흘러내린 물이 가득 고인 채 있고, 노면은 패여서 울퉁불퉁 엉망이다. 홍수 지역을 한밤중에 지나는 느낌이다. 이제 터널을 지나 한참을 하강하면 이 지역의 맨 밑바닥을 흐르는 야그보드강을 만난다. 차는 공포감을 주는 또 다른 거대한 준령 투르케스탄산맥을 2시간여에 걸쳐 넘어갔다. 또 몇 개의 산을 더 넘어 중소도시 이스타랍샨을 벗어났나 싶더니 후잔드까지 이르는 수십

킬로미터의 도로 양편에 온통 초록의 향연이 벌어졌다. 도로변에 늘어선 포플러 나무와 이름 모르는 초록의 가로수 너머로 들판이 온통 옥수수, 밀, 벼, 야채, 과수의 초록으로 뒤덮여 있다. 왼쪽 멀리는 우즈베키스탄과의 국경을 이루는 꽤 높은 산이 길게 뻗어 달리고 있다. 산 바로 아래쪽이 유명한 역사의 강 시르다리야일 게다.

후잔드에 들어서니 도로변 가옥들이 우리나라의 시골 읍을 연상케 하여 향수를 자아낸다. 7월 성하라 그런지 모든 게 깨끗하고 단정해 보인다. 드디어 강가까지 이르러 차는 성채 앞 광장에 선다. 광장 한가운데는 여신의 동상을 인 분수가 있는데, 아직 물을 뿜지는 않고 있다. 북쪽으로는 시르다리야에 이르는 300m는 됨직한 가로수길, 그 사이로 작은 분수들이 서 있다. 서쪽은 알렉산드로스 대왕의 성채이자 박물관과 멋져 보이는 식당이 있다. 이 성채가 바로 알렉산드로스 대왕이 세웠다는 알렉산드리아-에스카테Alexandria-Eskhate다.

인근 시르다리야강은 아주 넓지는 않지만 수량이 풍부해 보인다. 다리 위로 차량 통행이 번다하다. 다리 남쪽이 후잔드의 중심이라지만, 다리 북쪽으로도 멀리 산맥 발치까지 건물들이 조밀하게 들어서 있다. 페르시아 때 제국의 경계를 이 강으로 정하면서, 강에서 문명세계가 끝나고 그 너머는 야만의 스키타이인이 사는 곳이라고 했다. 성채 내 역사 박물관은 작지만 단장이 잘 되어 있다. 지하실에 아리아 문명 전시실을 특별히 만들고 페르세폴리스의 사진으로 벽면을 장식하고, 거기서 발견된 말 머리와 아후라 마즈다의 날개가 걸려 있다. 큐레이터는 타직족의 연원이 페르시아이며, 페르시아가 북타지키스탄의 속드, 남타지키스탄과 북아프가니스탄에 해당하는 박트리아를 지배했다고 한다.

옆의 홀로 들어가면 사방 벽에 알렉산드로스 대왕의 일대기를 10여 점의 타일화로 묘사한 것을 볼 수 있다. 필리포스 2세의 궁정에서 태어난 아기 알렉산드로스와 마지막 청년 장군으로 사망한 모습까지 일대기를 알기 쉽게 그렸다. 이런 곳에 왜 알렉산드로스 대왕의 일대기를 위해 값비싼 타일화를 만들었을까? 여기에 알렉산드로스 대왕이 오지 않았더라면 아무런 의미도 없는 벽화였을 것이다. 1층은 칭기즈 칸이 이끄는 몽골군에 강력히 저항한 후잔드의 민중 영웅 티무르 말릭의 거대한 조각상이 1층 한가운데 자리 잡고 있다. 이 지역을 통치한 사만 왕조의 소모니 왕은 조그만 사진만 걸려 있어 지방 영웅보다 훨씬 못하게 처리되었다.

우즈베키스탄 사마르칸트

세계인들을 중앙아시아로 끌어들이는 것은 우즈베키스탄의 중세풍 도시 사마르칸트다. 이곳의 중세 유적은 건물의 규모도 꽤 크지만, 규모보다는 건축상의 현란한 기교와 타일을 이용한 놀라운 장식 솜씨가 더 눈에 띈다. 외관에서는 직사각형의 높은 대문, 터번과 같이 생긴 지붕의 돔, 담장의 사방 모서리에 세운 높은 미나레트(첨탑)가 이른바 티무르 건축 양식의 기본 구조를 이룬다. 이것이 특별히 찬탄을 자아내는 것은 짙고 연한 초록과 청색 타일들의 오묘한 배열과 조화다. 사마르칸트 유산의 색깔을 한 가지만 들라면 녹색, 두 가지만 들라면 녹색과 청색을 지적할 수 있고, 여기에 가끔 황색과 적색을 보태었다. 레기스탄의 마드라사들을 보라. 건물 안팎의 벽면을 온통 장식한 녹청의 타일이 홍수를 이루어 주변에 범람하고 관람을 마친 후에는 녹청의 환시가 두 눈을 마비시킨다. 세 건물의 대문마다 녹청 타일에 기초하여 다른 디자인과 배색을 했고, 여기에 황색과 적색을 배합하여 절묘한 색채와 문양의 향연을 연출한다. 이러한 건축미는 이것이 이슬람 종교의 유산인지 아닌지 하는 구분을 무의미하게 한다. 종교적 연관을 떠나 인간이 창조할 수 있는 최고 수준의 아름다운 건물에는 누구든 매혹되고 공감하는 것이다.

사마르칸트에서 알렉산드로스 대왕의 자취를 좇았다. 대왕은 기원전 329년 아프간 일대를 정복한 후 아무다리야강을 건너 후잔드까지 북상한 후 사마르칸트로와서 2년간 주둔했다. 당시 그리스인은 이곳을 마라칸다라고 불렀다고 하니 현재 명칭과 크게 다르지 않다. 대왕은 이 도시가 전해 들었던 소문보다 더 나은 도시였다고 했다. 기원전의 사마르칸트도 그처럼 찬란하게 빛을 발하고 있었다. 그러나 마라칸다는 티무르 제국의 수도가 섰던 바로 그 자리는 아니고, 현재의 티무르 성곽보다 바깥의 북쪽에 있었다.

비비 하님 모스크에서 계속 타슈켄트로를 따라가면 차도로 바뀌면서 정북쪽 언덕으로 도로가 이어진다. 언덕 차도를 따라 1㎞ 정도 가면 왼편이 마라칸다의 중심이었던 아프라시압 언덕이다. 차도 오른편은 여전히 샤히 진다 묘지의 일부인데, 현대인의 묘지로도 사용되고 있다. 아프라시압 구릉은 그냥 여기저기서 오르게 되어 있다. 표를 파는 이도, 지키는 이도 없이 세찬 바람과 푸른 하늘만 지켜보고 있다. 구릉 한가운데 아무도 없는 공간에서 몸이 밀릴 정도의 세찬 바람에 불현듯 공포감과 외경심이 밀려온다. 옛 마라칸다에서 일상에 바쁜 소그드 주민들의 외침 소리, 알렉산드로스 군대가 밀어닥쳐 성이 함락된 뒤 대왕이 통치했던 2년의 세월, 술에 취한 대왕이 친우 클레이토스를 창을 찔러 죽이던 비극의 장면들……

유지에 서면 성내가 매우 넓다는 것을 깨닫는다. 군데군데 함몰된 지대가 있는데 고고학자들이 다년간 조사한 곳이다. 이들이 발굴한 각종 토기류, 동전들이 유지한쪽에 있는 아프라시압 박물관에 소장되어 있다. 특히 그리스식 투구를 쓴 군인형상이 새겨진 조그만 고대 동전들이 다수 전시되어 있는데, 이것이 과연 알렉산드로스 대왕의 얼굴인지는 의문이다. 대왕일지라도 형상이 정교하지 않아 그의진모를 알기는 어렵다. 하지만 알렉산드로스의 존재감이 느껴진다.

대왕의 행적

중앙아시아 일대 원정 이후 알렉산드로스는 인도 정복을 계획했다. 새로이 소그드와 박트리아의 청년들을 군대에 모집해 힌두쿠시산맥을 넘어 다시 바그람으로 가서 휴식을 취한 후 동쪽 펀자브 지방의 탁실라 왕국으로 진격했다. 그리스군 본대는 헤파이스티온 장군의 지휘로 카불강을 따라 카이버고개를 넘어 탁실라로 곧장 진격했고, 알렉산드로스는 더 북쪽의 나왁고개를 횡단하기로 했다. 알렉산드로스는 산중을 행군하다가 담쟁이 넝쿨 잎이 자라는 곳을 지나게 되었다. 그는 이곳이 그리스 신화에 나오는 술의 신 디오니소스가 노닐던 곳이라고 믿고, 그를 경배하는 제사를 지내고 신의 유모 이름을 따서 '니사'라고 불렀다.

이어 파키스탄 영토로 들어가 스와트평원과 바주르 지역에서 미지의 부족들과 전투를 벌인 후 헤파이스티온 장군의 본대와 인더스 강변에서 합류했다. 탁실라 왕은 아무런 저항 없이 항복했다. 탁실라와 적대 관계에 있던 동쪽 젤룸강 너머의 포루스Porus 왕이 코끼리 부대를 앞세워 대적했으나 알렉산드로스 군대를 당하지 못했다.

대왕은 더 동쪽으로 베아스강까지 나아갔는데, 여기쯤 오니 장병들이 명령을 따르지 않았다. 세상은 가도 가도 끝나지 않았고, 한없이 계속되는 전쟁과 수고로 심신이 지쳤다. 이렇게 펀자브 지방 정복을 마지막으로 알렉산드로스는 더 이상 진군하지 않고 인더스강을 따라 인도양까지 남하한 후 페르시아 수사로 돌아갔다. 거기서 아라비아 원정을 계획하던 중 말라리아에 걸려 33세에 요절했다.

차리카 기지

●

차리카 기지 입주

          2010년 5월부터 진행된 차리카 기지 공사가 연말까지 완공되지 못했으나, 요원들이 먹고 자고 업무를 볼 수 있는 필수 시설들은 완료되었다. 따라서 2011년 1월 21일 민군 전 요원들이 정식으로 차리카 기지에 입주했다. 물론 병원이나 직업훈련원은 시설 자체가 바그람 공군기지 안에 있으므로 그곳에 남았다. 상대적으로 넓은 바그람 기지에 있다가 좁은 차리카 기지에 들어오니 생활이 매우 단조롭고 불편한 점이 한두 가지가 아니었다. 바그람 기지에서는 두바이로 휴가를 가게 되면 '지옥에서 천국으로'라고 했는데, 차리카 기지에 입주하니 바그람이 지옥이 아니라 천국이었다.

  입주하기 전부터 저항 세력이 초기에 공격해 올 가능성을 염두에 두고, 그간 만반의 대비 태세를 갖추었다. 당초 우려했던 첫 수 주간 탈레반의 공격은 없었으나, 필자로서는 요원들의 안전에 대한 책임감으로 항시 마음이 무거울 수밖에 없는 상황이었다. 안전과 관련된 당장의 과제는, 기지 외곽에서 우리 군의 경비를 보조할 아프간 현지 경호업체를 신속히 선발하는 일이었다.

태화건설이 기지 공사를 진행하면서 아실 칸Asil Khan 경비업체를 채용했는데, 이 업체는 전문 경비 능력이 결여된 데다 저항 세력과 내통하고 있다는 소문도 있었고, 경비원 채용과 교체 과정에서 계속되는 금품 수수설과 같은 잡음이 끊이지 않았다. 특히 저항 세력과의 연계는 요원들의 안전에 직접 관련된 문제였다. 그래서 지방재건팀의 정식 입주를 준비하면서 함께 일할 새로운 경비업체를 물색하게 되었다.

아프간 상황이 혼란스러운 만큼 현지와 외국의 경비업체들이 전국적으로 난립해 있었다. 2010년 9월부터 고용 주체인 KOICA 주도하에 공개 입찰을 통해 여러 경비회사들로부터 관련 서류들을 제출받았다. PRT 내부적으로 1차 서류 심사를 거쳐 3개 경비업체를 후보로 선정했다. 이들 업체를 초청하여 PRT 소속 기관 대표들이 전원 참석한 가운데 업체별로 조직 현황, 실적, 경비 계획 등에 관해 세밀한 면접을 실시했다. 각 대표들이 매긴 최종 점수들을 종합한 결과 TOR라는 업체가 월등히 높은 점수를 받아 최종 선정됐다. 이 업체는 파르완 동쪽의 판지시르주에 소재한 업체로, 영국인이 매니저로 있으며, 기지 경비에 필요한 약 100명의 경비원들을 주로 기지 인근 주민들로 충원하겠다고 약속했다.

앞서 언급한 아실 칸 경비업체는 응찰의 기본 요건인 아프간 내무부 등록증 자체가 없어서 입찰하지 못했다. 이러한 과정에서 아실 칸이 서운해하지 않도록 다양한 접촉을 통해 상황을 상세히 설명해 주었다. 그는 바그람 기지 동쪽의 친자이 마을 사람인데, 이 일대의 15개 마을은 파슈툰족 집단 거주지이고 아실 칸도 파르완에서는 드문 파슈툰족이다. 그러나 평생을 타직족 사이에서 별 문제없이 지내왔으며, 1990년대 내전 중 마수드 장군 휘하의 중대장급으로 타직족과 함께 탈레반에 맞서 싸운 전력을 갖고 있다. 그는 미군이 바그람 기지에 들어선 초기에 건설회사를 급조하여 다년에 걸쳐 대형공사 수주를 따내 엄청난 돈을 벌었다는 소문이 있었다. 사실 우리 PRT 주변을 배회하는 많은 아프간인을 보면 건설회사 아니면 경비회사 사장들이다.

●
공격을 받다

정식으로 입주하기 전날인 1월 20일 기지가 로켓포Rocket-propelled grenade, RPG 공격을 받았다. 이에 기지에 입주하자마자 적대 세력의 공격이 있을 것으로 예상했으나 3주 가까이 아무런 동정이 없었다.

그러다가 첫 공격은 2월 8일에 발생했다. 그날 밤 늦게 기지 앞 1㎞ 정도 떨어진 장갈 바그 마을에서 날아오는 듯한 '슝' 하는 포탄 소리가 야간의 정적을 깼다. 이내 연병장에 낙탄된 듯한 둔탁한 소리가 들렸다. 좁은 기지 안으로 포탄이 날아오니 어딘가에 명중되지 않을까 하는 불안감에 긴장했다. 그러나 요원들은 저녁 7시 야간통금에 따라 모두 숙소에 들어간 상태여서 포탄에 맞지는 않았을 것이라고 생각했다. 더구나 로켓포 공격에 대비하여 숙소 주변을 콘크리트 장벽인 T-wall로 둘러친

상태였다. 일부 민군 요원들은 정확한 상황 파악을 위해 사무실 건물 안에서 부산하게 움직였다.

다음 날 현장조사 결과, 공격 지점은 장갈 바그 마을의 모스크 뒤편으로 확인되었다. RPG 사거리인 1km보다 더 먼 거리였다. RPG는 유효 사거리 500m에, 최대 사거리는 900m이고 바람을 받으면 1km까지 날아간다. 하지만 숙소와 사무실 건물들은 기지 안쪽에 배치되어 있고, 공격 지점으로부터 1km 바깥이어서 적중될 가능성은 낮아 보였다. 파르완 주지사, 경찰청장, 정보부 지부장들을 비롯해 지역 안전을 담당하고 있는 다국적군 부대와 장갈 바그 마을 주민들에게 사실관계를 조사하고, 이런 일이 다시 발생하지 않도록 대비책을 강구해 달라고 호소했다.

이러한 공격은 3월 3일, 3월 24일, 4월 3일, 5월 4일, 5월 13일, 5월 15일, 6월 20일, 7월 2일, 7월 6일, 8월 15일 등 10차례 이상 계속되었다. 공격무기는 RPG-7, 107밀리 BM-1 다연장 로켓탄 등이었다. 어떤 때는 RPG가 한 발에서 여섯 발 날아왔고, 어떤 때는 BM-1 로켓탄이 날아오기도 했다. 바그람 기지에서도 상시 로켓탄 공격을 받았지만, 멀리 떨어진 곳에서 포탄이 날아왔고 기지가 매우 넓어 사람이나 시설에 명중될 가능성이 낮았다. 하지만 좁은 차리카 기지는 달랐다.

이 공격들은 야간에만 자행되었고, 주간에는 한 번도 없었다. 이는 공격자의 세력이 제한적이고, 신원 노출과 체포 가능성을 두려워하기 때문이다. 야간에 포탄 몇 발만 쏘고 신속히 도주했다. 공격 시간이 길면 감시 중인 다국적군에게 발각될 수 있으므로 순식간에 공격을 끝냈다. 이런 정황들은 공격자의 능력이나 목표가 제한적임을 보여 주었다. 이러한 조사 결과로 요원들은 다소 불안감을 덜 수 있었고, 낮에는 새로운 기분으로 업무에 임할 수 있었다.

피격이 주기적으로 반복되면서 파르완 경찰에 대해 답답한 생각이 들었다. 또한 피격이 계속되다 보면 명중될 가능성도 있을 거라는 상상에 불안하기도 했다. 동시에 포탄 소리를 들으면 또 쏠 때가 되었나 보다 하는 여유도 어느 정도 생겼다.

피격에 대비해 우리 내부의 대책을 철저히 점검하는 한편, 파르완 경찰에 철저한 수사와 범인 체포를 요청하고, 재발 방지책을 마련해 줄 것을 요청했다. 또한 파르완 주지사, 경찰청장과 정보국 지부장에게도 기지 앞 야간 정기 순찰과 같은 실질적 대책을 세워 줄 것을 지속적으로 촉구했다. 이들은 탈레반과 싸워야 하는 제한된 인력 사정상 언제 쏠지도 알 수 없는 상황에서 기지 앞을 매일 밤 순찰할 수 없다고 했다. 대신 주민들에게 한국 PRT는 파르완을 도우러 왔으므로 공격하지 말라고 계속 강조하겠다고 말했다

첫 피습 이후 그 원인으로 여러 가지가 떠돌았다.

· 탈레반 세력이 사전에 경고한 대로 한국 PRT에 대해 적대 행위를 한 것이라는 설
· 경비업체가 교체되면서 실직한 경비원 중 불만을 품은 자가 보복을 한다는 설
· 차리카 지역 군벌 잔 아흐마드가 수입원인 상납금을 상실한 데 대한 불만으로 부하를 시켜 공격했다는 설
· TOR 경비업체가 고용한 판지시르 사람들을 몹시 싫어해 한국 PRT를 공격했다는 설

그러나 공격자가 의도를 공개 천명하거나, 경찰에 체포되거나 스스로 자수하여 진상을 밝히지 않는 이상 실체를 확인하기 어려운 상황이 계속되었다.

●

잔 아흐마드와의 만남

         몇 차례 공격을 받은 후인 4월, 그간의 경험과 정보를 바탕으로 자세한 정황들이 윤곽을 드러내기 시작했다. 살랑기 주지사처럼 많은 정보를 가졌을 것 같은 파르완의 지도급 인사들이 이러한 공격은 우리 PRT의 금품을 노리는 자들의 소행이며, 탈레반이나 저항 세력과 관계된 것이 아니라고 얘기했다.

2011년 4월 24일, 국방부 출입 기자단이 오쉬노 부대를 취재하러 왔을 때, 살랑기 주지사와 기지 인근 도그 아바드 마을 주민 간 회합이 있어 기자단도 참석하였다. 살랑기 주지사는 주민 앞 연설에서 올 들어 여러 차례 한국 기지를 로켓포로 공격한 자가 누구인지 마을 사람들이 다 알고 있으며, 그자가 탈레반과는 연관되지 않았다고 하고, 우리를 도와주러 온 한국 PRT를 공격하는 것은 잘못된 행위라고 말했다.

장갈 바그 마을 주민들에게 물으니, 구체적으로 군벌 잔 아흐마드의 이름을 거명했다. 한국 PRT가 차리카에 들어오면서 인사를 하지 않았고, 상납받던 돈줄이 끊어진 데 대한 불만이 쌓였다는 것이다. PRT 요원을 죽이려는 생각이 아니라 위협용이라고도 했다. 포탄을 마을 모스크에서 발사하면 대체로 연병장에 떨어지고, 기지 내 깊숙이 위치한 건물에는 도달하지 못하는 점을 고려하는 것 같기도 했다.

공격자가 탈레반이나 저항 세력이라면 우리로서는 견고한 방비 외에는 다른 방도가 없다. 하지만 만약 잔 아흐마드라면 추가 공격을 막고자 접촉해 볼 필요가 있었다. 차리카 기지 입주 후 주민 친화를 위해 기지 주변 마을들을 순방하고 있었는데, 일정을 앞당겨 장갈 바그 마을을 먼저 방문했다. PRT가 군벌인 아흐마드를 공식적으로 접촉하기는 곤란하므로, PRT와 주민과의 대화 때 아흐마드가 자연스럽게 참여하도록 마을 원로들이 주선했다.

모임 장소인 마을 학교에 먼저 도착해 있자니 무장 경호원들을 대동한 아흐마드가 흰색 전통 복장 차림으로 봉고차를 타고 나타났다. 48살인 아흐마드보다 10~20살은 더 많아 보이는 원로들이 자리를 내주고 자세를 고쳐 앉는다. 사람들이 그를 두려워하는 것으로 보였다. 그가 먼저 얘기하도록 우선권을 주는 걸 보니 무력을 보유한 실세임에 분명했다.

잔 아흐마드는 수많은 사선을 넘은 역전의 무자헤딘 전사로 녹록지 않은 인물이었다. 웃음을 잃은 지 오래된 것 같고, 전쟁으로 정규 교육을 받지 못했지만 생존을 위해 전장을 헤쳐 나가면서 본능적으로 상황 판단이 빨랐다.

필자는 우리 PRT가 왜 여기에 왔으며 주민들을 돕고자 얼마나 진심으로 노력하는지, 현재 무슨 일을 하고 있으며 앞으로 어떤 일을 할 것인지 자세히 설명했다. 그리고 공동체 재건이라는 공통 목표를 향해 아흐마드를 비롯한 마을 원로와 주민들이 PRT와 함께 협력해 나가자고 당부했다. 아흐마드는 오랜 세월 목숨을 걸고 침략자와 극단 세력에 맞서 향토와 나라를 지켰던 만큼 사심이 없다며, 한국 PRT의 활동 내용을 소상히 알고 있다고 말했다. 또 한국 PRT를 적대할 생각이 없으며, 우리가 주민들에게 실질적으로 도움이 되는 일을 해 주기를 강력히 기대한다고 말했다. 이어 마을 대표의 얘기를 들은 후 한 시간 만에 회합을 마치고 경호원들과 함께 떠났다. 아흐마드가 기지 공격의 배후일지도 모르는 상황에서 그를 직접 만나 우리를 어떻게 생각하는지 탐색하고, 우리 생각을 전달하여 이해를 구하고 재발 방지를 확보하고자 했다.

아흐마드가 여러 사람들 앞에서 기지 공격에 대해 언급하지 않았고, 우리 PRT를 인정하는 발언을 했으며, 직접 대면해 대화를 나눴다는 점에서 긍정적이었다고 느껴졌다. 이미 파르완 주지사 등 각급 인사를 통해 여러 차례 아흐마드 측에 한국 기지를 공격하지 말라고 간접적인 압력이 전해졌을 것이다.

●

계속되는 공격

회합 이후로도 포탄이 계속 날아들었고, 누가 쏘았는지 명확히 알 수 없는 상황이 이어졌다. 잔 아흐마드에게 불만이 남아 있거나, 부하들의 불만을 완전히 누르지 못했거나, 외국인인 우리가 이해하지 못하는 군벌 세계 특유의 상황이나 셈법 때문일 가능성들을 떠올렸다. 포탄에 다칠 위험이 여전했으니 기지 경비를 철저히 하는 수밖에 없었다.

만약 공격자가 아흐마드라면 설득할 여지를 찾아야 했다. 정기적으로 방문하는 살랑기 주지사 집무실에서 5월 중순 다시 잔 아흐마드를 만났다. 아흐마드가 참석한다는 회의에 나도 참석을 통보하고 살랑기 주지사에게 면담 주선을 요청했다. 타직계인 두 사람은 1980년대 마수드 장군 휘하에서 함께 소련군과 싸웠고, 1990년대에는 탈레반과 맞서 싸운 사이였다. 살랑기는 연대장, 아흐마드는 부사단장이었다고 하니, 살랑기가 현직 주지사로 출세는 했지만 아흐마드를 홀대하지 못하는 상황이었다.

살랑기 주지사가 짐짓 누구를 찾는 척하며 사무실 밖으로 나갔다. 아흐마드의 경호원 하나가 총을 어깨에 멘 채 불쑥 문을 밀고 안을 살핀다. 이어서 아흐마드가 흰색 복장으로 들어섰다. 나는 아흐마드에게 우호적일 필요가 있었으므로 최대한 밝은 표정을 짓고 아프간식으로 포옹 인사를 했다. 그도 기본적인 호의는 가진 듯 했다.

나는 먼저 오랜만이라며 근황을 물었다. 최근 우즈베키스탄 사마르칸트에 한 달간 체류하며 부인과 가족을 만났다는 얘길 들었다며 말문을 열었다. 우즈베키스탄에 어떻게 가는지도 물었다. 아흐마드는 자신의 가족 얘기를 잠시 하다가 최근에도 한국 PRT 기지가 피격당했다는 얘기를 들었다면서 자신은 쏘지 않았고 모르는 일이라고 단언했다. 자신은 한국 PRT를 적대할 생각이 없으며, 앞으로도 쏘지 않을 것이라고 덧붙였다. 이런저런 얘기를 한 시간 정도 나누다가 웃으면서 헤어졌다. 나오면서 그는 며칠 후 다시 우즈베키스탄으로 가야 한다고 했다. 그의 동선은 파르완 사람이면 다 안다.

나는 아흐마드의 말을 완전히 믿어서도 안 되지만, 최근에 우리를 공격하지 않았다고 강조하는데 거짓말이라고 반박할 이유도 없었다. 그가 설령 거짓말을 했더라도, 최소한 앞으로는 쏘지 않도록 설득하는 효과가 있을 것이다. 이런 노력을 기울이는 것은 PRT 대표로서의 나의 의무이기도 했다. 며칠 뒤 오래전에 서울에 주문했던 커다란 한과가 네 상자 도착했다. 그중 두 상자를 장갈 바그 마을 그의 집으로 보냈다. 그리고 나는 9월에 아프간을 떠났고, 두 번 다시 그를 보지 못했다.

잔 아흐마드와의 두 번째 만남 이후에도 9월 중순 내가 떠날 때까지 네 번 정도 더 공격을 받았다. 나중에 깨달은 바이지만, 아흐마드는 처음 몇 번은 불만 표시 차원에서 공격을 행한 것으로 보인다. 그 결과 파르완 지도부와 다국적군으로부터 많은 압력을 받고, 주민들로부터는 한국 PRT가 안전 위협으로 떠나면 파르완에 큰 손해라는 불평을 듣자 자제하게 된 것으로 느껴졌다. 그 후의 공격들은 파르완주 지하에서 암약 중인 소수 탈레반 요원들의 소행이라고 생각한다. 모든 공격이 장갈 바그 마을에서 발생했고 야간에만 벌어지는 식으로 공격 패턴이 동일하다 보니 실제 공격 주체가 다르더라도 분간하기가 어려웠다. 8월 초 만난 정보국 지부장은 잠정 조사 결과를 알려 주면서 그때까지 10회의 공격 중 앞의 절반에 대해서는 자신이 얘기하고 싶지 않으며, 나머지 절반은 차리카 인근 마을을 근거지로 암약하는 탈레반 지휘관 물라 와세Wasay가 부하들과 저지른 것이라고 했다. 물라 와세의 동선을 파악한 만큼 조만간 체포할 수 있을 것이라고 했다.*

7월 6일 공격 이후에는 한 달 이상 공격이 없어 이례적이라고 생각하던 중 파르완 경찰차장 파요즈Fayoz를 찾아갔다. 그는 자신이 한국 PRT의 안전을 위해 그간 경찰관들을 재조정해 팀을 하나 만들었고, 7월 초부터 장갈 바그 마을 모스크 일대에 밤마다 매복을 서고 있어서 공격이 없는 것이라고 했다. 나는 열악한 인력 사정에도 우리 기지 주변에 대한 보호 조치를 강화해 주어서 매우 고맙다고 인사했다. 그리고 파르완 경찰서가 필요한 물자나 소규모 사업을 우선적으로 시행하겠다고 했다. 그러고 나서 그의 부하를 기지로 초청해 매복 시간대와 매복 방법, 인원 수, 야간의 정황 등을 물어보며 우리가 큰 관심을 가지고 있음을 보이고 사기를 장려했다. 덧붙이자면 파요즈는 피살된 파르완 전 경찰청장 MSK**의 동생인데, 무자헤딘 집안 출신답게 상무적이고 매우 강직하며, 자신이 뱉은 말은 반드시 지키는 사람이라고 들었다.

8월 15일, 갑자기 밤에 포탄이 날아왔다. 이틀 후 아침 일찍 파요즈 경찰차장을 만나 원인을 물었다. 파요즈는 그날 밤 파르완 서부 산속에서 탈레반 여럿이 마을로 내려와 준동해서 그곳으로 매복조까지 다 보내야 했다면서, 그 사이에 물라 와세 일당이 장갈 바그 마을로 잠입해 포탄을 쏜 것 같다고 했다. 앞으로는 매복조가 다른 곳으로 지원 나가지 않도록 최선을 다하겠다고 했다. 그의 설명을 100% 믿을 수는 없었으나 계속적인 매복을 신신당부했다.

9월 초 아프간을 떠나던 날 아침, 작전 나가는 중이라는 그를 간곡히 요청해 차리카 기지 정문 앞에서 잠깐 만났다. 그의 등 뒤로는 경찰 전투병 100여 명이 기다리고 있었다. 그가 하는 매복 일은 우리 PRT와 파르완 주민 모두에게 극히 중요한 일이라고 하고, 포탄이 다시 날아오지 않도록 매복을 열심히 서 달라고 당부했다. 그는 잘 가라면서 그렇게 하겠다고 말했다.***

---

* 실제로 물라 와세는 2013년 파르완 경찰당국에게 체포되었다.

** Moulana Sayed Kheil, 일명 MSK 파르완 경찰청장은 2010년 가을 북부 쿤두즈로 전보되었는데, 2011년 4월 탈레반의 차량 폭탄 테러로 그곳에서 사망했다. 아프간 정부는 그의 기여를 참작하여 동생인 파요즈를 파르완 경찰차장으로 임명했다. MSK는 전쟁 중 살랑기 주지사와 동급의 무자헤딘 지휘관이었다고 한다.

*** 2012년 12월 차리카 기지를 이양하고 떠날 때까지 포탄이 많이 날아들지 않았고, 한 사람의 인명 피해 없이 무사히 떠났다고 한다.

파르완 주요 지도자들의 관계

파르완주는 수도 카불과 불과 50km 거리인데다 카불을 차지한
세력이 북부로 진출하려면 반드시 통과해야 하는 곳이다. 그래서
1980년대에는 무자헤딘과 소련군 간 격전지가 되었고, 1990년대에는 북부동맹
과 탈레반 간 대전장이었다고 한다.

소련군과 싸울 당시 아프간 전역의 무자헤딘 전사 대부분이 7개의 정파에 속해
있었는데, 이 중 이슬람 색채가 짙은 자마아트 이슬라미와 헤즈브 이슬라미가 가
장 강력하고 인기 있는 단체였다고 한다. 전자는 타직계 라바니 교수(후일 대통령
이 되었다)가, 후자는 파슈툰계 굴부딘 헤크마티야르가 주도했다. 판지시르와 파
르완주에 웅거하던 마수드 장군은 자마아트 계파에 속했으며, 마수드 장군의 휘
하에서 싸웠던 살랑기 주지사, 사이드 케일 파르완 경찰청장, 차리카 지역 군벌
잔 아흐마드 등이 모두 이 계파에 속했다. 마수드 장군의 측근이었던 파힘Fahim
부통령과 비스물라 칸Bismullah Khan 내무장관도 이 멤버였다. 반면 파르완 출신
국회의원인 타직족 하지 알마스Haji Almas와 파슈툰족 하와시Khawasi는 헤즈브 이
슬라미 소속 무자헤딘이었다. 대체로 자마아트에는 타직족이, 헤즈브에는 파슈툰
족이 많이 가담했다고 한다.

양 계파는 상호 독자 활동을 전개했으나 경우에 따라서는 연합작전을 펼치기도
했는데, 소련군과 같은 공동의 적과 싸운다는 점에서 동지의식이 강했다고 한다.
1990년대 중반 등장한 탈레반에 대해서는 자마아트가 항상 투쟁 관계에 있었던
반면, 헤즈브는 자신의 이해에 따라 탈레반과 결탁하거나 대립했다.

2001년, 미군이 탈레반을 카불에서 축출한 후 신정부가 들어서자 자마아트 소속
원들이 대거 정부 요직을 차지했다. 탈레반 세력은 과거 주적이었던 정부 내 자
마아트 소속원들을 암살하려 기도했으며, 실제로 라바니가 암살당한 사건이 발생

했다. 차리카 군벌인 잔 아흐마드도 전시에 많은 탈레반 전투원들을 살해해서 현재 탈레반의 주요 암살 대상이라고 한다. 그는 2009년 대통령 선거에서 같은 타직계 압둘라 후보를 지지했는데, 그가 카르자이 대통령에게 패하자 아무런 공직을 얻지 못한 채 야권 인사로 남아 있다가, 2014년 대선 결과 압둘라가 총리가 되면서 지방 관직을 하나 맡았다.

이에 비해 헤즈브는 2001년 이후 정부에 포용된 인사와 창설자인 헤크마티야르가 이끄는 반군 세력으로 분열되었다. 후자는 여전히 헤즈브 이름하에 카불 정부와 다국적군에 테러를 자행하고 있다. 잔 아흐마드가 헤크마티야르 등 헤즈브 계열 인물들과 함께 소련군과 싸우는 과정에서 일정한 관계가 형성되었다. 하지만 이들과 조직적으로 협조하여 반정부 테러 활동에 가담할 이유는 없다고 한다. 잔 아흐마드의 부하들은 돈이 필요하므로 탈레반이나 헤즈브로부터 금품을 받고 불법 행위를 자행할 가능성을 완전히 배제할 수 없다고 하지만, 군벌 조직의 속성상 전반적으로 잔 아흐마드의 통제에 있다고 본다.

이슬람 근본주의에 입각한 탈레반은 테러 활동에 주로 물라를 활용하고 헤즈브는 반정부 불만 세력에 의존하는데, 파르완주에서는 헤즈브 소속원 수가 많지 않아 은밀히 활동하고 있다.

탈레반은 인근 카피사주 타갑에 있는 활동 기지를 근거로 파르완주에 잠입하는 반면, 헤즈브는 파르완 인근에 주된 활동 기지가 없고 뚜렷한 지도자도 없으며, 공개적으로 잘 나타나지 못한다고 한다.

그렇지만 헤즈브도 자살테러를 하고 급조폭발물을 매설한다. 다만 탈레반과 헤즈브 입장에서 동일한 대상을 공격하는 것이므로 양쪽이 어느 정도 협력할 수는 있을 것이다.

과거 헤즈브 소속원이 차리카 시 인근의 돌라나, 칼라차, 칼란다 케일 마을에 많았는데, 지금은 거의 소멸되었다고 한다. 과거 헤즈브 소속원이었던 알마스나 하와시 의원도 더 이상 헤즈브와 연계가 없다. 이제는 탈레반이나 헤즈브 소속원들이 차리카 시에 들어오면 경각심 높은 주민들에 의해 금방 포착된다고 한다.

재건 활동 경과

●
긴밀한 소통, 계속되는 회의

　　　　　　　파르완 주민과의 협력 속에서 이루어진 우리의 재건 사업은 그들이 목말라하는 부분을 해갈시켜 주는 것이었다. 때문에 차리카 기지 입주 후에도 파르완 지도부 및 주민 대표들과 긴밀한 소통을 유지하는 것은 필수적이었다.

　파르완주에는 주지사, 군수, 주 정부의 국장급들로 구성된 주(州) 개발위원회가 통상 1~2개월에 한 번씩 만나 파르완 개발의 방향과 전략을 협의했다. 살랑기 주지사가 주재했지만, 유엔과 아프간 정부 간 협정에 따라 UNDP가 회의를 준비하고 의제를 선정했다. 파르완에서 개발 일을 하는 여러 유엔 기관, 국내외 NGO 단체, 다국적군 내 개발 담당자들이 주 정부의 간부들과 개발 현안을 협의하는 자리다. 파르완 개발에 관한 최고위급 협의체여서 파르완 개발 지원을 맡은 우리 PRT 요원들은 반드시 참석해야 하며, PRT의 재건 활동 현황과 실적을 브리핑하고 평가를 받게 된다.

그 아래로 10개의 군(郡)마다 군 개발위원회가 있고, 군 아래 마을별로 존재하는 마을 개발위원회의 활동과 애로사항을 취합해서 주 개발위원회에 정기적으로 보고한다. 이외에도 카불의 농촌개발부가 파견한 국민연대 프로그램 사무소가 각 주에 하나씩 설치되어 있어 마을 개발위와 협력하여 소규모 개발 사업을 지원한다. 마을 개발위는 마을 단위로 교육, 식수, 관개, 도로 또는 인프라와 관련된 소액 사업을 수행한다.* 차리카 기지 입주 후 기지 주변 10개 마을의 민심을 얻고자 6월까지 이들 모두에게 지원해 준 것도 3만 달러가량의 소액 사업이었다.

파르완 지도부를 접촉하는 다른 중요한 기회는 2주마다 열리는 치안회의였다. 여기에도 주 개발위원회 회의 참석자들이 대부분 그대로 참석하며, 치안 관계자와 종교 지도자들이 추가된다. 이런 고위급 회의를 자주 열 수 없기 때문에 치안 문제뿐만 아니라 개발 관련 사안이나 주요 이벤트들에 대해서 다양한 정보를 교환한다. PRT 안전과 개발사업 추진 여부에 중요한 안전 정보들을 많이 얻는 기회다. 그리고 자신이 평소에 만나고 싶었던 상대를 찾아가 막간을 이용해 필요한 대화를 나누는 무대이기도 하다. 아프간인들은 도움을 필요로 했기 때문에 PRT 대표인 나는 회의 시작 전이나 후에 사람들이 가장 많이 찾는 면담 상대였다. 한국 병원에 줄이 기니 예약을 받아 달라는 부탁도 있고, 방한 초청 훈련 프로그램을 통해 한국에 한번 가게 해 달라고 사정하기도 했다.

이 자리에서 대화를 나누며 파르완의 실상을 더 잘 알게 되었고, 살랑기 주지사나 지도 인사들과 신뢰가 축적되고 우정을 깊게 할 수 있었다.

주지사의 대회의실 벽을 따라 소파가 놓여 있는데, 모두들 거기에 빙 둘러앉으면 앞 탁자에 아프간 차이chai를 내주면서 회의가 시작된다. 의장인 살랑기 주지사가 회의 개막 전 항상 양손을 앞으로 내밀며 "비스밀라 일흐 라흐마니 라힘Bismilla Ihr Rahmani Rahim"이라면서 이슬람 알라에게 경의를 표하는 것이 아프간 사회의 관습이다. 그가 이 말을 읊조릴 때는 참석자들도 모두 두 손을 내밀고 따라서 암송한다. 외국인도 마찬가지로 이러한 관습을 존중해 따라 한다. 재미있는 것은 암송을 마치는 동작인데, 내민 양손을 얼굴 앞으로 쳐들어 세수하듯 내려 씻는 것이다. 주지사는 PRT를 존중해 항상 자신에게 가까운 자리를 나에게 내주었다.

한번은 이 자리에 전향한 탈레반 요원 6명이 얼굴을 수건으로 반쯤 가린 채 참석자들 앞에 섰다. 살랑기 주지사가 어떻게 이들에게 접근해 전향하도록 설득했는지 자신의 공적을 자랑스럽게 얘기했다. 그리고 한 명씩 돌아가면서 주지사에게 칼라시니코프 소총을 반납하는 장면을 연출하고 사진을 찍는다. 다른 회의에서는 19세의 바그람군 출신 청년이 전향자로 나섰다. 그는 수년 전 탈레반에 회유당해 파키스탄 라호르에 갔다. 그리곤 성전을 치르다 죽으면 천국에 간다는 세뇌 교육, 폭탄조끼를 입고 자살테러를 하는 훈련 등을 받았다고 한다. 처음에는 두려웠으나 오랜 기간 되풀이하니 만성이 되더란다. 청년은 바그람군에 남아 있는 아버지가 전화번호를 알아내 설득해서 돌아왔다고 한다. 말로만 듣던 탈레반에 대해 궁금증이 컸지만, 요원들의 실제 모습을 보니 보통 사

---

* 주 개발위원회(Provincial Development Council, PDC), 군 개발위원회(District Development Assembly,DDA), 마을 개발위원회(Community Development Council, CDC), 국민연대 프로그램(National Solidarity Program, NSP), 농촌개발부(Ministry of Rural Rehabilitation and Development, MRRD)

람과 다를 바 없었다. 이후 청년은 우리 직업훈련원에서 1년간 자동차 수리 훈련을 받고 졸업과 동시에 바그람 기지 내 공장에 취직했다.

유엔 아프간 지원사무소

다국적군에 속한 지방재건팀 외에 아프간 전역에서 인도적 구호와 개발 활동에 참여하는 기관으로 유엔 아프간 지원사무소UN Assistance Mission in Afghanistan, UNAMA가 있다. 유엔 안보리는 본 협정 이행을 지원하려고 2002년 〈결의 1401호〉로 UNAMA를 설치했다. 파르완은 카불과 가깝기 때문에 사무소가 없으며, 카불 본부에서 네덜란드 출신 담당관이 주기적으로 방문해 주 청사를 돌아본 후 차리카 기지에도 종종 들렀다. 2005년 본 협정 이행이 완료된 후 UNAMA의 임무는 2006년 아프간 콤팩트 이행 지원, 2008년 치안 상황과 국제 노력의 조정, 2009년 아프간 대통령 선거 감시 등으로 확대되어 왔다.

UNAMA 수장은 유엔 사무총장 특별대표라고 부르며, 두 명의 부대표가 크게 2개 분야를 나누어 담당한다. 정무 분야(Pillar I)는 거버넌스, 법치, 선거 지원, 군사 자문, 경찰 자문 활동을 수행하며, 테헤란과 이슬라마바드에 연락사무소를 운영하고 있다. 재건과 개발 분야(Pillar II)는 개발과 인도적 구호 활동에 참여하는 여러 유엔 기관, NGO, 기부자 간에 조정하는 일을 한다. 특별대표 직속 조정실장(Chief of Staff)은 최적 관행 개발, 법무, 감사, 감찰, 행정 지원 업무를 맡고 있다. 2002년 출범 때 카불 본부, 8개의 지역 사무소, 12개의 주 사무소를 설치했는데, 지역 사무소는 소장 밑에 정무, 거버넌스, 인도적 지원, 군사 부문, 행정 부문으로 구성되었다. 인원은 국제요원 95명과 아프간인 150명으로 시작했다. 다국적군이 치안을 관장하고 있으므로 UNAMA는 일반적인 유엔 평화 유지 활동과는 달리 군대가 없으며, 정무 개발 활동에만 국한된다.

이후 임무가 발전하면서 지역 사무소는 20개, 국제요원은 278명, 아프간인은 1,149명으로 증가하여 약 1,500명이 근무한다. 한 해 예산은 약 1억 5천만 달러 정도이다.

UNAMA는 유엔의 국제적 공신력을 바탕으로 모든 세력과 접촉하며 중립적인 중재자로 활동이 가능하다는 장점이 있다. 이들은 오랜 기간 현장에서 활동하면서 경험과 지식을 축적하고 접촉선을 유지해 왔다. 자체 치안 부문이 없어 현지 상황이 악화될 때는 사무소와 직원들이 공격을 받는 소프트 타깃soft target이 되기도 했다. UNAMA는 당초에는 중립적으로 보였으나 시일이 지나면서 저항 세력들의 타깃이 되었다. 아무래도 임무가 아프간 정부를 지원하는 것이어서 탈레반 입장에서는 중립적이지 않다고 본다.

지방재건팀과는 공동 활동 지역에서 개발 문제를 협의하고 필요한 협조를 공유하고자 하나, 민간인인 UNAMA 직원과 달리 지방재건팀은 주로 민군 혼성팀이어서 기본적인 차이가 있다. 양측 간 협조 관계는 현지 사정에 따라 다르며, 제한된 범위 내에서 필요한 조정과 정보를 공유한다.

●

지역 주민과의 만남

        파르완의 많은 사람들이 PRT 대표를 만나고 싶어 했다. 이들의 곤궁한 처지를 생각해 보면 당연히 그러할 것이다. 기지가 주도인 차리카 시 근처라 찾아오기도 쉬웠다. 그렇다고 면담이 줄을 잇는 것은 아니어서 면담 요청이 들어오면 거의 다 받아들였다. 이들의 입장에서 보면 흔쾌히 만나서 얘기를 들어주는 상대를 무척 고마워할 것이고, 반대로 만나 주지 않는다면 원망하는 마음이 생겨 우리 PRT를 부정적으로 보고 나쁜 평가를 내릴 것이다. 주민 한 사람의 마음이라도 얻으려고 만남을 원하는 사람은 신속하게 만났다. 이렇게 만난 사람들은 모두 기쁘고 홀가분한 표정으로 떠났다. 어떤 이들은 여러 번 계속 찾아왔고, 다른 이들은 다시 돌아오지 않았다. 시시콜콜한 요청이 대부분이었고, 한번 만나면 한 시간, 길면 두 시간 이상 걸렸다. 하루에도 수차례 면담을 가지니 피곤해서 피하고픈 마음도 생겼다. 그러나 이것은 PRT의 다른 누구에게 미룰 수 없는 대표의 의무다.

모하메드 다우드와의 만남

어느 날 차리카 시에 거주하는 모하메드 다우드Mohammad Dawood 씨가 나를 방문했다. 자신이 차리카 지역 주민들에 의해 선출된 원로회 회장으로 154개 마을을 대표하는 위치에 있다고 소개하고, 자신의 휘하에 마을 촌장인 말릭Malik 70명을 두고 있다고 했다. 아닌 게 아니라, 그와 함께 방문한 압둘 모킴Abdul Moqim 씨는 차리카 기지 인근의 토툼다라 파얀, 도그 압바드, 도두 3개 마을을 관장하는 말릭이었다. 다우드 씨에게 주 정부 공무원인지, 주 정부와 어떠한 관계가 있는지 문의했다. 그는 자신은 공무원이 아니며, 정부에서 재정 지원을 못 받기 때문에 항상 예산 부족으로 힘들고, 원로회 사무실에 가구나 비품도 없다면서 도움을 청한다. 또 마을의 도로 건설 프로젝트 지원을 요청하러 왔다면서 설명서를 내놓는다.

우리가 재건 활동을 하러 왔다고 알려진 만큼 인근 마을들에서 개발위 위원장들이 많이 찾아왔지만, 말릭이 방문하는 경우는 드물었다. 말릭은 마을 내에서 분쟁 해결과 자원 배분 등 매우 중요한 역할을 수행한다. 통상 하나의 마을에서 행정적 권능은 말릭, 종교적 권위는 물라, 경제적 권능은 개발위원장이 분점하는 체제이다. 그래서인지 마을의 개발 문제에 대해 우리 PRT에 원조를 요청하는 사람들은 주로 개발위원장들이었다. 말릭 대표인 다우드 씨가 지원을 요청하는 것은 혹시 도움을 받을 수 있을까 하는 심정에서 비롯된 것이며, 만약 지원을 얻게 된다면 마을 사람들 앞에서 자신의 권위와 체면이 선다고 생각하는 것일 게다.

다우드 씨는 지역 군벌들이 차리카 기지를 공격하는 것을 경찰이 외면하고 있지만, 자신과 말릭들이 나서서 응징할 수 있다고 강하게 주장했고, 모킴 씨는 다른 곳에서 마을 사람들이 힘을 합쳐 무장한 범죄자를 체포해 처벌한 사례를 언급했다. 나는 이들의 말을 열심히 들으며 성의에 대해 감사를 표시했다. 그러나 민간인들이 소수의 범죄자는 대처할 수 있겠지만, 수백 명의 무장한 부하를 거느린 군벌 앞에서는 어쩔 도리가 없을 것이다.

나는 이들에게 우리가 얼마나 많은 사람들로부터 지원 요청을 받고 있는지 그간 여기저기서 받아 둔 방대한 요청서 뭉치를 보여 주었다. 그리고 재원에는 항시 제약이 따르므로 개별적인 요청을 다 들어주지 못하며, 마을 주민 전체에 혜택이 돌아가는 공익사업에 치중해야 하는 형편임을 설명했다. 그러나 향후에 본국에서 물자 지원을 받게 되면 일부라도 지원할 수 있을지 검토해 보겠다고 응대했다.

다우드 씨는 한국 PRT의 어려움을 잘 알겠다고 하고, 대신 KOICA가

서울에서 진행하는 행정 역량 훈련 프로그램에 원로들 몇 명이라도 보내 달라고 얘기를 꺼낸다. 잘 검토하겠다고 대응한 뒤, 그다음 프로그램에 두 명 정도를 포함시켰다.

압둘 모빈 라술리와의 만남

늦봄 어느 날, 파르완 교도소장인 압둘 모빈 라술리Abdul Mobin Rasuli 씨가 찾아왔다. 그는 최근 터키를 방문해 교도소 몇 군데를 탐방하고 왔다면서 자신이 교도소를 운영하는 데 많은 도움이 되었다고 얘기를 꺼냈다.

그는 낡고 열악한 현 교도소 시설을 버리고 새로 깨끗한 교도소 건물을 지어 옮기는 것이 가장 큰 목표이다. 2009년경 차리카 기지 앞에 교도소 신축 부지를 배정받았다. 그러나 PRT 기지 앞이라 적절치 않다는 지적이 많아 최근 우여곡절 끝에 차리카 시내 검찰청 청사 옆에 대체 부지를 확보했다. 그는 교도소 건물을 짓는 것은 자체 재원도 없고 한국도 지원이 어렵겠지만, 우선 필요한 교도소 외벽 설치를 도와 달라고 했다. 또한 새 교도소를 마련하기 전에 현 교도소 안에 수감자 교육용 방 3개를 지어 주고 재소자들을 위한 침구류를 제공해 달라고 부탁했다. 그 외 요청 사항은 대부분의 면담자들이 언급하는 행정 차량, 컴퓨터, 프린터, 복사기와 같은 행정비품과 가구였다.

수많은 방문객들이 유사한 내용의 요청을 하지만, 나는 요청 사항에 대해 질문을 하면서 가능한 한 최선을 다해 보겠다고 했다. 그는 면담 말미에 차리카 시와 팍티카 등지에서 오랜 기간 교도소 근무를 하며 여러 나라 PRT 대표들을 만나 봤지만, 한국처럼 성의를 갖고 진실하게 얘기하는 사람은 처음 보았다면서 떠났다. 뜻하지 않게 아프간 주민들을 열심히 웅대한 보람을 느꼈다.

●

재건 사업의 성과

필자는 2011년 9월 아프간을 떠날 때까지 우리 재건 사업의 양대 축인 개발과 거버넌스(역량 강화) 분야에 속하는 여러 사업들을 열심히 추진했다.

개발 분야에서는 주 정부와 10개 군청을 대상으로 수차례에 걸쳐 교육 물자, 앰뷸런스 및 의료 장비, 행정 용품들을 지원했다. 인프라가 없는 이곳에서 물자를 구매해 전달하는 일 자체가 그리 간단치 않다. 어느 군수는 지난 10년 가까이 많은 지원기관에 호소했지만, 실제 물자를 갖다 준 곳은 한국 PRT 밖에 없다고 눈물을 흘렸다. 요청한 후 2달 만에 원하는 물자를 받은 다른 군수는 "한국 PRT는 약속을 하면 반드시 지킨다, 그것도 신속하게 지킨다."라고 했다.

직업훈련원은 2010년 1차 연도에 86명의 숙련된 일꾼을 배출했고, 2011년에는 102명을 훈련시켰다. 이처럼 체계적인 훈련을 받은 인력이 드물기 때문에 졸업 이전에 전원 바그람 기지 내 업체에 채용되었다. 향후 한국이 떠난 뒤에도 서비스가 지속될 수 있도록 현지 의료인과 교사들의 훈련도 게을리하지 않고 있다.

차리카 기지 공사는 열악한 건설 환경과 불안한 치안 사정, 태화건설 자체의 비리 문제로 수차례 공기가 연장되었고, 마침내 감독기관인 KOICA는 2011년 6월에 태화건설을 해고했다. 공정은 85%에 도달해

15%만을 남겨 두었는데, 이로써 사업 시설인 병원, 경찰 훈련센터, 교육 문화센터의 완공이 지연되었다. 공사가 재개되면 마무리하는 데 한 달 반 정도 소요될 것이다.

우리는 공정에 구애받지 않고 또 시간을 허비하지 않고자 임시 건물을 지어 경찰 훈련센터를 5월에 개소했다. 1차로 26명의 파르완 경찰관이 주6회 우리 경찰의 훈련을 받은 후 7월 중순 일선에 배치되었다. 후속 경찰관들에 대한 교육도 계속 진행되었다. 2010년 가을부터는 바그람 기지에도 임시 경찰 훈련센터를 운영함으로써 지금까지 약 100명의 파르완 경찰관들을 가르쳤다.

교육문화센터는 예정대로 8월 21일 임시 건물에서 문을 열고, 일차 모집한 파르완 주민 20명을 대상으로 문해 교육을 실시한다. 이미 10명의 현지 교사를 선발하여 국내 파견 연수를 두 달간 실시했다. 이들은 한국인 교사들과 함께 주민 100명을 대상으로 문해 교육 외에도 컴퓨터, 봉제, 이발과 같은 실용적 기술을 가르친다.

바그람 기지 내 위치한 한국 병원에서는 그때까지 5만여 명의 환자를 진료했으며, 한국 병원의 우수한 의료진과 첨단 장비의 혜택을 보려고 파르완 주민뿐만 아니라 카불과 남부 칸다하르에서도 환자가 왔다. 이에 비해 차리카 기지 내 병원은 상대적으로 작은 보건소 규모이다. 두 병원 모두 2012년 말까지만 한시적으로 사용하는 것이 아니라, 우리 PRT 철수 후에도 장기간 아프간 의료진의 손에 의해 운영될 것이다.

역량 강화 분야에서는 교육, 보건, 농업, 법치, 여성, 경제 개발 등 여러 부문에 걸쳐 각 20명씩 2주간 방한 초청하여 부문별 역량 강화를 도모하고 있다. 2010년 살랑기 파르완 주지사를 포함하여 지도급 인사와 전문가 131명이 훈련 프로그램에 참여했고, 금년에는 200명의 방한을 목표로 하고 있다. 이들은 방한 훈련 중 우리의 눈부신 발전상을 목도하고 우리도 한국처럼 할 수 있다, 과거 가난과 분쟁에 시달리던 한국은 이렇게 잘 사는데 우리는 왜 이 모양인가 하는 정신적 자각과 분발을 얻었다고 한다. 2012년에 다시 200명의 인사들을 초청하면 파르완주의 전문가치고 한국에 다녀오지 않은 사람이 없을 것이고, 우리는 더 많은 친한 인사들에 둘러싸일 것이다.

아프간 현지에서도 이러한 역할을 수행하려고 의료, 교육, 농업 등 분야별 자문관 10명이 파르완주 인사들과 재건 사업 수요를 협의하고, 현장 실사를 통해 건설 사업의 타당성을 평가했다. 또한 국제기관들과의 협조 아래 아프간 측 행정 역량 강화를 위한 각종 자문 활동에 참여했다. 이는 우리 PRT 활동과 성과에 대한 주 정부와 주민들의 긍정적인 평가를 받는 데 다대한 기여를 했다. 이들은 우리 재건 사업 추진의 필수불가결한 중추였다.

이러한 사업들 외에도 우리 PRT는 조만간 다수의 학교와 보건소, 인도교 건설을 눈앞에 두고 있다. 차리카 기지 주변의 마을들에 대한 단기 효과성 사업들도 1차분을 마무리하고, 2차분을 주민들과 협의 중에 있다. 이런 모든 일들은 우리 PRT 발족 당시에 설계해 둔 것들이다. 우리가 떠나기 전에 어쨌든 마무리 지어야 할 일들이고, 우리는 마무리 지을 것이다.

우리 PRT는 아래와 같은 성과를 거두고 2014년 6월, 4년간에 걸친 활동을 마무리했다.

· 학교 5개소, 부건소 3개소, 인도교 7개 건설, 한국 교육문화센터와 시범 농장(300만 불) 건립, 차리카 경찰 훈련센터 355명 훈련
· 바그람 병원(2009~2014) - 15만 명진료
· 차리카 병원(2012.1~12) - 16,500명 진료
· 바그람 직업훈련원(2010~2013) - 439명 졸업(92% 취업)

2012년 말 차리카 기지를 이양했으며(오쉬노 부대 350명 중 290명 철수), 2015년에는 바그람 사무소를 이양했다.

●

아프간을 떠나며

아프간 치안 상황은 아직도 어수선하다. 해마다 봄이 되면 탈레반은 춘계 대공세 발표를 하고, 바그람 미 공군기지 등 동맹군 시설에 대한 직간접 공격을 해 왔다. 우리 PRT 기지도 금년 들어 열 차례 넘는 간접 공격을 받은 바 있다. 우리는 이러한 상황에서도 최대한 안전을 확보하면서 지속적으로 재건 활동을 해 왔고, 앞으로도 그럴 것이다. 본부와 현장의 어려운 여건 속에서 우리 PRT를 조직하고 재건 사업에 참여한 민, 군, 경 모든 이들에게 애정과 경의를 보낸다.

PRT가 여러 기관에서 끌어모은 조직이다 보니, 기본적으로 서로 다른 문화와 관점, 입장에서 발생하는 차이점들을 정리해 내는 것이 가장 어려운 도전이었다. 일의 진행을 위해 요원들의 미덕과 선의에 많이 의존해야 했는데, 이에는 한계가 있는 만큼 PRT 기관들의 권한과 책임의 범

위를 좀 더 명확히 하는 것이 앞으로 바람직할 것으로 생각되었다.

과거 원조를 받던 우리나라가 아프간 정부와 유엔 등의 호소에 부응하여 국제사회와 함께 아프간 재건에 동참한 것은 경제 발전을 이룩해 잘살게 된 우리의 도의적 의무이다. 아프간 상황에서 PRT는 이러한 의무를 실천하는 데 있어 국제사회 다수가 선호하는 현실적이고 효과적인 방안이었다고 생각된다.

또한 PRT 활동을 시작한 이상 애초에 계획된 기간과 같은 기본적인 약속을 지키려고 애쓰는 것이 중요했다. 얼핏 보면 약속을 지키는 경우나 안 지키는 경우나 결과적으로 별 차이가 없어 보이나, 약속을 잘 지키는 것이 매우 중요하다. 눈에는 안 보이지만 이러한 약속 준수를 통해 형성된 신뢰가 국가 이익에 도움이 되기 때문이다.

현재 탈레반 군대의 세력은 약화되었으나 완전히 패배한 것은 아니다. 알카에다 지도부는 크게 붕괴되었지만, 아프간 탈레반의 지도부는 퀘타 시 등 국경 근처의 파키스탄 영토 안에서 건재하며, 미군이 철수하면 아프간에 다시 진입할 것이다. 이들은 파키스탄 국경 산중에 머물면서 게릴라 전술과 자살공격을 통해 다국적군을 서서히 마모시키고 여론을 움직여 철수하게 만든 후 카불로 다시 돌아온다는 장기 전략을 갖고 있다.

이러한 가능성에 대비하여 아프간 군경의 역량을 지속적으로 강화시켜 나가는 것이 긴요하다. 나아가 미국이 아프간 내 알카에다를 제거했다고 믿을 경우에도 아프간에서의 완전 철수는 위험한 측면이 있다. 이 경우 아프간 내전이 재발되거나, 라슈카르와 같은 이슬람 극단주의 단체들이 알카에다에 이어 서방에서 테러를 감행할 수 있는 여건을 조성할 수 있다. 절대적인 사회정의 실현은 당장 어렵더라도 일정 수준의 공정한 자원 배분이 이루어진다면 아프간 내 부족 간 권력 분점을 통해 국가 통합이 가능할 것이다. 그러나 국가 통합에서 탈레반 지도부와 헤크마티야르와 같은 극단주의자들은 배제해야 한다는 목소리가 높다.

앞으로 국제사회의 아프간 정책이 어떻게 진화할지 지켜봐야 할 것이다. 만약 궁극적으로 실패할 경우에는 전 세계 이슬람 성전주의자들이 크게 고무되어 미국과 유럽을 테러로 위협하게 될 것이며, 아프간은 다시 내전 상황으로 후퇴하고, 중앙아시아와 파키스탄을 포함한 역내의 불안정이 증가될 것이다. 알카에다를 패퇴시키고 요원들을 살해하는 것은 상대적으로 작은 부분이다. 무엇보다 아프간의 전체 상황을 잘 관리해 나가는 것이 중요하다.

이를 위해서는 제한된 범위에서나마 국가 재건 활동이 필요하다. 이점에서 미국 정책의 성공은 주민의 지지를 받는 지속 가능한 아프간 정부 구축, 경제 재건, 강력한 군대와 경찰의 구축을 의미한다. 그리고 이 요소들은 상호 연계되어 있다. 이미 아프간 정책에 대한 다양한 제안들이 나왔고, 미국의 정책도 확립되어 있다. 따라서 성패를 좌우하는 것은 효과적이고 강력한 집행 여부일 것이다. 단기간에 상황을 반전시키고 신속한 진전을 이루어야 하는데, 이는 재건 담당자 개인들의 의지와 역량에 달려 있다. 개개인은 아프간인과 일대일의 대화 관계를 형성하고, 아프간 역사에 대한 이해를 가질 필요가 있다. 나아가 장래 방향에 대한 전략적 명료성을 상실하지 않도록 하는 노력이 필요할 것이다.

아프간은 근세 들어 국가가 안정된 적이 없으며, 혼란을 뉴 노멀new normal로 받아들인다. 이러한 상황에서는 가족과 친지의 보호가 제일 중요한 목표가 되고 부패가 만연한다. 부패 척결을 위해서는 사회 전체의 문화와 사고에 변화가 있어야 한다. 현재 고위층의 부패는 아프간인에게는 그리 문제가 되지 않으며, 일을 처리하려면 관청 각급에서 뇌물을 요구한다. 신속한 재건을 위해 많은 예산을 투입하다 보면 결과적으로 부패가 증가되는 측면이 있을 수 있다. 그러나 보다 큰 목표에 비추어 불가피한 것으로 보인다. 아프간 정부의 각 부문에서 장기간에 걸쳐 제도 구축이 진행 중인 바, 이들을 장려할 수 있도록 아프간 정부 인사들에 대한 신뢰와 지지 표명이 필요할 것이다.

에필로그

    사방에 강대국으로 둘러싸여 오늘날까지 수천 년간 외세의 침략과 간섭에 시달려 온 점에서 아프간은 우리와 비슷한 처지였다고 볼 수 있다. 오욕의 아프간 역사에서 길지 않은 18세기 두라니 제국 시기가 한껏 국위를 떨치고 민족적 긍지를 드높인 거의 유일한 시기였다.

    강대국에 둘러싸인 나라가 치명적인 안보 위협하에서 전전긍긍하는 데서 벗어나 국가 발전과 번영을 향유하려면 마찬가지로 강대국이 되어야 한다는 것이 두라니 제국의 교훈이다.

    중소국이 외교를 잘해서 강대국 사이를 영민한 돌고래처럼 헤엄쳐 다닌다고 하는데, 이것은 일시적 성공일 뿐 결코 진정한 해결책이 아니다. 아무리 잘해도 현상 유지 수준에 불과하고, 수백 년을 이런 식으로 매번 빠져나갈 수만은 없다. 실패할 가능성은 늘 있으며 한번이라도 실패의 대가는 엄혹할 것이다.

    우리는 단견적인 돌고래론이나 중견국 외교론에 머물러서는 안 된다. 이래서는 국가와 민족의 미래를 백년대계의 반석 위에 올려놓을 수 없다. 강대국에 끼인 우리가 진정으로 안보를 확보하려면 우리도 강대국이 되어야 한다. 우리는 지금 부유한 국가에 속하지만 역사적으로 주변국보다 상대적으로 뒤쳐져 왔다. 그러나 우리 민족의 놀라운 저력과 역량을 세계에 떨친 경우도 많았던 만큼 전면적인 국가 대개조를 통해 민족 저력에 불을 지펴 조속히 통일을 달성하고 강대국 건설에 박차를 가해야 한다. 일제 식민 지배를 떨쳐낸 지 100년이 되는 2045년을 이정표로 삼아, 부국강병의 기치 아래 한국의 꿈을 꾸어야 한다. 그때쯤 우리는 중국과 일본 사이에서 어깨를 나란히 하는 대등한 국력을 가진 강대국, 지역 평화와 번영에 기여하는 새로운 대한민국을 창조해야 한다. 그것이 우리가 후세에 물려줄 강력한 대한민국의 미래상이다.

참고문헌

Beckwith, 《Christopher I. Empires of the Silk Road》, Princeton: Princeton University Press, 2009

Coll, Steve, 《The Bin Laden: Oil, Money, Terrorism and the Secret Saudi World》, London: Penguin Books, 2008

Gunaratna, Rohan, 《Inside Al Qaeda - Global Network of Terror》

Hopkirk, Peter, 《The Great Game: The Struggle for Empire in Central Asia》, New York: Kodansha America, 1992

Hopkirk, Peter, 《Foreign Devils on the Silk Road: The Search for the Lost Cities and Treasures of Chinese Central Asia. Amherst》, MA: University of Massachusetts Press, 1984

Hosseini, Khaled, 《The Kite Runner》, New York City: Riverhead Trade, 2004

Hosseini, Khaled, 《A Thousand Splendid Suns》, New York City: Riverhead Trade, 2008

Mahmud, S. F., 《A Concise History of Indo-Pakistan》, Oxford University Press, 2000

Rana, Muhammad Amir, 《Sial, Safdar. Basit, Abdul. Dynamics of Taliban Insurgency in FATA》, Pak Institute for Peace Studies (PIPS), 2010

Rashid, Ahmed, 《Taliban: Militant Islam, Oil, and Fundamentalism in Central Asia》, New Haven, CT: Yale University Press, 2001

Tanner, Stephen, 《Afghanistan》, Philadelphia: Da Capo Press, 2009

Wood, Michael, 《In the Footsteps of Alexander the Great》, Berkeley: University of California Press, 1997

이희수, 《터키사》, 대한교과서주식회사, 2005

장 피에르 드레주, 이은국 옮김, 《실크로드: 사막을 넘은 모험자들》, 시공사, 2002

정수일, 《초원 실크로드를 가다》, 창작과 비평, 2012

제임스 힐튼, 이가형 옮김, 《잃어버린 지평선》, 해문출판사, 2007

아프가니스탄, 왜?

초판 1쇄 인쇄 · 2017. 7. 15.
초판 1쇄 발행 · 2017. 7. 20.

지은이 · 권희석
발행인 · 이상용 이성훈
발행처 · 청아출판사
출판등록 · 1979. 11. 13. 제9-84호
주소 · 경기도 파주시 회동길 363-15
대표전화 · 031-955-6031 팩시밀리 · 031-955-6036
E-mail · chungabook@naver.com

ISBN 978-89-368-1104-4 93900

* 값은 뒤표지에 있습니다.
* 잘못된 책은 구입한 서점에서 바꾸어 드립니다.
* 본 도서에 대한 문의사항은 이메일을 통해 주십시오.

이 도서의 국립중앙도서관 출판예정도서목록(CIP)은 서지정보유통지원시스템 홈페이지(http://seoji.nl.go.kr)와 국가자료공동목록시스템
(http://www.nl.go.kr/kolisnet)에서 이용하실 수 있습니다. (CIP제어번호: CIP2017012264)